Fetzer/Arndt
Einführung in das Steuerrecht

CALW JATIKE
TALWÄSSE 12
6318 LEIMEN
TEL 06226-7530024

Thomas Fetzer/Hans-Wolfgang Arndt

Einführung in das Steuerrecht

4., völlig neu bearbeitete Auflage

Prof. Dr. Thomas Fetzer, LL.M., Jahrgang 1974, Studium an der Universität Mannheim und der Vanderbilt University, USA; Promotion 2000; Habilitation 2009 an der Fakultät für Rechtswissenschaft und Volkswirtschaftslehre der Universität Mannheim; seit 2011 Inhaber des Lehrstuhls für Steuerrecht und Wirtschaftsrecht an der Juristischen Fakultät der TU Dresden.

Prof. Dr. Hans-Wolfgang Arndt, Jahrgang 1945, Studium der Rechtswissenschaft an den Universitäten Tübingen, Berlin und Bochum, Promotion 1972, von 1983 bis 2009 Inhaber des Lehrstuhls für Öffentliches Recht und Steuerrecht an der Universität Mannheim; seit Oktober 2001 Rektor der Universität Mannheim.

Bibliografische Information der Deutschen Nationalbibliothek

Die Deutsche Nationalbibliothek verzeichnet diese Publikation in der Deutschen Nationalbibliografie; detaillierte bibliografische Daten sind im Internet über <http://dnb.d-nb.de> abrufbar.

Bei der Herstellung des Werkes haben wir uns zukunftsbewusst für umweltverträgliche und wiederverwertbare Materialien entschieden. Der Inhalt ist auf elementar chlorfreies Papier gedruckt.

ISBN 978-3-8114-3515-5

E-Mail: kundenbetreuung@hjr-verlag.de

Telefon: +49 89/2183-7928
Telefax: +49 89/2183-7620

© 2012 C.F. Müller, eine Marke der Verlagsgruppe Hüthig Jehle Rehm GmbH
Heidelberg, München, Landsberg, Frechen, Hamburg
www.cfmueller-campus.de
www.hjr-verlag.de

Dieses Werk, einschließlich aller seiner Teile, ist urheberrechtlich geschützt. Jede Verwertung außerhalb der engen Grenzen des Urheberrechtsgesetzes ist ohne Zustimmung des Verlages unzulässig und strafbar. Dies gilt insbesondere für Vervielfältigungen, Übersetzungen, Mikroverfilmungen und die Einspeicherung und Verarbeitung in elektronischen Systemen.

Satz: Gottemeyer, Rot
Druck: Beltz Druckpartner, Hemsbach

Vorwort

Die vorliegende – von Professor Dr. Hans-Wolfgang Arndt – begründete Einführung in das Steuerrecht erfährt unter erweiterter Autorenschaft nach mehr als zehn Jahren ihre Neubearbeitung. Diese ist überfällig, haben sich seit der letzten Auflage doch teilweise grundlegende Veränderungen, insbesondere in den Einzelsteuergesetzen, ergeben. Der Schnelllebigkeit des Steuerrechts soll allerdings eine gewisse Kontinuität dadurch entgegengesetzt werden, dass das bewährte Konzept des Buches auch bei der Neubearbeitung beibehalten wurde. Insofern gilt, was bereits für die letzte Auflage galt: Zweck dieses Buches ist es, dem steuerrechtlichen Anfänger eine Übersicht über das Gesamtgebiet des Steuerrechts zu geben. Diese Reduzierung auf das Wesentliche führt zwangsläufig zu einer Fokussierung, über die sich die Leserin und der Leser im Klaren sein sollten:

1. Fokussierung auf die Grundzüge

Ein teilweiser Ausgleich lässt sich durch intensives Lesen des Gesetzestextes erzielen. Dabei sollte nicht nur der zitierte Paragraph, sondern auch das Umfeld der Norm studiert werden; die Leser haben auf diese Weise die Möglichkeit, die Auswahl der Autoren und ihre Entscheidung für das „Wesentliche" nachzuvollziehen. Gänzlich verfehlt wäre es, mit diesem Buch ohne Benutzung der jeweiligen Gesetzestexte zu arbeiten.

2. Fokussierung auf die Darstellung des status quo

Die Steuerrechtswissenschaft lebt – als Teil der Rechtswissenschaft – vom Meinungskampf, vom Ringen um die „richtige" Gesetzesauslegung. Eine Einführung wie die vorliegende kann leicht zu der Ansicht führen, das kurz, knapp und widerspruchsfrei Dargebotene sei gleichsam der Weisheit letzter Schluss. Dieser Gefahr werden die Leser nur kraft ihres – hoffentlich vorhandenen – Widerspruchsgeistes entgehen können. Falls ihnen die Darstellung oder auch die Lösung eines Problems nicht einleuchtet, sollten sie anhand der im Anhang aufgeführten Lehrbuch- und Kommentarliteratur eigene Nachforschungen betreiben. In vielen Fällen wird sich ein weitgefächertes Meinungsspektrum offenbaren. Es wäre ganz im Sinne der Autoren, wenn nach einem solchen Erlebnis dem vorliegenden Grundriss etwas Skepsis entgegengebracht würde.

3. Fokussierung auf die Rechtsprechung

Die Autoren haben bewusst knapp und auch nur Rechtsprechungsnachweise zitiert. Wir ließen uns dabei von der Hoffnung leiten, mit nur wenigen Zitaten keine Abschreckung vor dem, sondern einen Ansporn zum Nachlesen zu erzeugen. Die Nachweise sind sorgfältig ausgewählt; es wird bei der Lektüre des Buches dringend empfohlen, die Urteile zur Hand zu nehmen. Neben der Judikatur des Bundesfinanzhofs wird häufig auf Entscheidungen des Bundesverfassungsgerichts verwiesen. Das hängt neben der immensen Bedeutung verfassungsgerichtlicher Rechtsprechung für das Steuerrecht vor allem damit zusammen, dass in diesen Entscheidungen die steuerrechtlichen Zusammenhänge oftmals besonders plastisch dargestellt werden, sie sich mithin kraft ihrer Lehrbuchähnlichkeit vortrefflich zum Nachstudium eignen.

Wer den Inhalt dieses Grundrisses in etwa beherrscht, ist weit davon entfernt, ein „Steuerrechtler" zu sein. Er hat aber einen ersten Schritt in die – hoffentlich – richtige Richtung unternommen. Wie weit das Ziel noch entfernt ist, mag man sich wohl am einfachsten vor Augen führen, wenn man zum „klassischen" Lehrbuch des Steuerrechts von *Klaus Tipke* und *Joachim Lang* (*Tipke/Lang*, Steuerrecht, 20. Aufl. 2010) greift. Hier findet man auch alle weiteren Lehrbuch-, Kommentar- und Zeitschriftennachweise zu den jeweiligen Stoffgebieten. Die sich gewissermaßen aufdrängende Frage: „Warum nicht gleich zum ‚Tipke/Lang' greifen?" gilt es schließlich noch zu beantworten: Nach der Lehrerfahrung der Autoren hat sich der „Tipke/Lang" als Einstiegslektüre im akademischen Unterricht für Juristen und Wirtschaftswissenschaftler gerade auch in der Bachelorausbildung als zu anspruchsvoll erwiesen. Wir hoffen jedoch, dass der Respekt vor und das Verständnis für dieses klassische Lehrbuch sowie andere ausführliche Lehrbücher zum Steuerrecht sich noch erhöhen, wenn sie Leser finden, die bereits über das in diesem Grundriss gebotene Basiswissen verfügen.

Besonders danken möchten wir den Mitarbeiterinnen des Lehrstuhls für Steuerrecht und Wirtschaftsrecht der Juristischen Fakultät der TU Dresden Frau *Eleonora Hummel*, Frau ass. iur. *Sandra Kirbach* und Frau *Karoline Schwarz* für die geduldige Unterstützung bei der Manuskripterstellung. In gleichem Maße Dank hierfür gebührt zudem Herrn ref. iur. *Daniel Mayr*.

Dresden/Mannheim, im Januar 2012
Thomas Fetzer
Hans-Wolfgang Arndt

Inhaltsverzeichnis

Vorwort V
Literaturverzeichnis XII

Erster Teil
Grundlagen

Erster Abschnitt
Die öffentlichen Einnahmen 1

A. Die Einnahmequellen der öffentlichen Hand 1
    I. Gliederung der Einnahmequellen 1
    II. Die öffentlichen Abgaben 1
B. Wesen und Zweck der Steuer 3
C. Geschichte des Steuerrechts 5
    I. Steuern in Reich und Ländern bis 1918 5
    II. Das alte deutsche Reich 5
    III. Das 19. Jahrhundert bis zur Reichsgründung Bismarcks . 6
    IV. Das Kaiserreich 6
    V. Die Ausbildung des Steuerrechts nach 1918 7
    VI. Das Steuerrecht nach 1945 8
D. Finanzwissenschaft, betriebswirtschaftliche Steuerlehre und Steuerrecht . 11
E. Gliederung der Steuern 12
    I. Direkte und indirekte Steuern 12
    II. Besitz- und Verkehrsteuern; Zölle und Verbrauchsteuern . 12

Zweiter Abschnitt
Grundlagen des Steuerrechts 14

A. Rechtsquellen 14
    I. Die „klassischen" Steuerrechtsquellen 14
    II. Richtlinien und höchstrichterliche Rechtsprechung als Steuerrechtsquelle? 15
B. Inhaltliche Maßgaben für die Besteuerung 17
    I. Gesetzmäßigkeit der Besteuerung 17
    II. Unmittelbare Grundrechtsbindung des Steuergesetzgebers . 17
    III. Verfahrensfragen 22

C. Auslegung der Steuergesetze 22
    I. Allgemeine Auslegungsregeln 22
    II. Steuerrechtliche Besonderheiten 23
        1. „Wirtschaftliche Betrachtungsweise" im Steuerrecht 23
        2. Analogieverbot im Steuerrecht? 25

Zweiter Teil
Allgemeines Steuerrecht

Erster Abschnitt
Steuerhoheit und Steuergerichtsbarkeit 27

A. Steuerhoheit 27
    I. Gesetzgebungskompetenz 27
    II. Verwaltungskompetenz 28
    III. Ertragskompetenz 29

B. Beschränkung der Steuerhoheit 31
    I. Doppelbesteuerungsabkommen 31
    II. Internationale Handelsverträge und Europarecht 32
    III. Exterritorialität 33

C. Steuergerichte 33
    I. Finanzgerichte 33
    II. Bundesfinanzhof 34

Zweiter Abschnitt
Steuerverfahrensrecht 36

A. Beteiligte am Besteuerungsverfahren 36
    I. Finanzbehörden 36
    II. Steuerpflichtiger und Steuerschuldner 36
    III. Hilfspersonen des Steuerpflichtigen 37

B. Ansprüche aus dem Steuerschuldverhältnis 38
    I. Der Steueranspruch 38
    II. Erlöschen des Steueranspruchs 39
    III. Anspruch auf steuerliche Nebenleistungen 41
    IV. Der Haftungsanspruch 42
    V. Der Anspruch auf Anerkennung der steuerlichen Gemeinnützigkeit 44

C. Ermittlung und Festsetzung der Steuer 46
    I. Grundsätze des Ermittlungs- und Festsetzungsverfahrens 46
    II. Pflichten des Steuerpflichtigen 48
    III. Pflichten Dritter bei der Steuerermittlung 51
        1. Auskunftspflicht 51

2. Beistandspflicht der Behörden, berufsständischen Vertretungen, Versicherungsträger 52
3. Anzeigepflicht Dritter aufgrund der Einzelsteuergesetze 53
IV. Das Besteuerungsverfahren 53
V. Die Steuerfestsetzung durch Steuerbescheid 55
VI. Außenprüfung 57
VII. Aufhebung und Änderung von Steuerverwaltungsakten 59
VIII. Außergerichtlicher Rechtsbehelf 64

Dritter Abschnitt
Vollstreckung 66

A. Allgemeines 66
B. Zwangsvollstreckung wegen Geldforderungen 67
C. Zwangsvollstreckung wegen sonstiger Leistungen 68

Vierter Abschnitt
Steuerstrafrecht 69

A. Steuerstraftaten 69
B. Steuerordnungswidrigkeiten 71

Dritter Teil
Einzelsteuerrecht

Erster Abschnitt
Personensteuern 73

A. Einkommensteuer 73
I. Allgemeine Charakteristik 73
II. Persönliche Steuerpflicht 73
III. Sachliche Steuerpflicht 74
  1. Das Einkommen als Bemessungsgrundlage 74
  2. Die Einkunftsarten 75
  3. Der Umfang der einzelnen Einkunftsarten gem. §§ 13–24 EStG 76
     a) Einkünfte aus Land- und Forstwirtschaft (§§ 13–14a EStG) 76
     b) Einkünfte aus Gewerbebetrieb (§§ 15–17 EStG) 77
     c) Einkünfte aus selbständiger Arbeit (§ 18 EStG) 79
     d) Einkünfte aus nichtselbständiger Arbeit (§ 19 EStG) 80
     e) Einkünfte aus Kapitalvermögen (§ 20 EStG) 81
     f) Einkünfte aus Vermietung und Verpachtung (§ 21 EStG) 82
     g) Sonstige Einkünfte (§§ 22, 23 EStG) 83
IV. Ermittlung der Einkünfte 84

1. Gewinnermittlung 84
   a) Betriebsvermögensvergleich (§ 4 Abs. 1 und § 5 EStG) 84
   b) Überschussrechnung mit Betriebseinnahmen und Betriebsausgaben (§ 4 Abs. 3 EStG) 88
   c) Gewinnermittlung nach Durchschnittssätzen (§ 13a EStG) 88
2. Überschussermittlung 88
  V. Ermittlung des steuerpflichtigen Einkommens 89
  VI. Veranlagung und Tarif 92
  VII. Besondere Erhebungsformen 94

B. Körperschaftsteuer 95
  I. Allgemeine Charakteristik 95
  II. Persönliche Steuerpflicht 96
  III. Sachliche Steuerpflicht 97
  IV. Ermittlung des Einkommens (Gewinn) 98
  V. Organschaft 99
  VI. Tarif und Abgeltungsteuer bzw. Teileinkünfteverfahren 99

C. Erbschaft- und Schenkungsteuer mit Bewertungsrecht 101
  I. Bewertungsrecht 101
    1. Zweck des Bewertungsgesetzes 101
    2. Allgemeine Grundsätze der Bewertung 101
    3. Grundlagen der Einheitsbewertung 103
    4. Die Bewertung der Vermögensarten 105
  II. Erbschaft- und Schenkungsteuer 109
    1. Allgemeine Charakteristik 109
    2. Persönliche Steuerpflicht 109
    3. Sachliche Steuerpflicht 111
    4. Wertermittlung 112
    5. Tarif und Besteuerungsverfahren 115

D. Kirchensteuer 116

Zweiter Abschnitt
Objektsteuern 118

A. Gewerbesteuer 118
  I. Allgemeine Charakteristik 118
  II. Steuerobjekt 119
  III. Steuerpflicht 120
  IV. Bemessungsgrundlage 121
  V. Besteuerungsverfahren 122

B. Grundsteuer 123
  I. Allgemeine Charakteristik 123
  II. Steuerobjekt 123
  III. Bemessungsgrundlage und Besteuerungsverfahren 124

Dritter Abschnitt
Verkehrsteuern 126

A. Umsatzsteuer 126
    I. Allgemeine Charakteristik 126
    II. Steuerobjekt 127
        1. Steuerbarkeit von Umsätzen 127
        2. Das Tatbestandsmerkmal der Unternehmereigenschaft 127
        3. Der Tatbestand der Leistung 128
        4. Weitere Tatbestandsmerkmale 131
    III. Steuerbefreiungen 132
    IV. Bemessungsgrundlagen 134
    V. Steuersatz 135
    VI. Vorsteuerabzug 136
    VII. Besteuerungsverfahren 138

B. Grunderwerbsteuer 139
    I. Allgemeine Charakteristik 139
    II. Steuerobjekt 140
    III. Steuersubjekt und Steuerbefreiungen 141
    IV. Bemessungsgrundlage und Steuersatz 142

C. Sonstige Verkehrsteuern 142
    I. Versicherungsteuer 142
    II. Rennwett- und Lotteriesteuer 143

Stichwortverzeichnis 144

Literaturverzeichnis

Arndt, H. W./Jenzen H., Grundzüge des Allgemeinen Steuer- und Abgabenrechts, 2005
Ax, R./Große, T./Melchior, J./Lotz, A./Ziegler, C., Abgabenordnung und Finanzgerichtsordnung, 20. Aufl. 2010
Birk, D., Steuerrecht, 14. Aufl. 2011
Bunjes, J., UStG-Kommentar, 10. Aufl. 2011
Grobshäuser, U./Maier, W./Kies, D., Besteuerung der Gesellschaften, 3. Aufl. 2011
Haase, F., Internationales und Europäisches Steuerrecht, 2. Aufl. 2009
Herrmann, C./Heuer, G./Raupach, A., Kommentar zum EStG/KStG, Loseblatt
Hübschmann, W./Hepp, E./Spitaler, A., Kommentar zur AO und FGO, Loseblatt
Kapp, R./Ebeling J., Kommentar zum Erbschaft- und Schenkungsteuergesetz, Loseblatt
Kirchhof, P./Söhn, H./Mellinghoff, R., Kommentar zum EStG, Loseblatt
Kirchhof, P., EStG, 10. Aufl. 2011
Lippross, O.-G., Allgemeines Steuerrecht, 12. Aufl. 2011
Rick, E./Gunsenheimer, G./Martin, K., Lehrbuch der Einkommensteuer, 16. Aufl. 2008
Rössler, R./Troll, M., Kommentar zum BewG, Loseblatt
Rose, G./Watrin, C., Die Ertragsteuern, 19. Aufl. 2009
dies., Umsatzsteuer mit Grunderwerbsteuer und kleineren Verkehrsteuern, 17. Aufl. 2011
Scheffler, W., Besteuerung von Unternehmen I, 11. Aufl. 2009
ders., Besteuerung von Unternehmen II, 7. Aufl. 2011
ders., Besteuerung von Unternehmen III, 2010
Schmidt, L., Kommentar zum EStG, 30. Aufl. 2011
Schulte, W., Erbschaftsteuerrecht, 2010
Strauch, R., Umwandlungssteuerrecht, 2009
Streck, M., Körperschaftsteuergesetz: mit Nebengesetzen, 7. Aufl. 2008
Tipke, K./Lang, J., Steuerrecht, 20. Aufl. 2010
Tipke, K./Kruse, W., Kommentar zur AO und FGO, Loseblatt
Zenthöfer, W./Schulze zur Wiesche, D., Einkommensteuer, 10. Aufl. 2009

Erster Teil

Grundlagen

Erster Abschnitt

Die öffentlichen Einnahmen

A. Die Einnahmequellen der öffentlichen Hand

I. Gliederung der Einnahmequellen

Die **Wirtschaftsführung des Staates** und anderer öffentlicher Gemeinwesen setzt wie jede geordnete Wirtschaftsführung die Erschließung von **Einnahmequellen** voraus, deren Erträge die Erfüllung der öffentlichen Aufgaben ermöglichen. Diese Einnahmequellen gliedern sich in:

1. **Einkünfte aus wirtschaftlicher Betätigung** der öffentlichen Körperschaften. Hierzu gehören Einkünfte aus Domänen und Forsten und aus den Beteiligungen des Staates an Unternehmen der privaten Wirtschaft, sogenannte Erwerbseinkünfte. Bei der Erzielung dieser Erwerbseinkünfte beteiligt sich die öffentliche Hand am allgemeinen wirtschaftlichen Verkehr, d.h., sie handelt regelmäßig in Formen des **Privatrechts**.

2. **Einkünfte aufgrund des Hoheitsrechts**. Dabei handelt es sich um Einkünfte kraft **öffentlichen Rechts**. Das bedeutet, dass diese Einkünfte einseitig belastend, d.h. ohne Einverständnis des Verpflichteten erhoben werden dürfen. Die öffentliche Hand darf solche Einkünfte wegen des Eingriffscharakters der Abgaben allerdings nur erzielen, soweit sie dazu durch Gesetz ermächtigt ist (Art. 20 Abs. 3 GG), sog. **Erfordernis der gesetzlichen Ermächtigungsgrundlage**.

II. Die öffentlichen Abgaben

Einkünfte aufgrund von **Hoheitsrechten** sind **öffentliche Abgaben**. Sie bestehen in der Regel aus Geldleistungen; sogenannte Naturallasten, wie Sach- und Dienstleistungen (z.B. Spanndienste in den Gemeinden) sind heute bedeutungslos. **Öffentliche Abgaben** gliedern sich in **Steuern, Gebühren, Beiträge** und **Sonderabgaben**.

1. **Steuern** sind mit Abstand die wichtigsten Einnahmen der modernen Finanzwirtschaft. Mit ihnen wird sich dieses Buch nahezu ausschließlich befassen. Der Begriff der Steuer ist in § 3 Abs. 1 AO gesetzlich definiert. Steuern sind einmalige oder laufende „Geldleistungen, die nicht eine Gegenleistung für eine besondere Leistung darstellen und von einem öffentlich-rechtlichen Gemeinwesen zur Erzielung von Einnahmen allen auferlegt werden, bei denen der Tatbestand zutrifft, an den das Gesetz

die Leistungspflicht knüpft; die Erzielung von Einnahmen kann Nebenzweck sein." Steuern sind für einen modernen Staat wie die Bundesrepublik Deutschland von so elementarer Wichtigkeit, dass das Grundgesetz ihnen allein einen ganzen Abschnitt (Art. 104a ff. GG) gewidmet hat. Diese Artikel befassen sich vor allem mit der Verteilung der steuerrechtlichen Gesetzgebungskompetenzen, der Verwaltungskompetenz und der Ertragshoheit zwischen Bund, Ländern und Gemeinden.

2. **Gebühren** sind Geldleistungen für eine von privater Seite beanspruchte, von der öffentlichen Körperschaft (Bund, Land, Gemeinde, Gemeindeverband) gewährte öffentliche Leistung, d.h., es besteht eine kausale Verknüpfung zwischen Geldleistung und öffentlicher Leistung. Man unterscheidet **Verwaltungsgebühren** (z.B. Gebühren für die Erteilung einer Baugenehmigung) und **Benutzungsgebühren** (z.B. Gebühren für die Müllabfuhr). Der Höhe nach ist die Gebührenerhebung begrenzt. Das ermächtigende Gesetz hat das sich aus dem rechtsstaatlichen Grundsatz der Verhältnismäßigkeit (Art. 20 Abs. 3 i.V.m. Art. 19 Abs. 2 GG) ergebende **Äquivalenzprinzip** sowie das **Kostendeckungsprinzip** zu beachten. Mit dem Kostendeckungsprinzip wird eine Gegenüberstellung von Leistung und Gegenleistung unter dem Gesichtspunkt der verursachten Verwaltungskosten angestrebt. Dem Äquivalenzprinzip liegt der Gedanke zugrunde, dass im Wirtschaftsleben niemals die Kosten allein für die Preisbildung entscheidend sind. Da es sich bei der Gebühr letztlich um einen Preis handelt, muss auch der ökonomische Nutzen des Leistungsempfängers bei der Gebührenbildung einkalkuliert werden.

3. **Beiträge** sind Leistungen, die zur Deckung der Kosten für die Herstellung und Unterhaltung von im öffentlichen Interesse stehenden Einrichtungen von denjenigen erhoben werden, denen durch diese Einrichtungen besondere Vorteile erwachsen. Sie teilen also die meisten Eigenschaften der Gebühren. Im Unterschied zur Gebühr kommt es aber beim Beitrag nicht darauf an, ob der Beitragspflichtige die Vorteile tatsächlich wahrnimmt; ausschlaggebend ist allein, dass er davon profitieren könnte. Beispiele hierfür sind Erschließungs- und Sozialversicherungsbeiträge. Das Recht der Beitragserhebung ist der Höhe nach ebenfalls durch das Kostendeckungs- und das Äquivalenzprinzip beschränkt.

4. **Sonderabgaben.** Zu den drei klassischen Rechtsformen des Abgabenrechts ist seit längerer Zeit schon eine neue Art von Abgaben hinzugekommen: Sonderabgaben, auch außersteuerliche Abgaben oder Abgaben eigener Art genannt. Anders als bei Gebühren und Beiträgen, aber wie bei der Steuer, steht auch den Sonderabgaben keine unmittelbare staatliche Gegenleistung gegenüber. Von Steuern unterscheiden sich diese Abgaben lediglich dadurch, dass ihr Aufkommen nicht in den allgemeinen Staatshaushalt eingeht, sondern unmittelbar der Verwirklichung eines bestimmten Zweckes dient. Das Aufkommen der von den „Kunstvermarktern" zu zahlenden Künstlersozialversicherungsabgabe (BGBl. I 1981, 705) beispielsweise fließt der rechtlich selbständigen Künstlersozialkasse zu, die die Aufgabe einer vorgeschalteten Einzugskasse der Träger der Renten- und Krankenversicherung wahrnimmt.

Die Gefahren, die von den Sonderabgaben ausgehen, liegen auf der Hand: Zum einen würde die sorgfältig ausgewogene Finanzverfassung der Art. 104a ff. GG unterlaufen, wenn es dem einfachen Bundes- oder Landesgesetzgeber freistünde, hinsichtlich der Alternative „Sonderabgabe" oder „Steuer" beliebig wählen zu können. Zum anderen drohten dem Steuerpflichtigen doppelte Lasten, wenn er über die Art. 104a ff. GG mit steuerlichen und über die Sachgesetzgebungskompetenzen der Art. 73 ff. GG hinaus noch mit außersteuerlichen Abgaben gegenleistungslos in Anspruch genommen werden könnte.

Deshalb hat die **Sonderabgabe** gegenüber der Steuer die **seltene Ausnahme** zu sein. Aus diesem Ausnahmecharakter der Sonderabgabe folgt, dass die Zulässigkeitskriterien strikt anzulegen und anzuwenden sind (BVerfGE 55, 274, 302 ff.). Um die folgenden fünf Zulässigkeitsvoraussetzungen geht es dabei (vgl. BVerfGE 122, 316, 334 ff.):

a) Der Gesetzgeber muss einen Sachzweck verfolgen, der über die bloße Mittelbeschaffung hinausgeht.
b) Mit der Sonderabgabe darf nur eine homogene Gruppe belastet werden, die durch eine vorgegebene Interessenlage oder durch besondere gemeinsame Gegebenheiten von der Allgemeinheit und anderen Gruppen abgrenzbar ist.
c) Die belastete Gruppe muss eine spezifische Beziehung (Sachnähe) zu dem mit der Abgabenerhebung verfolgten Zweck aufweisen und deshalb eine besondere Finanzierungsverantwortung besitzen.
d) Das Abgabenaufkommen muss gruppennützig verwendet werden.
e) Die erhobenen Sonderabgaben sind haushaltsrechtlich vollständig zu dokumentieren.

Eine der aufsehenerregendsten abgabenrechtlichen Entscheidungen des Bundesverfassungsgerichts – die Verfassungswidrigkeitserklärung des Kohlepfennigs vom 11.10.1994 (BVerfGE 91, 186 ff.) – beschäftigt sich ausführlich mit der Sonderabgabenproblematik und den genannten Zulässigkeitskriterien.

B. Wesen und Zweck der Steuer

§ 3 Abs. 1 AO enthält die Legaldefinition des Steuerbegriffs, wobei es vier Voraussetzungen sind, von denen die Eigenschaft einer Steuer begrifflich abhängt. Es muss sich um eine Geldleistung (1.) handeln, der keine Gegenleistung (2.) gegenübersteht, die von einem öffentlich-rechtlichen Gemeinwesen als Steuergläubiger (3.) zur Erzielung von Einnahmen (4.) den Steuerpflichtigen auferlegt wird; Einfuhr- und Ausfuhrabgaben sind Steuern (§ 3 Abs. 3 AO).

I. **Steuern sind Geldleistungen.** Im Finanzsystem der Gegenwart werden als Steuern nur **Geldzahlungen** angesehen. **Naturalleistungen** und **Dienstleistungen** haben als öffentliche Abgaben praktisch keine Bedeutung mehr.

II. **Steuern sind gegenleistungslos**. Hierin unterscheiden sie sich von Gebühren und Beiträgen, denen eine besondere Leistung der öffentlichen Hand gegenübersteht. Genauer müsste man allerdings sagen, dass den Steuern **keine unmittelbare Gegenleistung** gegenübersteht. Denn die allgemeinen Staatsleistungen, von denen jeder profitiert, etwa die Gewährleistung innerer und äußerer Sicherheit, werden ja nahezu ausschließlich über Steuern finanziert. Da zwischen Leistungen des Staates einerseits und den Steuerleistungen andererseits zumindest kein unmittelbarer Zusammenhang mehr besteht, haben die früheren Steuerrechtfertigungstheorien, die **Äquivalenz-** und die **Assekuranztheorie**, heute keine Bedeutung mehr. Die Äquivalenztheorie sieht in der Steuer den Preis für Leistungen des Staates, die Assekuranztheorie fasst die Steuer als Versicherungsprämie für den staatlichen Schutz von Leben und Eigentum auf. Beide Theorien vermögen nicht zu erklären, wieso im modernen Sozialstaat gerade diejenigen, die wenig oder keine Steuern zahlen, in besonderem Maße von staatlichen Leistungen profitieren. Nach heute überwiegender Auffassung handelt es sich bei der Steuer um ein notwendiges Opfer des Einzelnen für die Allgemeinheit, um eine staatsbürgerliche Pflicht, die erfüllt werden muss, damit der Staat seine Aufgaben erfüllen kann.

III. Nur ein **öffentlich-rechtliches Gemeinwesen** ist **steuererhebungsberechtigt**. Kennzeichen des öffentlichen Rechts ist es, ausschließlich einen Hoheitsträger zum einseitig belastenden Eingriff zu ermächtigen. Steuerrecht ist deshalb ein klassisches Beispiel für öffentliches Recht. Die **originäre** Befugnis, Steuern durch Gesetz zu erheben, haben nach Art. 105 GG nur der Bund und die Länder. **Derivative**, vom Bund oder den Ländern **abgeleitete, Besteuerungshoheit** haben daneben noch die Gemeinden, Gemeindeverbände und die Religionsgemeinschaften des öffentlichen Rechts. Die Gemeinden sind beispielsweise berechtigt, die Hebesätze der Realsteuern – Grundsteuer und Gewerbesteuer – festzusetzen, Art. 106 Abs. 6 S. 1 und 2 GG. Nach der gleichen Vorschrift steht den Gemeinden das Aufkommen der örtlichen Verbrauch- und Aufwandsteuern zu, zu deren Erhebung sie nach Maßgabe der Kommunalabgabengesetze der Länder berechtigt sind. Mehr oder weniger ergiebige Steuern dieser Art sind z.B. die Hundesteuer, die Getränkesteuer (dazu BVerfGE 69, 174) oder die Zweitwohnungsteuer (BVerfGE 65, 325).

Art. 140 GG i.V.m. Art. 137 Abs. 6 WRV verleiht den Religionsgemeinschaften, die Körperschaften des öffentlichen Rechts sind, das Recht zur Steuererhebung nach Maßgabe der landesrechtlichen Bestimmungen. Bei der Kirchensteuer handelt es sich um eine hoheitliche Befugnis des Staates, die er in dem gesetzlich bestimmten Umfang an die Kirchen delegiert (BVerfGE 30, 415). Deshalb unterliegt die Kirchensteuer auch der Rechtskontrolle durch die staatlichen Gerichte.

IV. Steuern werden zur **Einnahmeerzielung** erhoben. Die Einnahmeerzielungsabsicht kann allerdings nach § 3 Abs. 1 AO auch nur **Nebenzweck** sein. Durch diesen Zusatz ist klargestellt, dass mit der Erhebung von Steuern primär auch andere Ziele verfolgt werden dürfen als die Deckung des öffentlichen Finanzbedarfs. Verkehrs- oder wirtschaftspolitische Zielsetzungen dürfen mit steuerlichen Regelungen ebenso verfolgt werden wie die Förderung gemeinnütziger oder wissenschaftlicher Zwecke (vgl. z.B. §§ 51 ff. AO). Verkehrspolitische Zielsetzungen werden beispielsweise durch die Begrenzung der Werbungskostenpauschale pro Entfernungskilometer für die Fahrt von der Wohnung zum Arbeitsplatz gemäß § 9 Abs. 1 S. 3 Nr. 4 EStG bezweckt, die den Kfz-Fahrern Anreiz geben soll, auf öffentliche Verkehrsmittel umzusteigen. Wirtschaftspolitik wurde beispielsweise mit den hohen Sonderabschreibungen für Investitionsvorhaben in den neuen Bundesländern im Nachgang zur Wiedervereinigung verfolgt.

Die Einnahmeerzielungsabsicht fehlt allerdings, wenn eine zunächst erhobene Abgabe später zurückgezahlt werden soll. Sogenannte **Zwangsanleihen** sind daher keine Steuern (BVerfGE 67, 256).

Einfuhr- und Ausfuhrabgaben sind Steuern. Bei § 3 Abs. 3 AO handelt es sich um eine überflüssige Begriffsbestimmung, da auf Einfuhr- und Ausfuhrabgaben alle Merkmale einer echten Steuer zutreffen. Sie sind Abgaben, die nach Maßgabe des Zolltarifs von Warenbewegungen über die EU-Zollgrenzen erhoben werden. Es handelt sich um gegenleistungslose Geldleistungen, die zwar primär aus wirtschaftspolitischen Erwägungen, aber auch mit Einnahmeerzielungsabsicht erhoben werden.

c. Geschichte des Steuerrechts

I. Steuern in Reich und Ländern bis 1918

Abgaben hat es von jeher gegeben. Zu Zeiten der Naturalwirtschaft bezogen sie sich auf die Hingabe von Naturalien und die Leistung von Frondiensten. Von Steuern im eigentlichen Sinn lässt sich erst seit dem Aufkommen der Geldwirtschaft sprechen, in Deutschland seit dem Hoch- und Spätmittelalter, der Zeit also, in der die Reichsgewalt zu zerfallen begann und die Territorien sich zu souveränen Staaten entwickelten, bis sie mit dem Westfälischen Frieden 1648 die volle Souveränität erlangten. In dieser Entwicklung liegt der Grund dafür, dass die Geschichte des deutschen Steuerwesens ihren Schwerpunkt bis 1918 in den Ländern hatte, während das Reich stets nur der „Kostgänger der Länder" blieb.

II. Das alte deutsche Reich

Die Bildung eines **Reichssteuerwesens** blieb in den Anfängen stecken. Die ersten Reichssteuern waren einmalige Umlagen. Es waren die sogenannten Beden, die vom Kaiser von den Reichsständen von Fall zu Fall erbeten wurden. Im 15. Jahrhundert kam es zur Erhebung des **„Gemeinen Pfennigs"**, einer Besitzsteuer von allen Reichsuntertanen. Daneben gab es den **„Kammerzieler"**, dessen Ertrag zum Unterhalt des Reichskammergerichts bestimmt war. Als indirekte Steuern des Reichs können die vom Kaiser erhobenen Geleit- und Marktgelder betrachtet werden; das wichtige Zollregal war schon durch die Goldene Bulle 1356 auf die Landesfürsten übergegangen. In der Folge musste das Reich seine finanziellen Bedürfnisse durch die spärlich eingehenden Matrikularbeiträge der Territorialstaaten decken.

In den **Territorialstaaten** entwickelte sich dagegen ein **geordnetes Steuerwesen**. Die Anfänge dazu bildeten sich seit dem **14. Jahrhundert** namentlich in den **Reichsstädten** aus. Es wurden dem **Grundvermögen Steuern** auferlegt, außerdem zahlreichen **Verbrauchsgütern** wie Salz, Fleisch, Brot, Bier, Wein. Daneben erhoben die Landesherren **Binnenzölle** mannigfacher Art an Brücken, Toren, Straßen, Flüssen (z.B. Mäuse-Maultturm bei Bingen, Pfalz bei Kaub). Nach dem Dreißigjährigen Krieg waren die regelmäßigen Hauptsteuern der nun souverän gewordenen Landesfürsten die **Kontribution**, eine Grundsteuer des flachen Landes, und die **Akzise** auf das städtische Gewerbe, eine Art allgemeine Umsatzsteuer, die in der Form von Binnenzöllen erhoben wurde.

III. Das 19. Jahrhundert bis zur Reichsgründung Bismarcks

In der Zeit des **Deutschen Bundes** (1815–1866) vollzog sich in den Einzelstaaten eine durchgreifende **Reform des bisherigen Steuersystems**. **Hauptsteuern** wurden die **Ertragsteuern**, nämlich die Grundsteuer und die nach französischem Vorbild aufgekommene Gewerbesteuer. Zugleich wurden die **Anfänge einer Einkommensteuer** in Form der Klassensteuer entwickelt. Als weitere Steuern von Bedeutung sind die Mahl- und Schlachtsteuer, die Erbschaft- und die Stempelsteuer zu nennen. Die Akzise wurde abgeschafft; sie erwies sich infolge der Erhebungsart als Hindernis für den wachsenden Verkehr. Die **Gründung des Deutschen Zollvereins** 1833 war die Vorstufe der politischen Einigung Deutschlands und die Voraussetzung für einen lebhaften wirtschaftlichen Aufschwung, da er die zahlreichen Zollgrenzen zwischen den deutschen Bundesstaaten größtenteils beseitigte. In Verbindung mit der Zolleinigung wurde auch das Verbrauchsteuerrecht in wichtigen Teilen vereinheitlicht.

IV. Das Kaiserreich

Das **Kaiserreich** von 1871 vermochte **kein einheitliches Reichssteuersystem** zu schaffen. Die Ursachen sind in dem Vorgang der Reichsgründung selbst zu suchen. Diese beruht auf einem Vertrag der Bundesstaaten, die als der gebende Teil nicht gewillt waren, eine unitarische Politik zu verfolgen.

Die **Einnahmen des Reiches** bestanden einmal wie im ersten Reich aus **Matrikularbeiträgen der Bundesstaaten** und sodann aus den **Erträgen der Zölle** und **Verbrauchsteuern**. Der **Anteil des Reichs** am Aufkommen der Zölle und Verbrauchsteuern wurde 1879 noch durch die **Franckensteinische Klausel** – die nach dem Zentrumsführer v. Franckenstein benannt war, der sie im Reichstag durchsetzte – auf höchstens 130 Mio. Mark begrenzt. Das **Reich versuchte** verschiedentlich, die **finanzielle Abhängigkeit** von den Bundesstaaten **zu durchbrechen**. Das geschah in verkappter Form, nämlich durch Einführung indirekter Steuern, die in Wirklichkeit direkte Besitzsteuern waren, wie die **Reichserbschaftsteuer** und die **Tantiemesteuer** auf das Einkommen der Aufsichtsräte im Jahre 1906.

Die **Bundesstaaten** nahmen das Besteuerungsrecht für das Gebiet der **direkten Steuern** in Anspruch. In **Preußen** wurde **1890–1893** der Schlussstrich in der Entwicklung des Steuerwesens durch die nach dem damaligen Finanzminister benannte **Miquelsche Steuerreform** gelegt. Die erste moderne **Einkommensteuer** wurde 1891 geschaffen und eine **Ergänzungssteuer** auf das Vermögen 1893 eingeführt. Besondere Bedeutung hatte das **Kommunalabgabengesetz** von 1893, das durch eine wohldurchdachte Abgrenzung der Staats- und Gemeindesteuern die Gemeinden unabhängig vom Staat machte.

V. Die Ausbildung des Steuerrechts nach 1918

Die politische und wirtschaftliche Katastrophe des ersten Weltkrieges und die dem Reich auferlegten Reparationszahlungen zwangen zu einer Verlagerung des Steuerwesens von den Ländern auf das Reich, die in den Jahren 1919 und 1920 durchgeführt wurde.

1. Die **Grundlagen eines Reichssteuersystems** wurden durch folgende Gesetze geschaffen:

a) Die **Reichsabgabenordnung (RAO)** vom 13.12.1919. Sie hatte die **Errichtung der Reichsfinanzverwaltung** (Finanzämter, Landesfinanzämter) und ein **einheitliches Verfahren** in Reichssteuersachen zum Inhalt. Ihr Schöpfer war der spätere Senatspräsident des Reichsfinanzhofs (RFH), Enno Becker.

b) Das **Finanzausgleichsgesetz (FAG)** (früher Landessteuergesetz) vom 30.3.1920. Durch dieses Gesetz wurde die **Zuständigkeit** zur Steuererhebung zwischen Reich, Ländern, Gemeindeverbänden und Gemeinden **abgegrenzt**. Ferner wurde die **Beteiligung der Länder**, **Gemeinden** und **Gemeindeverbände** an den **Steuereinkünften des Reichs** geregelt.

2. Auf diesen Grundlagen vollzog sich der Aufbau des neuen Reichssteuerrechts in mehreren Abschnitten:

a) Die **Finanzreformen der Inflationszeit** blieben **unzulänglich. Der erste Versuch** war die sog. **Erzbergersche Finanzreform**. Sie brachte 1919 ein Notopfer als Vermögensabgabe und eine Erweiterung der 1918 eingeführten Umsatzsteuer, die Grunderwerbsteuer und eine Neuregelung der Erbschaftsteuer sowie eine Reihe von Verbrauchsteuern; 1920 wurde die Reichseinkommen- und -körperschaftsteuer eingeführt.

b) **1925** folgte eine **vorläufig abschließende Steuerreform (Schlieben-Popitzsche-Reform)**. Die **Einzelsteuergesetze** wurden **neu** gefasst, insbesondere für die Einkommen-, Körperschaft-, Vermögen-, und Erbschaftsteuer, die Verkehrsteuern und die Verbrauchsteuern. Das **Reichsbewertungsgesetz** als einheitliche Grundlage für die Steuern vom Vermögen (Einheitsbewertung) wurde erlassen. Die Reform brachte steuertechnische Fortschritte. In seinen Einzelheiten wurde das Steuerrecht in der Folgezeit vor allem durch die Rechtsprechung des Reichsfinanzhofs fortgebildet.

3. Mit der erneuten **Wirtschaftskrise** der Jahre **1930–1932** folgten die **Notverordnungen** „zur Behebung der finanziellen Not" und „zur Sicherung von Wirtschaft und Finanzen", welche die Ordnung des Steuerwesens innerlich und äußerlich lockerten. **Zuschläge, Sonderabgaben** und **neue Steuern** wurden eingeführt. Trotz dieser Maßnahmen fiel das Aufkommen der Reichssteuern. Gleichzeitig stiegen die Zahl der Arbeitslosen und die Belastungen durch Wohlfahrtslasten an.

4. Die **nationalsozialistische Steuerpolitik** baute die Steuergesetze nach den von der NSDAP vertretenen politischen Grundsätzen um:

a) Die **Steuern** wurden bestimmten **wirtschafts- und sozialpolitischen Zielen**, insbesondere der Arbeitsbeschaffung und der Bevölkerungspolitik, dienstbar gemacht.

b) Die **rassischen Ziele** der Partei wurden durch die **Sondergesetzgebung gegen Juden und Polen** durchgeführt. Juden erhielten grundsätzlich keine Familienermäßigungen und Freibeträge, und durch Verordnung vom 12.11.1938 wurde ihnen „als Sühneleistung" anlässlich der Ermordung des Gesandtschaftsrates vom Rath eine (später noch erhöhte) Kontribution von 1 Mrd. RM auferlegt.

c) Eine Reihe von Steuergesetzen wurde durch die **Steuerreform vom 16.10.1934** neu gefasst, welcher dann besonders bei der Einkommensteuer noch mehrere Neufassungen folgten. Die Grundsätze der Schlieben-Popitzschen-Reform von 1925 wurden dadurch jedoch nicht wesentlich verschoben.

VI. Das Steuerrecht nach 1945

1. Die steuerpolitischen Maßnahmen nach 1945 waren und sind durch die besondere politische, wirtschaftliche und soziale Lage der Bundesrepublik Deutschland bedingt. Es zeichnen sich drei Epochen ab:

a) **1945–1948** wurde die **Steuergesetzgebung** durch die **Militärregierungen** der Besatzungsmächte ausgeübt. Sie war gekennzeichnet durch konfiskatorische Steuersätze (Einkommensteuersatz bei einem Einkommen von über 24 000 RM: 90%, über 60 000 RM: 95%), die Beseitigung nationalsozialistischen Gedankengutes aus den weitergeltenden Gesetzen und durch das Fehlen jeder Förderung des wirtschaftlichen Wiederaufbaues durch steuerliche Maßnahmen.

b) **1948–1955** wurde die **überhöhte Steuerbelastung** schrittweise **abgebaut**. Die Steuerpolitik wurde in den Dienst des wirtschaftlichen Wiederaufbaues gestellt. Die Steuerhoheit lag ursprünglich noch bei den Militärregierungen, kam aber nach der Verkündung des **Bonner Grundgesetzes** am 23.5.1949 bald unter den **bestimmenden Einfluss der deutschen Gesetzgebungsorgane**, wobei die Besatzungsmächte ein Vetorecht besaßen.

c) Seit der **Beendigung des Besatzungsregimes** im Jahre 1955 liegt die **Gesetzgebung** ausschließlich bei den durch das **Grundgesetz bestimmten Organen**.

Das wesentliche Merkmal dieser Zeit ist die Anpassung des Steuerrechts an die Rechtsordnung des **Grundgesetzes** in einem langsamen, aber stetigen Prozess. Die Rechtsprechung des **Bundesverfassungsgerichts** hatte daran einen maßgeblichen Anteil. Die Steuerbelastung blieb zwar hoch, wurde aber in der Regel auf ein tragbares Maß („psychologischer Brechpunkt") zurückgeführt. Wirtschaftspolitische Zwecke (Investitionsförderung, Investitionseinschränkung, Ausfuhrförderung, Wohnungsbau, Spartätigkeit, Kapitalmarktpflege usw.) blieben auch weiterhin von Bedeutung für die Steuergesetzgebung. Viele neue Zwecke, die auch auf steuerlichem Wege erreicht werden sollten, z.B. Umweltschutz, Energiesparmaßnahmen, Innenstadtsanierung, Entwicklungshilfe, Vermögensbildung und Berlinförderung kamen hinzu. Die Wiedervereinigung schließlich stellte auch die Steuerpolitik vor ganz neue Aufgaben. Der „Aufbau Ost" wurde vor allem mit hohen Sonderabschreibungen gefördert. Inzwischen mehren sich die Stimmen, die statt steuerlichen Maßnahmen gezielte Investitionsfördergelder für die sinnvollere Alternative halten. Aufgrund dieser und weiterer Anliegen kam und kommt die Steuergesetzgebung nicht zur Ruhe. Das Problem einer echten Steuer- und Finanzreform wurde nur teilweise gelöst.

2. **Wesentliche Reformen** betrafen – ohne Anspruch auf Vollständigkeit:

a) Die **Finanzgerichtsordnung von 1965** mit den durch sie bewirkten Erweiterungen des Rechtsschutzes in Steuersachen.

b) Das **Umsatzsteuergesetz von 1967**, mit dem der bundesverfassungsgerichtlichen Forderung nach Wettbewerbsneutralität der Besteuerung Rechnung getragen wurde.

c) Das **Außensteuergesetz von 1972**, das die Ausnutzung des Steuergefälles gegenüber anderen Staaten eindämmen sollte.

d) Das **Körperschaftsteuergesetz von 1976**, das auf dem Gebiet der Einkommensbesteuerung die bisherige Doppelbelastung des von juristischen Personen erwirtschafteten und an die Anteilseigner ausgeschütteten Gewinns beseitigte.

e) Die völlige Neuordnung des steuerlichen Verfahrensrechts durch die **Abgabenordnung von 1977**, die gleichwohl den Vorgaben der von Enno Becker geschaffenen Reichsabgabenordnung folgte.

f) Das **Grunderwerbsteuergesetz**, mit dem der Bundesgesetzgeber seit 1983 die vormals auf unterschiedlicher Landesgesetzgebung beruhenden Grunderwerbsteuervorgänge einheitlich geregelt hat.

g) Das neue **Erbschaft-** und **Schenkungsteuergesetz** von 1996 und der damit einhergehende Auslauf der Vermögensteuer. Für beides war die Einheitswertentscheidung des Bundesverfassungsgerichts von 1995 (BVerfGE 93, 121; 93, 165) ursächlich.

h) Die 1997 erfolgte **Abschaffung der Gewerbekapitalsteuer**, um die schrumpfende Wettbewerbsfähigkeit der deutschen Industrie zu fördern.

i) Zum 1.1.2001 trat mit dem Steuersenkungsgesetz ein **reformiertes Unternehmenssteuerrecht** in Kraft. Die Besteuerung der Gewinne von Körperschaften wurde auf 25% gesenkt. Das Körperschaftsteueranrechnungsverfahren wurde außerdem durch das sog. „Halbeinkünfteverfahren" ersetzt, um eine Diskriminierung ausländischer Anteilseigner, denen bislang keine Anrechnung möglich war, zu vermindern.

j) Das sogenannte **Alterseinkünftegesetz** (BGBl. I 2004, 1427) vom 5.7.2004 regelt seit dem 1.1.2005 die einkommensteuerrechtliche Behandlung von Altersvorsorge-Aufwendungen und Altersbezügen vollkommen neu (sog. Rentenbesteuerung).

k) Mit dem **Unternehmensteuerreformgesetz 2008** vom 14.8.2007 (BGBl. I 2007, 1912) wurde der Körperschaftsteuersatz von 25% auf 15% gesenkt, das Halbeinkünfteverfahren durch das Teileinkünfteverfahren ersetzt, der Betriebsausgabenabzug der Gewerbesteuer ist entfallen. Ebenso wurde eine 25%ige Abgeltungssteuer auf Kapitaleinkünfte eingeführt.

l) Veranlasst durch eine Entscheidung des Bundesverfassungsgerichts (BVerfGE 117, 1) wurde durch die **Erbschaftsteuerreform** zum 1.1.2009 (ErbStRG v. 24.12.2008, BGBl. I 2008, 3018) die Bewertung aller Vermögensgegenstände aufgrund des Verkehrswerts (gemeiner Wert) eingeführt. Zudem wurden detaillierte Befreiungsvorschriften für Betriebsvermögen geschaffen, die insbesondere bei familiengeführten Unternehmen verhindern sollen, dass die erbschaftsteuerliche Belastung einer Fortführung des Unternehmens im Wege steht.

m) Staaten, die ausländischen Finanzbehörden nicht die für ein Besteuerungsverfahren erforderlichen Auskünfte entsprechend den von der Organisation für Zusammenarbeit und Entwicklung (OECD) entwickelten Standards erteilen, erleichtern es ausländischen Steuerpflichtigen, in ihrem Heimatland Steuern zu hinterziehen. Mit dem Gesetz zur Bekämpfung der Steuerhinterziehung (**Steuerhinterziehungsbekämpfungsgesetz**) vom 29.7.2009 (BGBl. I 2302) wurden für Steuerpflichtige Mitwirkungs- und Dokumentationspflichten bei Auslandssachverhalten geschaffen, die einerseits Staaten und Gebiete veranlassen, die Standards der OECD zu befolgen, und die andererseits den Finanzbehörden die Aufklärung von steuerlich relevanten Auslandssachverhalten erleichtern sollen.

3. Die **Vereinfachung der Steuergesetze** ist zwar eine seit vielen Jahren immer wiederholte Forderung und erklärtes Ziel jeder Reformbestrebung; jedoch blieben in der Vergangenheit alle Versuche, dieses Ziel zu erreichen, in den Anfängen stecken. Im Gegenteil: Die Kompliziertheit unseres Steuerrechts hat einen Grad erreicht, der die Arbeit der Finanzämter lahmzulegen droht und eine Gleichmäßigkeit der Besteuerung in Frage stellt. Der „Karlsruher Entwurf zur Reform des Einkommensteuergesetzes" (Kirchhof et. al., Karlsruher Entwurf zur Reform des Einkommensteuergesetzes 2001) erregte große Aufmerksamkeit. Durch diesen privaten Gesetzesentwurf sollte die Einkommensteuer grundlegend vereinfacht, von allen Ausnahmetatbeständen entlastet und das Einkommen nur maßvoll besteuert werden. Der Steuerpflichtige sollte wieder die freie Verfügungsmacht über sein Vermögen erhalten und die Steuerlast verständlich und planbar werden. Einen weiteren Vorstoß hat der ehemalige Richter des Bundesverfassungsgerichts, Paul Kirchhof, im Jahr 2011 mit seinem „Bundessteuergesetzbuch" unternommen. Doch bis jetzt wurde weder der „Karlsruher Entwurf" noch das Bundessteuergesetzbuch vom Gesetzgeber übernommen.

D. Finanzwissenschaft, betriebswirtschaftliche Steuerlehre und Steuerrecht

I. Drei wissenschaftliche Disziplinen sind es vor allem, die sich – aus jeweils unterschiedlichem Blickwinkel – mit den Steuern befassen.

1. Die **Finanzwissenschaft** als Teil der **Volkswirtschaftslehre** betrachtet die Steuern vorwiegend unter makroökonomischen Aspekten. Sie beschäftigt sich mit der volkswirtschaftlich optimalen Verteilung der Steuerlast und mit den vielfältigen **makroökonomischen Auswirkungen der Besteuerung**. Untersucht wird beispielsweise der Einfluss der unterschiedlichen Steuern auf Produktion, Wettbewerb, Beschäftigungslage oder Investitionen. Ein weiteres Forschungsgebiet beschäftigt sich mit der Frage, inwieweit Steuern überwälzt werden können oder ab wann die Besteuerung zur Verlagerung unternehmerischer Aktivitäten ins Ausland führt. Ein interessanter Zweig der Finanzwissenschaft ist schließlich noch die **Finanzpsychologie**. Sie beschäftigt sich u. a. mit dem Effekt, dass steigende Steuerlasten unter Umständen steigenden Steuerwiderstand der Steuerpflichtigen nach sich ziehen. Abwanderungen, Schwarzarbeit oder Steuerhinterziehung können dann zu einem sinkenden Steuerertrag führen, obwohl die Steuerlast ansteigt.

2. Die **betriebswirtschaftliche Steuerlehre** als Zweig der **Betriebswirtschaftslehre** beschäftigt sich mit Steuern vorwiegend unter **mikroökonomischen** Aspekten. Forschungsgegenstand ist die Beziehung zwischen den Steuern und dem einzelnen Betrieb, insbesondere die Auswirkung der Besteuerung bei der Wahl der Unternehmensform, der Unternehmungsfinanzierung und der betrieblichen Kapitalbildung. **Betriebliche Steuerplanung** und **betriebliche Steuerpolitik** bilden jedoch nur einen Zweig der **betriebswirtschaftlichen Steuerlehre**. Die zweite Aufgabe besteht darin, den Einfluss der Besteuerung auf das betriebliche Rechnungswesen zu analysieren. Durch gesetzliche Bewertungs- und Bilanzierungswahlrechte kann beispielsweise die Steuerbemessungsgrundlage – Gewinn, Gewerbeertrag oder Betriebsvermögen – durchaus legal beeinflusst werden. Schließlich untersucht die betriebswirtschaftliche Steuerlehre die Anwendungsmöglichkeiten betriebswirtschaftlicher Erkenntnisse bei der Anwendung und Gestaltung der Steuergesetze.

3. Das **Steuerrecht** ist Teil des **öffentlichen Rechts**, da die Beziehungen zwischen Steuergläubiger und Steuerpflichtigen nicht durch Gleichordnung, sondern durch ein Subordinationsverhältnis geprägt sind bzw. einzig und allein die staatliche Gewalt berechtigt ist, Abgaben zu erheben, § 3 Abs. 1 AO. Enge Berührung hat das Steuerrecht aber auch mit dem **Privat**-, dem **Straf**- und dem **Völkerrecht**. Das Bilanzsteuerrecht (§§ 4 ff. EStG) beruht in weiten Teilen auf den handels- und aktienrechtlichen Rechnungslegungsvorschriften. Viele Steuergesetze knüpfen unmittelbar an privatrechtliche Verkehrsvorgänge an. Das Steuerstrafrecht (§§ 369 ff. AO) kann ohne Kenntnis des Allgemeinen Teils des Strafgesetzbuches und der Strafprozessordnung nicht praktiziert werden. Bei den Verträgen zur Vermeidung der Doppelbesteuerung (Doppelbesteuerungsabkommen), die die Bundesrepublik Deutschland mit nahezu allen

wichtigen Industriestaaten abgeschlossen hat, handelt es sich um völkerrechtliche Verträge im Sinne des Art. 59 GG.

II. Trotz der enormen praktischen Bedeutung und der hohen juristischen Anforderungen ist das Steuerrecht bis vor wenigen Jahren ein ungeliebtes „Stiefkind" der Rechtswissenschaft geblieben. Vielfältige Gründe, wie die von Juristen gemiedene Rechenhaftigkeit („iudex non calculat"), die Unübersichtlichkeit der Materie und die notwendigen Vorkenntnisse in Buchhaltung und Bilanzierung mögen dazu beigetragen haben. Die Folge war und ist, dass die Steuerberatung, obgleich Rechtsberatung, überwiegend nicht von rechts-, sondern von wirtschaftswissenschaftlich vorgebildeten Steuerberatern ausgeübt wird. Dieser Trend hat in vielen Bereichen dazu beigetragen, dass eine an grundlegenden Prinzipien orientierte Systematik, die im Zentrum rechtswissenschaftlicher Betrachtungen steht, im Steuerrecht vielfach kaum noch zu erkennen ist. Deshalb, aber auch weil Juristen mit steuerrechtlichen Kenntnissen nach wie vor hervorragende Berufsaussichten haben, wäre es wünschenswert, wenn das Steuerrecht zukünftig wieder stärker im Interesse der Rechtswissenschaft stünde.

E. Gliederung der Steuern

Die Versuche, die über dreißig Einzelsteuergesetze zu gliedern und zu systematisieren, sind Legion. Für den Rechtswissenschaftler sind all diese Bemühungen uninteressant, solange von der Gliederung nicht unterschiedliche **Rechtsfolgen** abhängen. Bei juristischer Betrachtungsweise schrumpfen damit die unterschiedlichen Gliederungsversuche auf wenige zusammen.

I. Direkte und indirekte Steuern

Die Unterscheidung der Steuern in direkte und indirekte ist in der Finanzwissenschaft und in älteren Doppelbesteuerungsabkommen gebräuchlich. **Direkte** Steuern sind solche, die der Steuerschuldner „direkt", also unmittelbar an den Steuergläubiger zu entrichten hat; **indirekte** Steuern sind solche, die der Steuerträger mittelbar als Bestandteil seines Leistungs- oder Lieferungsentgeltes zahlt, ohne selbst Steuerschuldner zu sein. Klassisches Beispiel einer direkten Steuer ist die Einkommensteuer, einer indirekten die Umsatzsteuer.

II. Besitz- und Verkehrsteuern; Zölle und Verbrauchsteuern

Auf dieser Unterscheidung beruht gemäß Art. 108 Abs. 1 GG der Aufbau und die Organisation der Finanzverwaltungen in Bund und Ländern. Die Besitz- und Verkehrsteuern werden in unterster Instanz von den landeseigenen Finanzämtern, die Zölle und Verbrauchsteuern von den bundeseigenen Hauptzollämtern verwaltet.

1. **Besitzsteuern** belasten **Einkommen, Ertrag und Vermögen** des Steuerpflichtigen. Sie werden in zwei Gruppen aufgegliedert:

– **Personensteuern**: Bei diesen sind für Eintritt und Umfang der Steuerpflicht die auf **eine Person bezogenen Umstände**, also das Einkommen oder das Vermögen einer (natürlichen oder juristischen) Person, **maßgebend**. Die persönlichen Verhältnisse (Familienstand, Alter, besondere Aufwendungen, Höhe des Einkommens durch Progression des Steuersatzes) werden weitgehend berücksichtigt. Die Personensteuern vermögen so am besten den Forderungen der sozialen Gerechtigkeit zu entsprechen. Hierher gehören in erster Linie die Einkommen- und Körperschaftsteuer und die Erbschaftsteuer.

– **Sach- oder Realsteuern**: Sie ruhen auf bestimmten Objekten (z.B. auf einem Gewerbebetrieb, auf Grund und Boden) und treffen die Ertragskraft des Objektes nach Maßgabe des von Fall zu Fall ermittelten **objektiven** Ertrages (wie bei der Gewerbesteuer) oder eines **gesetzlich fingierten** Ertrages (wie bei der Grundsteuer). Auf persönliche Verhältnisse nehmen sie nur in sehr beschränktem Umfang Rücksicht. Steuern dieser Gruppe sind die Grundsteuer und die Gewerbesteuer, welche in § 3 Abs. 2 AO ausdrücklich als Realsteuern bezeichnet werden.

Steuerrechtlich ist die Unterscheidung zwischen Personen- und Realsteuern deshalb bedeutsam, weil die Personensteuern das steuerpflichtige Einkommen nicht mindern, § 12 Nr. 3 EStG, § 10 Nr. 2 KStG. Realsteuern stellen hingegen grundsätzlich Betriebsausgaben oder Werbungskosten dar, womit sie sich einkommensmindernd auswirken. Zu beachten ist jedoch, dass durch das Unternehmenssteuerreformgesetz 2008 v. 14.8.2007 (BGBl. I 2007, 1912) in § 4 EStG ein neuer Absatz 5b eingefügt wurde, wonach die Gewerbesteuer keine Betriebsausgabe ist, das Einkommen also insoweit gerade nicht mindert.

2. Die **Verkehrsteuern** erfassen Vorgänge des volkswirtschaftlichen **Verkehrs mit Gütern und Leistungen**. Sie belasten Akte oder Vorgänge des Rechtsverkehrs, die Vornahme eines Rechtsgeschäfts, wirtschaftliche oder rechtliche Vorgänge (BVerfGE 16, 64, 73). Zu den Verkehrsteuern gehören:

– Die **Umsatzsteuer**, die zwar rechtlich als Verkehrsteuer charakterisiert ist, aber doch auch (infolge der Überwälzung) Merkmale einer Verbrauchsteuer aufweist.

– Die **Steuern auf den Vermögensverkehr**, die an den Austausch bestimmter Kapital- und Sachgüter anknüpfen (z.B. Grunderwerbsteuer, Versicherungsteuer).

3. Die **Zölle und Verbrauchsteuern belasten** die einzelnen **Verbrauchsgüter**, ohne Rücksicht auf die Leistungsfähigkeit des Verbrauchers zu nehmen. Sie entstehen bei dem Übertritt aus einem der Überwachung unterliegenden Bereich in den rechtsgeschäftlichen Verkehr (wie z.B. die Mineralölsteuer und die Kaffeesteuer) und belasten im Ergebnis den Endverbraucher. Zu den Verbrauchsteuern soll nach Ansicht des Gesetzgebers auch die ab 2011 erhobene Kernbrennstoffsteuer (BGBl. I 2010, 1804) zählen. Ob allein durch eine einfachgesetzliche Bestimmung der Charakter einer Steuer festgelegt werden kann, erscheint in diesem Fall allerdings sehr zweifelhaft.

Zweiter Abschnitt

Grundlagen des Steuerrechts

A. Rechtsquellen

I. Die „klassischen" Steuerrechtsquellen

Sechs unbestrittene Rechtsquellen des Steuerrechts gibt es: völkerrechtliche Normen, supranationales Recht, das Grundgesetz, die Steuergesetze sowie Rechtsverordnungen und Satzungen. Bestritten ist der Rechtsquellencharakter des Gewohnheitsrechts, der Steuerrichtlinien und der Rechtsprechung im Steuerrecht.

1. Nach Art. 25 GG sind die **allgemeinen Regeln des Völkerrechts** unmittelbarer Bestandteil des Bundesrechts. Die steuerlich wohl bedeutsamste allgemeine völkerrechtliche Regel ist die über die Befreiung der Bezüge ausländischer Diplomaten von der deutschen Einkommensteuer. § 3 Nr. 29 EStG hat insoweit nur deklaratorischen Charakter. Praktisch bedeutsamer als die allgemeinen Regeln des Völkerrechts ist das **Völkervertragsrecht**. Die Bundesrepublik Deutschland hat mit zahlreichen ausländischen Staaten **Doppelbesteuerungsabkommen** abgeschlossen. Dies sind völkerrechtliche Verträge im Sinne des Art. 59 Abs. 2 S. 1 GG, die den Steuergesetzen gemäß § 2 AO vorgehen.

2. **Supranationales Recht** wird von supranationalen Organisationen aufgrund eigener, durch völkerrechtlichen Vertrag übertragener Rechtsetzungsbefugnis erlassen. Art. 23 GG ermächtigt zu einer solchen Übertragung. Steuerrechtliche supranationale Rechtsquellen sind die **Verordnungen und Richtlinien der Europäischen Union** gemäß Art. 288 AEUV. Verordnungen sind im gesamten Gemeinschaftsbereich unmittelbar geltendes Recht. Sie sind bisher vor allem für Zölle, nicht aber für Steuern ergangen. Steuerrechtlich bedeutsamer sind die Europäischen Richtlinien, deren Adressat nicht die Unionsbürger, sondern die Mitgliedstaaten sind. Sie schreiben bestimmte Harmonisierungsmaßnahmen vor, die die Mitgliedstaaten durch nationalstaatliche Gesetze einführen müssen. Die Harmonisierung der Umsatzsteuer und die Vereinheitlichung des Bilanzrechts beruhen ebenso auf Europäischen Richtlinien wie die Harmonisierung spezieller Verbrauchsteuern.

3. Den **obersten Rang** der **innerstaatlichen** Rechtsquellen nimmt das Grundgesetz ein. Die Art. 104a ff. GG beschäftigen sich mit der Gesetzgebungs-, der Ertrags- und der Verwaltungskompetenz für Steuern. Weitere spezifische Normen über die inhaltliche Ausgestaltung von Steuergesetzen enthält das Grundgesetz nicht. Steuergesetze müssen jedoch, wie alle übrigen Rechtsnormen, den rechtsstaatlichen und grundrechtlichen Anforderungen des Grundgesetzes genügen.

4. Die mit Abstand wichtigste Rechtsquelle des Steuerrechts ist das **Gesetz im formellen Sinne**, d.h. die von den Legislativorganen gesetzte Rechtsnorm. Für belasten-

de Eingriffe fordert Art. 20 Abs. 3 GG eine gesetzliche Grundlage, d.h. regelmäßig ein formelles, unmittelbar vom Parlamentsgesetzgeber verabschiedetes Gesetz, um den staatlichen Eingriff demokratisch zu legitimieren. Der rechtsstaatliche **Bestimmtheitsgrundsatz** verlangt im Fall von Steuergesetzen, dass die wesentlichen Merkmale des Steuertatbestandes (**Steuerobjekt**, **Steuersubjekt**, **Steuerbemessungsgrundlage** und **Steuertarif**) in diesem förmlichen Gesetz niedergelegt sein müssen. Nur ein solches von den Legislativorganen beschlossenes Gesetz ist eine gemäß Art. 20 Abs. 3 GG ausreichende Ermächtigungsgrundlage zur Steuererhebung. Die wichtigsten Steuergesetze sind die zahlreichen Einzelsteuergesetze, die Abgabenordnung und das Bewertungsgesetz.

5. **Rechtsverordnungen** sind Rechtsnormen, die nicht von der Legislative, sondern von der **Exekutive** (im Steuerrecht: Bundesregierung, Bundesfinanzministerium) erlassen werden. Art. 80 Abs. 1 GG macht die Wirksamkeit von Rechtsverordnungen vor allem von zwei Voraussetzungen abhängig: Es muss eine Ermächtigung durch förmliches Gesetz vorliegen und diese Ermächtigung muss nach Inhalt, Zweck und Ausmaß hinreichend bestimmt sein. Mit anderen Worten: Die Legislativorgane Bundestag und Bundesrat, die die wesentlichen Elemente des Steuertatbestandes selbst festlegen müssen, halten die Zügel in der Hand und bestimmen die Richtung. Entlasten dürfen sie sich durch eine Ermächtigung an die Exekutive zum Erlass steuerrechtlicher Rechtsverordnungen nur insoweit, als es darum geht, das förmliche Gesetz von Details zu befreien oder Begriffe zu spezifizieren. Rechtsverordnungen sind zu allen größeren Steuergesetzen als Durchführungsverordnungen ergangen, beispielsweise die EStDV oder die UStDV.

6. **Satzungen** sind Rechtsnormen, die von einer juristischen Person des öffentlichen Rechts im Rahmen ihrer Autonomie erlassen werden. Für das Steuerrecht sind ausschließlich die gemeindlichen Steuersatzungen bedeutsam. Im Rahmen des Art. 106 Abs. 6 S. 2 GG und der von allen Bundesländern erlassenen Kommunalabgabengesetze können die Gemeinden durch Satzung die Realsteuerhebesätze und die örtlichen Verbrauch- und Aufwandsteuern festsetzen.

7. **Umstritten** ist der **Rechtsquellencharakter** des **Gewohnheitsrechts**, der **Richtlinien** und der **Rechtsprechung** im Steuerrecht. Gewohnheitsrecht ist im Steuerrecht bedeutungslos. Selbst dann, wenn man – mit einer Mindermeinung – die Ansicht vertritt, trotz Art. 105 GG sei Gewohnheitsrecht im Steuerrecht theoretisch zulässig, lohnt eine weitere Beschäftigung mit dieser Frage nicht, weil es zurzeit in der Bundesrepublik kein ungeschriebenes steuerliches Gewohnheitsrecht gibt.

II. Richtlinien und höchstrichterliche Rechtsprechung als Steuerrechtsquelle?

1. Von eminenter praktischer Bedeutung hingegen sind die **Richtlinien** im Steuerrecht.

a) Nicht zu Unrecht spricht man von der Finanzverwaltung als einer **Richtlinienverwaltung**, d.h., der Finanzbeamte stützt seine Entscheidungen in erster Linie auf Richtlinien. Richtlinien, Anwendungserlasse, Verwaltungserlasse, Verwaltungsvorschriften, Verwaltungsanordnungen oder Verfügungen – die Terminologie schwankt und ist uneinheitlich – sind ihrer Struktur nach nichts weiter als Anweisungen vorgesetzter Behörden an die ausführenden Beamten der Finanzverwaltung. Bei ihnen handelt es sich um sog. **Innenrecht der Verwaltung**. Sie binden den Verwaltungsbeamten, nicht jedoch den Bürger oder die Finanzgerichte. Letztere sind gemäß Art. 20 Abs. 3 GG nur dem Gesetz, d.h. den zuvor genannten sechs unstrittigen Rechtsquellen, unterworfen.

b) Sinn und Zweck der Richtlinienpraxis der Finanzverwaltung ist es, eine gleichmäßige Steuerrechtsanwendung innerhalb der Bundesrepublik zu gewährleisten. Die Einkommensteuerrichtlinien (EStR) beispielsweise sind um vieles umfangreicher als das Einkommensteuergesetz (EStG) oder die Einkommensteuerdurchführungsverordnung (EStDV). Anhand einer Fülle von Beispielen geben sie den Finanzbeamten detailliert Anweisung, in welchem Sinn das Gesetz auszulegen ist. Die Frage nach dem Rechtsquellencharakter der Richtlinien beantwortet sich damit wie folgt: Sie geben Auskunft darüber, wie die Finanzverwaltung das Gesetz interpretiert. Ob die Gerichte dem folgen, ist offen. Wenn man herkömmlicherweise unter Rechtsquellen nur Normen mit bindender Außenwirkung versteht, muss man den Richtlinien den Rechtsquellencharakter absprechen. Aber auch in diesem Fall ändert sich nichts an der Tatsache, dass sie die wichtigste Erkenntnisquelle für die praktisch so außerordentlich bedeutsame Frage nach der Auslegung der Steuergesetze durch die Verwaltung sind.

2. Der Steuerpflichtige orientiert sich bei seinen geschäftlichen und privaten Steuerdispositionen nicht nur am jeweiligen Gesetz und an den Richtlinien, sondern auch und vor allem an der höchstrichterlichen **Rechtsprechung des Bundesfinanzhofs**. Im Zweifel ist diese Orientierungshilfe noch wichtiger als der Blick in die Richtlinien, da der Bundesfinanzhof zum einen an die Richtlinien nicht gebunden ist und das einschlägige Gesetz nicht selten anders als die Finanzverwaltung auslegt, und er zum anderen eine festgefügte höchstrichterliche Rechtsprechung nicht ohne schwerwiegenden sachlichen Grund ändern wird.

a) Die Rechtsprechung des Bundesfinanzhofs ist also zweifellos eine außerordentlich wichtige **Rechtserkenntnisquelle**. Am Rechtsquellencharakter bestehen deshalb Zweifel, weil auch ein höchstrichterliches Urteil nach § 110 FGO nur die am Prozess beteiligten Parteien bindet. Erneut kommt es also darauf an, was man unter Rechtsquelle versteht: Versteht man mit der wohl herrschenden Meinung nur eine jedermann bindende Rechtsnorm darunter, dann zählt auch eine langjährige festgefügte höchstrichterliche Rechtsprechung nicht dazu.

b) Wie bei der Rechtsnatur der Richtlinien soll man jedoch auch in diesem Fall die Bedeutung der Frage nach dem Rechtsquellencharakter nicht überschätzen: Unabhängig vom Rechtsquellencharakter steht die überragende Bedeutung von Richtlinien und höchstrichterlicher Rechtsprechung im Steuerrecht außer Frage.

B. Inhaltliche Maßgaben für die Besteuerung

I. Gesetzmäßigkeit der Besteuerung

Wie jeder andere belastende Eingriff dürfen gemäß Art. 20 Abs. 3 GG auch Steuern nur aufgrund einer gesetzlichen Ermächtigungsgrundlage erhoben werden. Dieser Grundsatz der Gesetzmäßigkeit der Besteuerung hat in der Besteuerungspraxis doppelte Bedeutung:

1. Zum einen schließt er sog. Steuervereinbarungen über die Höhe der zu entrichtenden Steuer zwischen Steuergläubiger und Steuerschuldner aus. Über die Besteuerung entscheidet allein das Gesetz. Unzulässig wäre es etwa, würde eine Gemeinde ein Industrieunternehmen zur Ansiedlung mit dem Versprechen locken, im Falle des Zuzugs für einen bestimmten Zeitraum von der Erhebung der Grund- bzw. Gewerbebesteuerung abzusehen.

2. Hiervon zu unterscheiden ist die in der Praxis anerkannte so genannte „**tatsächliche Verständigung**". Bei ihr geht es nicht darum, dass Steuergläubiger und Steuerschuldner eine Vereinbarung über die Höhe der zu entrichtenden Steuer treffen wollen. Vielmehr liegt ihr eine Unklarheit über die tatsächlichen Grundlagen der Besteuerung zugrunde, die nicht ohne erheblichen Aufwand geklärt werden könnte. In einem solchen Fall lässt auch die Rechtsprechung eine Verständigung über die der Besteuerung zugrunde liegenden Tatsachen zu, sofern hierdurch nicht offensichtlich unzutreffende Besteuerungsergebnisse erzielt werden. Eine tatsächliche Verständigung kann beispielsweise über die Nutzungsdauer von Wirtschaftsgütern getroffen werden.

3. Da über Art und Umfang der Besteuerung allein das Gesetz entscheidet, hat die Finanzverwaltung zum anderen keinen Entscheidungsspielraum, ob sie die gesetzlich festgesetzten Steuern erheben soll. Sie muss gemäß § 85 S. 1 AO die Steuern nach Maßgabe der Gesetze festsetzen und erheben, sog. **verfahrensrechtliches Legalitätsprinzip**.

II. Unmittelbare Grundrechtsbindung des Steuergesetzgebers

Über den zulässigen **Inhalt der Steuergesetze** trifft der Grundsatz der Gesetzmäßigkeit der Besteuerung keine Aussage. Inhaltliche Vorschriften legt **Art. 1 Abs. 3 GG** dem Gesetzgeber auf, indem er seine **unmittelbare Grundrechtsbindung** statuiert. Steuergesetze, die gegen Grundrechte verstoßen, sind verfassungswidrig. Grundrechte, an denen das Bundesverfassungsgericht Steuergesetze in der Vergangenheit häufiger zu messen hatte, sind:

1. Das subsidiäre allgemeine **Freiheitsgrundrecht des Art. 2 Abs. 1 GG**. Die allgemeine Handlungsfreiheit verpflichtet den Staat auch, **Wettbewerbsneutralität** zu

wahren. Nicht wettbewerbsneutral ist beispielsweise ein Umsatzsteuergesetz, das die Konzentration fördert und damit die Gewerbetreibenden, die keinem Konzern angehören, im Wettbewerb um Kunden durch eine höhere Steuerlast schlechterstellt (BVerfGE 21, 12, 17).

2. Der **allgemeine Gleichheitsgrundsatz des Art. 3 Abs. 1 GG**. Die Rechtsprechung des Bundesverfassungsgerichts hat Art. 3 Abs. 1 GG ursprünglich auf ein **Willkürverbot reduziert**, d.h., sachwidrige Differenzierungen sind verfassungswidrig, solche aber, die auf sachgerechten Gründen beruhen, verfassungsmäßig. Im Steuerrecht hat Art. 3 Abs. 1 GG darüber hinaus noch eine besondere Bedeutung. Das Bundesverfassungsgericht leitet aus Art. 3 Abs. 1 GG ein **Gebot der Steuergerechtigkeit** ab. Die wichtigste Forderung dieses Gebotes ist es, die Besteuerung nach der **wirtschaftlichen Leistungsfähigkeit** auszurichten. Konsequenterweise hat das Bundesverfassungsgericht mehrfach konstatiert, unvermeidbare private Unterhaltsaufwendungen müssten in realistischer Weise bei der Ermittlung der Steuerbemessungsgrundlage für die Einkommensteuer zum Abzug zugelassen werden (BVerfGE 67, 290). Aus Art. 3 Abs. 1 GG hat das Bundesverfassungsgericht auch gefolgert, dass nicht nur das Steuergesetz selbst, sondern auch sein Vollzug durch die Finanzverwaltung dem Gleichheitspostulat genügen müsse. Ein Steuergesetz, welches von der Finanzverwaltung gleichheitswidrig vollzogen wird, kann allein aus diesem Grunde verfassungswidrig werden (BVerfGE 84, 239).

Schließlich hat sich das Bundesverfassungsgericht mit dem allgemeinen Gleichheitssatz auch im Zusammenhang mit der Besteuerung der Ruhegehälter beschäftigt. Das Gericht (BVerfGE 105, 73) erklärte dabei die unterschiedliche Besteuerung der Beamtenpensionen und der Renten aus der gesetzlichen Rentenversicherung für verfassungswidrig. Die Beamtenpensionen werden im Zuflusszeitpunkt voll erfasst, während die Sozialversicherungsrenten mit der Ertragsanteilsbesteuerung nur zu einem geringen Teil der Steuer unterliegen. Die Ertragsanteilsbesteuerung ist bei den Sozialversicherungsrenten nicht sachgerecht, da sie die steuerliche Leistungsfähigkeit nur lückenhaft erfasst. Im Gegensatz zu privaten Leibrenten, die auch der Ertragsanteilsbesteuerung unterliegen, stammen die Renten aus der gesetzlichen Rentenversicherung nämlich nur zum Teil aus voll versteuertem Einkommen. Aufgrund der Abzugsfähigkeit der Beiträge als Betriebs- und teilweise als Sonderausgabe stammen ein Großteil der Beiträge ebenso wie die gesamten während der Beitragsphase entstandenen Erträge aus unversteuertem Einkommen.

Ein weiteres Beispiel für die Bedeutung des Gleichheitssatzes für das Steuerrecht liefert die Entscheidung des Bundesverfassungsgerichts zur Pendlerpauschale (BVerfGE 122, 210). Das Gericht erklärte die ab dem 1.1.2007 geltende Neuregelung der Entfernungspauschale des § 9 Abs. 2 EStG für Wege zwischen Wohnung und Arbeitsstätte (Abgeltungswirkung der Pauschale erst ab dem 21. Kilometer) für unvereinbar mit den Anforderungen des allgemeinen Gleichheitssatzes an eine folgerichtige Umsetzung einkommensteuerrechtlicher Belastungsentscheidungen. Der Gesetzgeber kehrte daher zur früheren Regelung zurück, sodass die Geltendmachung ab dem ersten Kilometer möglich ist.

Auch die durch § 19 Abs. 1 ErbStG angeordnete Erhebung der Erbschaftsteuer mit einheitlichen Steuersätzen auf den Wert des Erwerbs erklärte das Bundesverfassungsgericht (BVerfGE 117, 1) für mit dem Grundgesetz unvereinbar, weil sie an Steuerwerte anknüpft, deren Ermittlung bei wesentlichen Gruppen von Vermögensgegenständen (Betriebsvermögen, Grundvermögen, Anteilen an Kapitalgesellschaften und land- und forstwirtschaftlichen Betrieben) den Anforderungen des Gleichheitssatzes nicht genügt. So seien vor allem die niedrige Bewertung von Betriebsvermögen, Grundstücken und Firmenanteilen gegenüber der Bewertung von Kapitalvermögen nicht mit dem Gleichheitssatz in Art. 3 Abs. 1 GG zu vereinbaren. Es wurde kritisiert, dass das Gesetz zwar einerseits einen einheitlichen Steuertarif für alle Erbschaftsfälle vorsieht, auf der Ebene der zugrunde zu legenden Werte jedoch je nach übertragenem Vermögensgegenstand ohne sachlichen Grund zum Teil erheblich differenziert.

3. Relativ häufig musste sich das Bundesverfassungsgericht unter dem Aspekt des **Art. 4 Abs. 1 GG** mit der **Kirchensteuer** beschäftigen. Art. 4 Abs. 1 GG verpflichtet den Staat nicht nur zur Wahrung der Religionsfreiheit, sondern auch zu **weltanschaulich-religiöser Neutralität**. Daraus folgt, dass Kirchen kraft des ihnen vom Staat verliehenen Hoheitsrechts Kirchensteuer nur von ihren Angehörigen erheben dürfen. Eine Aktiengesellschaft darf ebenso wenig zur Kirchensteuer herangezogen werden (BVerfGE 19, 206) wie der nichtkirchenangehörige Lohnempfänger für seine kirchenangehörige, keinen Arbeitslohn beziehende Ehefrau (BVerfGE 19, 268).

4. Viele Entscheidungen des Bundesverfassungsgerichts zu den grundrechtlichen Grenzen des Steuergesetzgebers beschäftigen sich mit **Art. 6 Abs. 1 GG**. Das Gebot, Ehe und Familie besonders zu schützen, verpflichtet den Steuergesetzgeber, diskriminierende steuerliche Regelungen zu unterlassen. Daraus folgt: Tatsächlich durchgeführte Verträge zwischen Ehegatten sind auch steuerrechtlich wie Verträge zwischen Fremden zu behandeln (BVerfGE 26, 321); Einkünfte von Ehegatten dürfen nicht in progressionsverschärfender Weise zusammengerechnet werden (BVerfGE 6, 55). Ob allerdings der Eheleute begünstigende **Splittingtarif** von Verfassungs wegen erforderlich ist, ist umstritten. Vieles spricht dafür, nicht so sehr die Ehe, als vielmehr die **Familie** steuerlich stärker zu fördern. Jedenfalls dürfen Ehegatten gegenüber Alleinerziehenden nicht allein deswegen schlechter gestellt werden, weil sie verheiratet sind (BVerfGE 99, 216). Zugleich hat das Bundesverfassungsgericht allerdings auch entschieden, dass Art. 6 Abs. 1 GG keine steuerliche Besserstellung von Ehegatten gegenüber eingetragenen Lebenspartnern gebiete (BVerfG, NJW 2010, 2783).

5. Im Gegensatz zu den zuvor genannten Grundrechten erging bislang keine Entscheidung des Bundesverfassungsgerichts, die Steuergesetze wegen eines Verstoßes gegen das **Grundrecht der Berufsfreiheit (Art. 12 Abs. 1 GG)** oder die **Eigentumsgarantie (Art. 14 Abs. 1 GG)** aufgehoben hat. Steuergesetze können bestimmte Berufe besonders belasten, wie dies z.B. bei der Sonderbesteuerung des Straßengüterfernverkehrs der Fall war. Eine solche zusätzliche Belastung ist aber solange eine hinzunehmende **Beschränkung** lediglich der **Berufsausübung**, wie sie sachlich gerechtfertigt werden kann. Ein solcher **Rechtfertigungsgrund** war beispielsweise das Bemühen

um Entlastung des Straßenverkehrs und um Wahrung des Gleichgewichts von Schiene und Straße (BVerfGE 38, 61). Die **Sozialbindung** des Eigentums (Art. 14 Abs. 1 S. 2 und Abs. 2 GG) lässt eine Besteuerung grundsätzlich zu. Während jedoch das Bundesverfassungsgericht (vgl. nur BVerfGE 14, 221) zunächst einen Eingriff in Art. 14 GG durch Auferlegung einer Steuer erst beim Vorliegen einer „erdrosselnden Wirkung" angenommen hat, bejahte der Zweite Senat in einer neueren Entscheidung (BVerfGE 115, 97) einen Eingriff in den Schutzbereich der Eigentumsfreiheit bereits dann, wenn Steuertatbestände, wie etwa bei der Einkommen- und Gewerbesteuer, an den Hinzuerwerb von Eigentum anknüpfen. Als verfassungsrechtliche Grenze gelte schließlich der allgemeine Grundsatz der Verhältnismäßigkeit. Die letztgenannte Entscheidung verdient auch deshalb Beachtung, weil sie klarstellt, dass sich aus Art. 14 GG „keine allgemein verbindliche, absolute Belastungsobergrenze in der Nähe einer hälftigen Teilung" ableiten lasse, also dem so genannten „Halbteilungsgrundsatz" (so noch BVerfGE 93, 121) eine Absage erteilt hat.

6. Die inhaltliche Bindung des Steuergesetzgebers beschränkt sich nicht nur auf die Beachtung der Grundrechte. **Allgemeine rechtsstaatliche Prinzipien** hat der Steuergesetzgeber ebenfalls zu wahren. Dazu zählen insbesondere:

a) das aus dem Rechtsstaatsprinzip in Art. 20 Abs. 3 GG ableitbare **Gebot der Gesetzesbestimmtheit**. Das heißt: Steuergesetze müssen so gefasst sein, „dass die Eingriffe messbar und in gewissem Umfang für den Staatsbürger voraussehbar und berechenbar werden" (BVerfGE 8, 325). Die in Art. 20 Abs. 3 GG normierte Bindung staatlicher Gewalten an Gesetz und Recht hat für den dieser Gewalt unterworfenen Staatsbürger gerade den Sinn und Zweck, mögliche staatliche Eingriffe berechnen und abschätzen zu können. Dies ist nur möglich, wenn die Normen hinreichend bestimmt sind (BVerfGE 127, 335 einerseits, BFH BStBl II 2007, 167 andererseits).

b) das ebenfalls aus Art. 20 Abs. 3 GG ableitbare **Rückwirkungsverbot für Gesetze**. Obwohl der Wortlaut des Art. 20 Abs. 3 GG zunächst nichts über die Frage zulässiger Rückwirkung sagt, ist die Norm doch bei **teleologischer**, d.h. nach dem Sinn und Zweck der jeweiligen Bestimmung fragender **Interpretation** außerordentlich fruchtbar. Wie bei dem Gebot der Gesetzesbestimmtheit ist nämlich zu fragen, was mit der normierten Bindung der Legislative und Exekutive an Gesetz und Recht aus der Sicht des staatlicher Gewalt unterworfenen Bürgers bezweckt ist. Für ihn bedeutet das vor allem, **sich auf das gesetzte Recht verlassen zu können, auf seine Beständigkeit vertrauen** und private und geschäftliche **Dispositionen treffen zu dürfen**. Mit diesem Zweck aber wäre es unvereinbar, wenn der Gesetzgeber jederzeit seine Normen rückwirkend ändern und damit die **Vertrauensgrundlage** entziehen könnte. Zur Frage der Zulässigkeit rückwirkender Steuergesetze ist damit Folgendes zu sagen: Jede Rückwirkung widerspricht dem aus Art. 20 Abs. 3 GG ableitbaren Vertrauensschutzgedanken, was allerdings nicht bedeutet, dass jede rückwirkende Regelung wegen eines Verstoßes gegen Art. 20 Abs. 3 GG verfassungswidrig wäre. Vielmehr muss man zwischen der **echten** und der **unechten Rückwirkung differenzieren**: Der Tatbestand der echten Rückwirkung ist dann erfüllt, wenn ein Lebenssachverhalt in der Vergangenheit bereits abgeschlossen ist, der Gesetzgeber später jedoch eine Norm einführt, deren

Anwendungsbereich zeitlich zurückerstreckt wird auf den bereits abgewickelten Tatbestand und ihn einer belastenderen Rechtsfolge unterwirft. Ein solches Vorgehen ist im **Grundsatz** verfassungswidrig, wobei in diversen Fallkonstellationen eine Ausnahme gemacht wird:

- die Rechtslage ist verworren;
- ein nichtiges Gesetz wird geändert;
- der Belastete musste davon ausgehen, dass der Gesetzgeber demnächst die betroffene Materie abweichend regeln würde;
- aus überwiegenden Gründen des Allgemeinwohls;
- Bagatell-Fälle.

Eine unechte Rückwirkung liegt dann vor, wenn ein Gesetz in Kraft tritt, das an einen noch nicht abgeschlossenen Tatbestand, der bereits vor der Verkündung der neuen Regelung „ins Werk gesetzt" worden ist, eine neue belastendere Rechtsfolge knüpft. Nachdem die unechte Rückwirkung tatbestandlich festgestellt wurde, schließt sich eine Interessenabwägung an, bei der auf der einen Seite das enttäuschte Vertrauen und auf der anderen Seite das von der Legislative verfolgte Ziel zu berücksichtigen sind. Erst wenn man bei der Abwägung zu dem Ergebnis gelangt, dass der Vertrauensschutz nach den Umständen des Einzelfalles Vorrang haben muss, folgt hieraus die Rechtswidrigkeit der Norm (BVerfGE 31, 222, 225; 48, 403, 415; 97, 67)

So waren beispielsweise bis 1998 Gewinne aus privaten Veräußerungsgeschäften bei Grundstücken nur zu versteuern, wenn die sog. „Spekulationsfrist" – d.h. der Zeitraum zwischen Anschaffung und Veräußerung – nicht mehr als zwei Jahre betrug. Mit der durch das Steuerentlastungsgesetz 1999/2000/2002 seit 1999 eingeführten Neuregelung des § 23 Abs. 1 S. 1 Nr. 1 EStG ist diese Veräußerungsfrist für Grundstücke von zwei auf zehn Jahre verlängert worden. Das Bundesverfassungsgericht (BVerfGE 127, 1) hielt die Neuregelung teilweise für verfassungswidrig, weil der Gesetzgeber Anschaffungsvorgänge in die Regelung einbezogen hatte, für welche die bisherige zweijährige „Spekulationsfrist" bereits vor dem 1.1.1999 abgelaufen war. Das Vertrauen auf die im Zeitpunkt der Anschaffung des Grundstücks bestehende Rechtslage ist nach Ansicht des Gerichts von Verfassungs wegen schutzwürdig, da der Steuerpflichtige nach Ablauf der zweijährigen Spekulationsfrist einen konkret vorhandenen Vermögensbestand erworben habe und durch die rückwirkende Verlängerung der Spekulationsfrist eine solche konkret verfestigte Vermögensposition nachträglich entwertet werde.

Ebenso war nach Auffassung des Bundesverfassungsgerichts die durch das Steuerentlastungsgesetz 1999/2000/2002 vorgenommene Absenkung der Beteiligungsquote bei der Besteuerung privater Veräußerungen von Kapitalanteilen teilweise verfassungswidrig (NJW 2010, 3634). Die Gewinne aus der Veräußerung von im Privatvermögen gehaltenen Anteilen an einer Kapitalgesellschaft unterlagen nach der bis zum 31.12.1998 geltenden Rechtslage als Einkünfte aus Gewerbebetrieb der Einkommensteuer, wenn der Steuerpflichtige innerhalb der letzten fünf Jahre vor der Veräußerung zu mehr als 25% beteiligt war. Durch das Steuerentlastungsgesetz 1999/ 2000/2002 wurde die Beteiligungsquote auf 10% gesenkt (§ 17 Abs. 1 Satz 4 EStG a.F.). Nach § 52 Abs. 1 Satz 1 EStG galt die Neuregelung ab dem Veranlagungszeitraum 1999, bezog aber – rückwirkend – auch Beteiligungsverhältnisse ein, die bereits vor ihrer Verkündung begründet worden waren. Dadurch wurde nach Auffassung des Bundesverfassungsgerichts das verfassungsrechtlich geschützte Vertrauen der Betroffenen in nicht zulässiger Weise entwertet.

III. Verfahrensfragen

Das **Bundesverfassungsgericht** besitzt das **Monopol**, Steuergesetze, die den Grundrechten oder allgemeinen rechtsstaatlichen Prinzipien widersprechen, für **nichtig** zu erklären. **Verfahrensrechtlich** lässt sich eine solche Überprüfung entweder durch eine **Verfassungsbeschwerde** des betroffenen Bürgers (Art. 93 Abs. 1 Nr. 4a GG i.V.m. §§ 13 Nr. 8a, 90 ff. BVerfGG), eine **konkrete Normenkontrolle** des vorlegenden Gerichts (Art. 100 Abs. 1 GG i.V.m. §§ 13 Nr. 11, 80 ff. BVerfGG) oder eine **abstrakte Normenkontrolle** der antragsbefugten Organe (Art. 93 Abs. 1 Nr. 2 GG i.V.m. §§ 13 Nr. 6, 76 ff. BVerfGG) erreichen.

C. Auslegung der Steuergesetze

I. Allgemeine Auslegungsregeln

Gesetzesanwendung und Gesetzesauslegung bestimmen den Tätigkeitsbereich eines jeden Juristen, also auch des Steuerjuristen. Die Vorstellung der Aufklärung, man könne Gesetze schaffen, die aus sich selbst heraus so verständlich sind, dass sie nicht ausgelegt, sondern nur angewandt zu werden brauchen, ist längst als Illusion entlarvt. Ziel einer jeden Auslegung ist es, den Sinn des Gesetzes zu ermitteln, die betreffende Norm „richtig" auszulegen. Die vier herkömmlichen Methoden der Gesetzesauslegung gelten daher auch im Steuerrecht:

1. Die **Wortinterpretation**. Sie ist Ausgangspunkt jeglicher Auslegung und bestimmt die Grenzen; eine Auslegung gegen den **Wortlaut** ist unzulässig. In der Mehrzahl der Fälle ist der Wortlaut jedoch nicht so bestimmt, dass er nur eine einzige Auslegung als richtig zulässt.

2. Die **systematische Auslegung**. Die reine Wortinterpretation berücksichtigt nicht genügend, dass jede Norm in einem **systematischen Zusammenhang** mit den sie umgebenden Vorschriften steht. Aus dem jeweiligen Umfeld der auszulegenden Norm ergeben sich oft wichtige Hinweise für die „richtige" Interpretation.

3. Die **teleologische Interpretation**. Danach hat sich die Auslegung am **Gesetzeszweck** zu orientieren; Sinn und Zweck der zu interpretierenden Norm ist zu ermitteln und klarzustellen.

4. Die **historische** oder **subjektive Interpretation**. Sie greift auf die **Entstehungsgeschichte** der Norm zurück, wobei man aus den Gesetzesmaterialien selbst oder aus den Vorläufern der Norm Rückschlüsse ziehen kann. Allerdings hat die an der

Entstehungsgeschichte orientierte Exegese einen geringeren Stellenwert als die objektiven Auslegungsmethoden.

Falsch wäre es, diese **vier klassischen Interpretationsmethoden** als voneinander unabhängig und selbständig anzusehen. Sie verfolgen **gemeinsam** das Ziel, den Sinn des Gesetzes zu ermitteln. Alle Methoden sind auf die Ermittlung des „richtigen" Gesetzeszwecks ausgerichtet. Wörtliche, systematische, teleologische und historische Auslegung sind mithin nur Wege zu seiner Eruierung. Sie sollen insbesondere vermeiden helfen, dass der jeweilige Interpret dem Gesetz seine eigenen, subjektiven Vorstellungen unterschiebt.

Neben den klassischen Auslegungsmethoden spielen zunehmend zwei weitere Auslegungsmethoden eine wichtige Rolle im Steuerrecht: Zum einen ist dies die **verfassungskonforme Auslegung**, der gemäß eine Norm, die verschiedene Auslegungsergebnisse zulässt, stets so auszulegen ist, dass sie mit der Verfassung im Einklang steht. Vergleichbar bestimmt die **europarechtskonforme Auslegung**, dass Normen des nationalen Rechts bei Zweifeln so auszulegen sind, dass sie nicht gegen Unionsrecht – hier haben insbesondere die Grundfreiheiten eine erhebliche Bedeutung erhalten – verstößt.

II. Steuerrechtliche Besonderheiten

1. „Wirtschaftliche Betrachtungsweise" im Steuerrecht

Bis zur Abgabenordnung kannte das Steuerrecht eine in § 1 Abs. 2 und 3 StAnpG eigens **normierte Auslegungsregel**. Danach war bei der Auslegung die „wirtschaftliche Bedeutung der Steuergesetze" zu berücksichtigen. Diese sog. **„wirtschaftliche Betrachtungsweise"** hat heute bei der Auslegung von Steuernormen noch **Bedeutung** im Rahmen der teleologischen Auslegung.

Sinn der wirtschaftlichen Betrachtungsweise ist es, bei wirtschaftlichem Gehalt nach gleichen, bürgerlich-rechtlich jedoch unterschiedlich gestalteten Vorgängen eine gleiche steuerliche Behandlung sicherzustellen. So wird beispielsweise eine in der Gründung begriffene Kapitalgesellschaft bereits vom Tage der Errichtung des Gesellschaftsvertrages an als Kapitalgesellschaft behandelt und ihr Gewinn der Körperschaftsteuer unterworfen, obgleich die Gesellschaft als Rechtsperson erst mit Eintragung in das Handelsregister entsteht (BFH, BStBl. III 1958, 42; BStBl. II 1973, 568). Unzulässig wäre es aber, aufgrund der wirtschaftlichen Betrachtungsweise vom Wortlaut eines Steuergesetzes nicht gedeckte Steuertatbestände zu konstruieren (BVerfGE 13, 318). **Grundsätzlich**, d.h. immer dann, wenn nicht Sinn und Zweck der Steuergesetze zwingend etwas anderes gebieten, hat das Steuerrecht **an die bürgerlich-rechtlichen Begriffe und Gestaltungsformen anzuknüpfen**.

Als allgemeine Auslegungsregel hat die wirtschaftliche Betrachtungsweise auch deshalb weitgehend an Bedeutung verloren, weil mehrere **Gesetzesbestimmungen** der Abgabenordnung ausnahmsweise den Vorrang des „wirtschaftlichen Lebensvorganges" vor verschleiernden bürgerlich-rechtlichen Konstruktionen ausdrücklich regeln. Dabei handelt es sich insbesondere um folgende Vorschriften:

a) Grundsätzlich sind nach § 39 Abs. 1 Nr. 1 AO Wirtschaftsgüter zwar dem bürgerlich-rechtlichen Eigentümer zuzurechnen. Bei der **Sicherungsübereignung** ist aber der **übereignende Sicherungsgeber** steuerlich als **Eigentümer** zu behandeln. Ebenso wird bei der Treuhandübereignung das Wirtschaftsgut weiter dem Treugeber zugerechnet. Auch die weiteren in § 39 Abs. 2 Nr. 1 AO genannten Beispiele sind nicht abschließend. Sie sind nur Beispiele für den allgemeinen Gedanken, dass eine Sache, über die ein anderer als der bürgerlich-rechtliche Eigentümer eine Herrschaft ausübt, wie sie gewöhnlich nur dem Eigentümer zusteht, für die Besteuerung nicht dem Eigentümer, sondern dem anderen zuzurechnen ist. Beim Leasinggeschäft beispielsweise können die Verträge so ausgestaltet werden, dass steuerrechtlich die geleaste Sache nicht dem juristischen Eigentümer, dem Leasinggeber, sondern dem Leasingnehmer zuzurechnen ist (BFH, BStBl. II 1970, 264). Dagegen sind Nießbraucher, Mieter und Pächter in der Regel nicht als wirtschaftliche Eigentümer anzusehen. Absetzungen für Abnutzung (AfA) stehen ihnen deshalb z.B. nicht zu.

b) **Scheingeschäfte und Scheinhandlungen** (z.B. Begründung eines Scheinwohnsitzes) bleiben **ohne** steuerliche **Wirkung**, es kommt allein auf das tatsächliche Verhalten an, § 41 Abs. 2 AO. Wird durch ein Scheingeschäft ein anderes Geschäft verdeckt, so ist für die Besteuerung das verdeckte Geschäft maßgebend. Geben beispielsweise die Parteien bei einem Kaufvertrag über ein Grundstück einen niedrigeren Kaufpreis an, um Grunderwerbsteuer einzusparen, so ist dieses Scheingeschäft nichtig, § 117 Abs. 1 BGB. Der Kaufvertrag über den höheren, von den Parteien gewollten Preis ist ebenfalls wegen fehlender notarieller Beurkundung, §§ 125 S. 1, 311b Abs. 1 BGB, nichtig. Gleichwohl wird dieser Kaufpreis der Besteuerung zugrunde gelegt.

c) Nach § 40 AO ist es für die Besteuerung **gleichgültig**, dass ein **Tun oder Unterlassen gegen** ein **gesetzliches Gebot oder Verbot oder** gegen **die guten Sitten** verstößt. Einkünfte aus Rauschgifthandel (BFH, BStBl. II 2001, 536) sind ebenso steuerpflichtig wie solche aus unerlaubter Hilfe in Steuersachen (FG Köln, EFG 1981, 635) oder etwa Bestechungsgelder, die ein Bundesligaspieler erhält, um Tore nicht zu schießen (FG Berlin, EFG 1978, 280).

d) Auch die **Nichtigkeit** oder **Anfechtbarkeit** eines Rechtsgeschäfts ist nach § 41 Abs. 1 AO für die **Besteuerung ohne Bedeutung**, sofern und solange der wirtschaftliche Erfolg eingetreten ist. Beispielsweise wird die Erbengemeinschaft, die ein wegen Formmangels ungültiges Testament ausführt, erbschaftsteuerlich so behandelt, als ob das Testament gültig wäre (BFH, BStBl. II 2007, 461).

e) Durch **Missbrauch** von Formen und Gestaltungsmöglichkeiten des **bürgerlichen Rechts** kann die **Steuerpflicht nicht umgangen** oder gemindert werden, § 42 Abs. 1 S. 1 AO. Nach der Legaldefinition des § 42 Abs. 1 S. 1 AO liegt ein Missbrauch vor, wenn eine „unangemessene rechtliche Gestaltung gewählt wird, die beim Steuerpflichtigen oder einem Dritten im Vergleich zu einer angemessenen Gestaltung zu einem gesetzlich nicht vorgesehenen Steuervorteil führt". Kein Missbrauch ist allerdings die Wahl einer Gestaltung, die einen günstigen Steuereffekt hat (vgl. hierzu FG des Saarlandes, EFG 2008, 1803). Die Unterscheidung zwischen legaler Steuerminimierung, unzulässiger Umgehung nach § 42 AO und illegaler, d.h. strafbarer Steuerhinterziehung nach § 370 AO, ist oft nicht leicht zu treffen. „Grauzonen" bestehen zwischen **legaler Minimierung** und nicht anzuerkennender **Umgehung**. Missbräuchliche Umgehung liegt insbesondere dann vor, wenn die Parteien in Umgehungsabsicht eine rechtliche Gestaltung wählen, die verständige Parteien im Hinblick auf das erstrebte wirtschaftliche Ziel nicht wählen würden. Das ist beispielsweise der Fall, wenn der Vater, der seinen Kindern eine Schenkung zukommen lassen will, diese, um Schenkungsteuer einzusparen, zunächst seiner Frau unter der Auflage schenkt, den Betrag an die Kinder weiterzuleiten (BFH, BStBl. III 1955, 395). Dagegen stellt die Verlagerung von Zinseinkünften zwischen einer Gesellschaft und ihren Gesellschaftern zur Ausschöpfung von Verlustabzügen keinen Gestaltungsmissbrauch dar (BFH, BFHE 197, 63).

2. Analogieverbot im Steuerrecht?

Der juristische Analogieschluss ist eine taugliche Auslegungsmethode, wenn das Gesetz für eine zu klärende Frage eine **Lücke** enthält. Sobald es nämlich **ähnliche**, vergleichbare Sachverhalte regelt, bietet es sich an, mit diesen Regelungen im Wege der Analogie die Lücke auszufüllen. Analogie ist teleologische Rechtsanwendung, die im Wortlaut des Gesetzes keine Stütze mehr findet, sondern sich vergleichbarer Regelungen bedienen muss. Sie ist bei einer Gesetzeslücke grundsätzlich eine zulässige juristische Auslegungsmöglichkeit, im Strafrecht, soweit sie zu Lasten des Betroffenen geht, allerdings gemäß Art. 103 Abs. 2 GG verboten. Ob ein belastender Analogieschluss im Steuerrecht zulässig ist, ist nicht nur in der Literatur, sondern auch innerhalb der einzelnen Senate des Bundesfinanzhofs **umstritten** (BFH, BStBl. II 1982, 618 contra BFH, BStBl. II 1984, 221). Da es kein gesetzliches Verbot belastender Analogie im Steuerrecht gibt, werden zur Begründung eines solchen Verbotes der Grundsatz der Gesetzmäßigkeit der Verwaltung, die Gewaltenteilung und der Gedanke der Rechtssicherheit und des Vertrauensschutzes angeführt. Überzeugender dürfte es wohl sein, bei einer Gesetzeslücke im Steuerrecht eine Analogie zuzulassen, sofern der Steuerpflichtige bei verständiger Würdigung damit rechnen musste, dass der von ihm verwirklichte Sachverhalt so wie ein gesetzlich geregelter Sachverhalt behandelt wird, weil andernfalls vergleichbare Lebenssachverhalte steuerlich ungleich behandelt würden und damit die Gleichmäßigkeit der Besteuerung nicht mehr sichergestellt ist.

Zweiter Teil
Allgemeines Steuerrecht

Erster Abschnitt
Steuerhoheit und Steuergerichtsbarkeit

A. Steuerhoheit

Steuerhoheit nennt man das einer öffentlichen Körperschaft zustehende **Recht der Besteuerung**. Im Bundesstaat des Grundgesetzes ist die originäre Steuerhoheit zwischen Bund und Ländern geteilt. Derivative, kraft staatlicher Übertragung verliehene Steuergewalt haben die Kirchen, Gemeinden und Gemeindeverbände. Sind **mehrere Steuerhoheitsträger** vorhanden, so entsteht das Problem der **Kompetenzabgrenzung**. Hierbei geht es um die Frage, wer Steuern einführen darf (Gesetzgebungskompetenz); wer die Steuererhebung verwaltet (Verwaltungskompetenz) und wem schließlich der Steuerertrag zusteht (Ertragskompetenz).

I. Gesetzgebungskompetenz

Die **Gesetzgebungskompetenz** liegt gemäß Art. 105 GG im **Wesentlichen beim Bund**.

1. Der Bund hat nach Art. 105 Abs. 1 GG die **ausschließliche Gesetzgebung** über **Zölle** und **Finanzmonopole**. Im gemeinsamen Binnenmarkt entscheidet die EU über Zölle, als Finanzmonopol gibt es lediglich noch das Branntweinmonopol.

2. Der Bundesgesetzgeber hat die **konkurrierende Gesetzgebung** über die **übrigen Steuern**, deren Aufkommen ihm ganz oder zum Teil zusteht, aber auch dann, wenn die Herstellung gleichwertiger Lebensverhältnisse im Bundesgebiet oder die Wahrung der Rechts- oder Wirtschaftseinheit im gesamtstaatlichen Interesse eine bundesgesetzliche Regelung erfordern, Art. 105 Abs. 2 GG und Art. 72 Abs. 2 GG. Bei welchen Steuern dem Bund das Aufkommen ganz oder teilweise zusteht, richtet sich nach Art. 106 GG. Unabhängig davon steht dem Bundesgesetzgeber aber die konkurrierende Gesetzgebungsbefugnis über die übrigen Steuern deshalb zu, weil die Voraussetzungen des Art. 72 Abs. 2 GG **„Wahrung der Rechts- und Wirtschaftseinheit im gesamtstaatlichen Interesse"** bei Steuern wohl **immer** eine bundesgesetzliche Regelung erforderlich machen. Da der Bundesgesetzgeber von der konkurrierenden Gesetzgebungskompetenz des Art. 105 Abs. 2 GG erschöpfend Gebrauch gemacht hat, bleibt für den Landesgesetzgeber kaum noch Spielraum, Steuergesetze nach Art. 105 Abs. 2 GG zu erlassen.

3. Abweichend vom sonstigen System der Zuständigkeitsverteilung aber bestimmt Art. 105 Abs. 2a S. 1 GG, dass den Ländern die ausschließliche Gesetzgebungszustän-

digkeit über die **örtlichen Verbrauch- und Aufwandsteuern zusteht**, soweit diese nicht bundesgesetzlich geregelten Steuern **gleichartig** sind. Beispiele dafür sind die Vergnügungs-, Hunde- und Jagdsteuer. Zum Begriff der Gleichartigkeit vgl. BVerfGE 65, 325, 351. Schließlich haben die Länder gemäß Art. 105 Abs. 2a S. 2 GG die Befugnis zur Bestimmung des Steuersatzes bei der Grunderwerbsteuer.

4. Bundesgesetzen über Steuern, deren Aufkommen den Ländern oder Gemeinden ganz oder teilweise zufließt, muss gemäß Art. 105 Abs. 3 GG vom Bundesrat zugestimmt werden. Damit ist sichergestellt, dass der Bundesgesetzgeber die Länder nicht steuerlich „austrocknen" kann.

II. Verwaltungskompetenz

Die **Verwaltungskompetenz** ist gemäß **Art. 108 GG geteilt**:

1. Der **Bund** erhebt durch **eigene Behörden** nach Art. 108 Abs. 1 GG Zölle, Finanzmonopole und die bundesgesetzlich geregelten Verbrauchsteuern, die Einfuhrumsatzsteuer und die Abgaben im Rahmen der EU. Der Aufbau der Bundesfinanzverwaltung ist in dem aufgrund von Art. 108 Abs. 1 GG erlassenen **Gesetz über die Finanzverwaltung** vom 30. 8. 1971 (BGBl. I 1971, 1426) geregelt. **Bundesfinanzbehörden** (§ 1 FVG) sind:

a) das Bundesministerium für **Finanzen** als **oberste Behörde**,
b) die **Bundesmonopolverwaltung** für Branntwein, das **Bundesausgleichsamt**, das **Bundeszentralamt für Steuern** und das **Bundesamt für zentrale Dienste und offene Vermögensfragen** als Oberbehörden;
c) die **Bundesfinanzdirektion** und das Zollkriminalamt als **Mittelbehörden**;
d) die **Hauptzollämter** einschließlich ihrer Dienststellen (Zollämter) und die Zollfahndungsämter als **örtliche Behörden**.

2. Die übrigen Steuern, d.h. nahezu alle Steuern, mit denen es Bürger und Unternehmen täglich zu tun haben, werden durch **Landesfinanzbehörden** im Auftrage des Bundes verwaltet, Art. 108 Abs. 2 und 3 GG. Ein **einheitlicher Gesetzesvollzug** ist dadurch gewährleistet, dass die Bundesregierung gemäß Art. 108 Abs. 7 GG **allgemeine Verwaltungsvorschriften**, z.B. die Einkommensteuer-Richtlinien, erlassen kann. Der Aufbau der Landesfinanzbehörden ist entsprechend Art. 108 Abs. 2 S. 2 GG ebenfalls durch das Gesetz über die Finanzverwaltung geregelt. **Landesfinanzbehörden** (§ 2 FVG) sind:

a) das **Finanzministerium** als **oberste Behörde**;
b) die **Oberfinanzdirektionen als Mittelbehörde**n. Aufgabe der Oberfinanzdirektionen ist die Leitung der Finanzverwaltung des jeweiligen Landes in ihrem Bezirk, § 8a Abs. 1 FVG. Geleitet wird sie durch den Oberfinanzpräsidenten, § 9a FVG. Bis

2008 war eine Mischverwaltung dergestalt üblich, dass die Oberfinanzdirektion zugleich Mittelbehörde des Bundes und der Länder war. Durch die Errichtung der Bundesfinanzdirektionen als nunmehr alleinige Mittelbehörden des Bundes wurde dieses System aufgegeben. Nach § 8a Abs. 2 FVG können sich die Oberfinanzdirektionen in eine Besitz- und Verkehrssteuerabteilung und eine Landesbauabteilung oder Landesvermögens- und Bauabteilung gliedern.

c) die **Finanzämter** als **örtliche Behörden.** Diese sind gemäß § 17 Abs. 2 FVG für die Verwaltung der Steuern mit Ausnahme der Kraftfahrzeugsteuer, der sonstigen auf motorisierte Verkehrsmittel bezogenen Verkehrsteuern, der Zölle und der bundesgesetzlich geregelten Verbrauchsteuern zuständig, soweit die Verwaltung gemäß Art. 108 Abs. 4 S. 1 GG den Bundesfinanzbehörden oder gemäß Art. 108 Abs. 4 S. 2 GG den Gemeinden (Gemeindeverbänden) übertragen worden ist. Die praktisch bedeutsamsten Steuern wie die Einkommen-, Körperschaft- und Umsatzsteuer werden daher durch die Finanzämter verwaltet.

3. Die Verwaltung von **Steuern**, die den **Gemeinden** zufließen, haben die Landesgesetzgeber gemäß Art. 108 Abs. 4 S. 2 GG den Gemeinden übertragen. Die Realsteuerfestsetzung (Grund- und Gewerbesteuer) und die Verwaltung der örtlichen Verbrauch- und Aufwandsteuern obliegt danach außer in den Stadtstaaten den **gemeindlichen Steuerämtern.**

III. Ertragskompetenz

In der bundesstaatlichen Praxis entscheidender noch als die Gesetzgebungs- und die Verwaltungskompetenz ist die **Ertragskompetenz**, d.h. die Entscheidung darüber, wem das Steueraufkommen zusteht.

1. Bei der Verteilung des Finanzaufkommens eines Staates auf die einzelnen staatlichen Körperschaften sind zwei Systeme denkbar, das **Verbundsystem** und das **Trennsystem**. Beim Verbundsystem werden die von Wirtschaft und Bürgern zu zahlenden Steuern „in einen Topf geworfen" und dann auf Bund, Länder und Gemeinden nach einem bestimmten Schlüssel verteilt. Beim Trennsystem wird Bund, Ländern und Gemeinden jeweils der Ertrag bestimmter Steuern zugesprochen. Die meisten Steuern werden zwar nach dem Trennsystem gemäß Art. 106 Abs. 1 und 2 GG, die **ergiebigsten** jedoch, die **Einkommen-, Körperschaft-** und **Umsatzsteuer** nach dem **Verbundsystem** (sog. Gemeinschaftssteuern) **aufgeteilt**, Art. 106 Abs. 3–7 GG.

2. Am Aufkommen der **Einkommen- und Körperschaftsteuer** sind der Bund und die Länder nach Art. 106 Abs. 3 S. 2 GG je zur Hälfte beteiligt. Der Länderanteil steht den einzelnen Bundesländern insoweit zu, als die Steuern von den Finanzbehörden in ihrem Gebiet vereinnahmt werden. Näheres dazu regelt das aufgrund von Art. 107 Abs. 1 S. 2 GG erlassene **Zerlegungsgesetz** vom 6.8.1998 (BGBl. I 1998, 1998). Für die **Umsatzsteuer** bestimmen Art. 106 Abs. 3 S. 3, Abs. 4 und Abs. 5a GG die Verteilungsrichtmaße.

3. Zum Ausgleich des Steuergefälles zwischen finanzstarken und finanzschwachen Bundesländern sehen Art. 106 GG und 107 GG einen zusätzlichen **Finanzausgleich** vor.

Zunächst teilt Art. 106 GG den Ertrag bestimmter Steuern dem Bund, den Ländern, den Gemeinden und dem Bund und Ländern gemeinsam zu (sog. **primärer vertikaler Finanzausgleich**). Die in Art. 106 Abs. 1 GG aufgelisteten Bundessteuern (der überwiegende Teil der Verbrauchsteuern) darf der Bund nach dem Trennsystem für sich in Anspruch nehmen. Auf der Länderebene erfolgt die Ertragszuweisung der Landessteuern (u.a. die Erbschaft- und Biersteuer) gemäß Art. 106 Abs. 2 GG. Demgegenüber vereinnahmen die Gemeinden nach Art. 106 Abs. 6 GG die Gewerbe- und Grundsteuer (sog. Realsteuern).

Gemäß Art. 107 GG erfolgt die Verteilung der den Ländern als Gesamtheit zugewiesenen Steuereinnahmen auf die einzelnen Bundesländer (sog. **primärer horizontaler Finanzausgleich**) auf einer zweiten Stufe.

Damit die differierende Finanzkraft der Länder ausgeglichen werden kann, erfolgt auf einer dritten Stufe eine Ertragsumverteilung unter den Bundesländern (sog. **sekundärer horizontaler Finanzausgleich**).

Schließlich sind auf einer letzten Stufe **Ergänzungszuweisungen des Bundes** an finanzschwache Länder möglich, um deren Finanzkraft zu stärken (Art. 107 Abs. 2 S. 3 GG).

Das Verteilungsverhältnis zwischen Bund und Ländern wurde durch die Föderalismusreform II (BGBl. I 2248) grundlegend neu gestaltet. Demnach sollen die Länder bis 2019 sogenannte Konsolidierungsbeihilfen erhalten, um das ab 2020 geltende Verschuldungsverbot erreichen zu können (Art. 109 Abs. 3 GG n.F.).

4. Der **Gemeindeanteil am Steueraufkommen** ist in Art. 106 GG recht kompliziert geregelt. Die Gemeinden erhalten:

a) Einen **Anteil am Aufkommen der Einkommensteuer**, der von den Ländern an die Gemeinden auf Grundlage der Einkommensteuerleistungen ihrer Einwohner zu entrichten ist. Art. 106 Abs. 5 GG i.V.m. dem **Gemeindefinanzreformgesetz** vom 10.3.2009 (BGBl. I 2009, 502) sieht einen Anteil von 15% vor.

b) Einen **Anteil an dem Aufkommen der Umsatzsteuer**, der auf der Basis eines orts- und wirtschaftsbezogenen Schlüssels an die Gemeinden weitergeleitet wird; das Nähere ist in §§ 5a ff. Gemeindefinanzreformgesetz i.d.F. vom 10.3.2009 geregelt.

c) Nach Art. 106 Abs. 6 S. 1 GG das Aufkommen der **Realsteuern**, d.h. der Grund- und der Gewerbesteuer. Bund und Länder werden am Gewerbesteueraufkommen jedoch durch die **Gewerbesteuerumlage** nach Art. 106 Abs. 6 S. 4 und 5 GG beteiligt.

d) Das Aufkommen der örtlichen **Verbrauch- und Aufwandsteuern** nach Maßgabe der Landesgesetzgebung, Art. 106 Abs. 6 S. 1 GG.

e) Nach Art. 106 Abs. 7 S. 1 GG vom Aufkommen der Gemeinschaftsteuern einen von der Landesgesetzgebung zu bestimmenden Prozentsatz.

f) Nach Art. 106 Abs. 7 S. 2 GG einen Anteil am Aufkommen der **Landessteuern**, wenn dies der Landesgesetzgeber vorsieht.

Bemerkenswert ist noch die **Erweiterung des Art. 28 Abs. 2 GG**. Bisher wurde der Anspruch auf eine angemessene finanzielle Ausstattung durch die Länder allein aus Art. 28 Abs. 2 S. 1 GG abgeleitet. Denn die Selbstverwaltungsgarantie der Gemeinden liefe ins Leere, wenn diese keine finanziellen Mittel zur Hand hätten, um die ihnen obliegenden Verwaltungsaufgaben zu erfüllen. Durch die Einführung von Satz 3 wurde dies vom Verfassungsgesetzgeber klargestellt. Diese Ergänzung des Art. 28 Abs. 2 GG und die Aufnahme des Art. 106 Abs. 5a GG implizieren gleichzeitig, dass über die Klarstellung hinaus in finanzieller Hinsicht noch eine Stärkung der materiell-rechtlichen Position der Gemeinden erfolgt ist.

B. Beschränkung der Steuerhoheit

Die **Ausübung der Steuerhoheit** durch Staaten ist infolge des einem Staat zustehenden Rechts der „Souveränität" grundsätzlich unbeschränkt. Sie kann nur **beschränkt** sein durch:

I. Doppelbesteuerungsabkommen

1. Dabei handelt es sich um **Verträge zur Vermeidung der Doppelbesteuerung** eines Steuergegenstandes. Der internationale Wirtschaftsverkehr bringt es mit sich, dass nicht selten das gleiche Steuerobjekt, z.B. der Ertrag der gleichen Betriebsstätte, in mehreren Staaten gleichzeitig der Steuerpflicht unterliegt.

a) Zur Milderung oder zum Ausschluss einer derartigen **Doppelbesteuerung** dienen teils Vorschriften des **innerstaatlichen Steuerrechts**, die etwa eine Anrechnung der im Ausland gezahlten Steuern vorsehen **(unilaterale Maßnahmen)**, teils **zwischenstaatliche Doppelbesteuerungsabkommen (bilaterale Maßnahmen)**, die die einzelnen Steuerquellen unter den Vertragsstaaten aufteilen oder diese zu einer gegenseitigen Anrechnung verpflichten.

b) Der **bilaterale Ausschluss** einer solchen **Doppelbesteuerung** ist nur **aufgrund** eines **völkerrechtlichen Vertrages** möglich, dessen Inhalt durch Ratifizierung innerstaatliches Recht wird, Art. 59 GG. Die **Doppelbesteuerungsabkommen** regeln die Aufteilung der beiderseitigen Steuerquellen unter den Vertragsstaaten; sie bestimmen in der Regel:

aa) **Grundbesitz, Hypotheken und Betriebsstätten** gewerblicher Unternehmungen werden im **Belegenheitsstaat besteuert**, also in dem Staat, in dem das unbewegliche Vermögen (Grundvermögen), das gewerbliche Unternehmen oder die Betriebsstätte liegen oder in dem Forderungen dinglich gesichert sind.

bb) Der **Arbeitslohn** und die **Einkünfte aus freien Berufen** werden von dem Staat besteuert, in dem die **Tätigkeit ausgeübt** wird.

cc) Das **bewegliche Kapitalvermögen** ist in dem **Staat zu versteuern**, in dem der **Steuerpflichtige** seinen **Wohnsitz** hat. Die Abzugsteuer (Quellensteuer) im Staat des Schuldners von Kapitalerträgen wird auf die Steuer im Wohnsitzstaat angerechnet.

dd) **Erbschaften** werden von dem Staat erfasst, in dem der **Erblasser** seinen letzten **Wohnsitz** hatte, mit Ausnahme des unbeweglichen Vermögens, das im Belegenheitsstaat zu versteuern ist.

c) **Doppelbesteuerungsabkommen** bestehen mit nahezu allen Staaten, mit denen die Bundesrepublik Wirtschaftsbeziehungen unterhält. Die bestehenden Abkommen sind im Anhang 12 zu den Einkommensteuer-Richtlinien aufgeführt.

2. Die Beseitigung der Doppelbesteuerung ist eine Aufgabe, an der alle Staaten interessiert sind, die die internationale Handelstätigkeit ausdehnen wollen. Die einzelnen **bilateralen** Doppelbesteuerungsabkommen können stark voneinander abweichen, so dass allein deshalb Doppelbesteuerungen bestehen bleiben. Es liegt deshalb nahe, sich um **multilaterale** Lösungen zu bemühen. Eine zwar nur teilweise verbindliche, aber in der praktischen Bedeutung kaum zu überschätzende **multilaterale** Lösung ist das **Musterabkommen der Europäischen Organisation für wirtschaftliche Zusammenarbeit und Entwicklung (OECD-MA)** von 1963, 1977 und 2010. Den Mitgliedstaaten der OECD ist aufgegeben, beim Abschluss neuer oder bei der Revision bestehender bilateraler Doppelbesteuerungsabkommen dem Musterabkommen zu folgen, soweit nicht Vorbehalte der Staaten oder zugestandener Gestaltungsspielraum abweichende Regelungen zulassen.

II. Internationale Handelsverträge und Europarecht

1. Der wichtigste dieser Verträge ist das **GATT (General Agreement on Tariffs and Trade).** Das GATT ist ein multilateraler völkerrechtlicher Vertrag, dem die Bundesrepublik 1959 als Mitglied beigetreten ist, und das 1994 mit dem Abkommen über die World Trade Organization (BGBl. II 1994, 1625) auf seine neue Grundlage gestellt wurde. Oberstes Ziel des GATT ist die Befreiung des internationalen Handels von sämtlichen Schranken, d.h. auch von steuerlichen Diskriminierungen. Von diesem Ziel ist man immer noch entfernt, zumal das GATT **Zölle und Abgaben** als zulässige Maßnahmen zwischenstaatlicher Handelspolitik anerkennt, deren stufenmäßiger Abbau angestrebt wird. Art. 1 GATT verpflichtet die Mitgliedstaaten jedoch zur **„unbedingten Meistbegünstigungsklausel"**, d.h. zur Zusage, allen Mitgliedern die Begünstigungen zu gewähren, die einem Mitgliedstaat zugestanden werden.

2. Die **Steuerhoheit** kann auch durch **Übertragung von Hoheitsrechten auf zwischenstaatliche Einrichtungen beschränkt werden.** Steuerrechtlich ist hier allein der AEUV-Vertrag von Bedeutung. Zu unterscheiden ist zwischen **primärem Gemein-**

schaftsrecht, dem AEUV-Vertrag selbst, und **sekundärem Gemeinschaftsrecht**, dem aufgrund des AEUV-Vertrags ergangenem Recht. An erster Stelle innerhalb des primären Gemeinschaftsrechts ist hier auf Art. 110 AEUV zu verweisen, der die Funktion hat, Beeinträchtigungen des freien Warenverkehrs und der normalen Wettbewerbsverhältnisse zwischen den Mitgliedstaaten infolge einer diskriminierenden oder schützenden inländischen Besteuerung zu verhindern (EuGH, Slg. 1980, 417).

Art. 113 AEUV sieht die **Harmonisierung der indirekten Steuern** innerhalb der EU vor. Vollzogen wird diese Harmonisierung durch sekundäres Unionsrecht – Verordnungen und Richtlinien. Von zentraler Bedeutung für das Umsatzsteuerrecht ist die Mehrwertsteuersystemrichtlinie, die im Ergebnis nahezu eine Vollharmonisierung des Umsatzsteuerrechts innerhalb Europas bewirkt.

Im Bereich der **direkten Steuern** fehlt es an einer vergleichbaren Harmonisierungskompetenz der Union. Gleichwohl sind auch hier gestützt auf die allgemeine Harmonisierungskompetenz zur Förderung des Binnenmarktes in Art. 115 AEUV zahlreiche Harmonisierungsschritte vollzogen worden. Genannt sei hier beispielhaft die Mutter-Tochter-Richtlinie (RL 90/435/EWG), durch deren Regelungen eine mehrfache Belastung von Dividendenzahlungen innerhalb von europäischen Konzernen verhindert werden soll.

III. Exterritorialität

Die nationale Steuerhoheit wird schließlich noch durch die allgemeine **völkerrechtliche Regel der Exterritorialität** beschränkt. Nach diesem gemäß Art. 25 GG unmittelbar geltenden Grundsatz sind Gesandte einer fremden Macht von persönlichen Steuern unter Wahrung der Gegenseitigkeit befreit. Für Konsule gilt dies nur, wenn es vertraglich bestimmt ist oder die Gegenseitigkeit besteht (Wiener Übereinkommen vom 24.4.1963 über konsularische Beziehungen, BStBl. II 1969, 1585). Eine weitere allgemeine völkerrechtliche Regel verbietet eine steuerliche **Erfassung ohne jeglichen inländischen Anknüpfungspunkt**. Ihre praktische Bedeutung ist jedoch gering, da Doppelbesteuerung in der Regel von einem inländischen Anknüpfungspunkt ausgeht (z.B. Wohnsitz, Betriebsstätte) und daher aufgrund dieser allgemeinen völkerrechtlichen Regel nicht verboten ist.

c. Steuergerichte

I. Finanzgerichte

Die **Finanzgerichtsbarkeit** wird durch unabhängige, von den Verwaltungsbehörden getrennte besondere **Finanzgerichte** ausgeübt. Das finanzgerichtliche Verfahren ist in der **Finanzgerichtsordnung** (FGO) vom 6.10.1965 (BGBl. I 1965, 1477) i.d.F. vom 28.3.2001, (BGBl. I 2001, 443) geregelt.

Gerichte der Finanzgerichtsbarkeit sind in den Ländern die **Finanzgerichte als obere Landesgerichte**, im Bund der **Bundesfinanzhof** mit Sitz in München, § 2 FGO. Die Finanzgerichte sind durch besondere Landesgesetze errichtet. Diese bestimmen auch den Gerichtssitz, die Abgrenzung der Gerichtsbezirke und die Errichtung einzelner Senate des Finanzgerichts an anderen Orten.

1. Das **Finanzgericht** besteht gemäß § 5 Abs. 1 FGO aus dem **Präsidenten**, den **Vorsitzenden Richtern** der einzelnen Senate und weiteren **Finanzrichtern**.

2. Das Finanzgericht entscheidet gemäß § 5 Abs. 3 FGO in Senaten mit fünf **Richtern**, soweit nicht eine Übertragung der Entscheidung auf einen Einzelrichter vorgenommen wird (§ 6 Abs. 1 FGO). Die Senate sind mit drei Berufsrichtern und zwei ehrenamtlichen Finanzrichtern besetzt.

3. **Sachlich zuständig** ist das **Finanzgericht** für alle **Streitigkeiten**, für die der **Finanzrechtsweg** gegeben ist, soweit nicht der Bundesfinanzhof zuständig ist, § 35 FGO.

4. **Der Finanzrechtsweg** ist nach § 33 FGO vor allem gegeben bei:

   a) **öffentlich-rechtlichen Streitigkeiten über Abgabenangelegenheiten,** soweit die **Abgaben der Gesetzgebung des Bundes** unterliegen und durch **Bundesfinanzbehörden** oder **Landesfinanzbehörden verwaltet** werden;

   b) **in öffentlich-rechtlichen und berufsrechtlichen Streitigkeiten** nach dem **Steuerberatungsgesetz.**

5. Das **Finanzgericht entscheidet** gemäß § 44 FGO **auf Klage nach Ausschöpfung des außergerichtlichen Vorverfahrens** (Einspruch, § 348 AO). Eine **unmittelbare Klageerhebung** ohne Vorverfahren ist nur in wenigen Ausnahmefällen (§§ 45, 46 FGO) zulässig. Die mit Abstand wichtigsten Klagearten sind die in § 40 FGO genannte **Anfechtungs-** und die **Verpflichtungsklage**. Die Anfechtungsklage richtet sich gegen einen belastenden Steuerverwaltungsakt, in der Regel gegen einen Steuerbescheid; mit der Verpflichtungsklage wird ein begünstigender Steuerverwaltungsakt, z.B. ein Steuererlass, begehrt.

II. Bundesfinanzhof

Oberstes Finanzgericht ist der **Bundesfinanzhof**, § 2 FGO.

1. Der **Bundesfinanzhof** besteht nach § 10 Abs. 1 FGO aus dem **Präsidenten**, aus **Vorsitzenden Richtern**, die den einzelnen Senaten vorstehen, und **weiteren Richtern**.

2. Der Bundesfinanzhof entscheidet in **Senaten**. Diese müssen nach § 10 Abs. 3 FGO mit fünf Richtern besetzt sein, nur bei Beschlüssen außerhalb der mündlichen Verhandlung entscheiden sie in der Besetzung von drei Richtern.

3. Beim Bundesfinanzhof wird ein **Großer Senat** gebildet. Er besteht gemäß § 11 Abs. 5 FGO aus dem Präsidenten und je einem Richter der Senate, in denen der Präsident nicht den Vorsitz führt, demnach aus elf Richtern. Der Große Senat entscheidet gemäß § 11 FGO, wenn ein Senat des Bundesfinanzhofes von einer Entscheidung eines anderen Senats abweichen will oder wenn die Entscheidung des Großen Senats zur Fortbildung des Rechts oder zur Sicherung einer einheitlichen Rechtsprechung erforderlich ist.

4. Gegenstand der Entscheidungen des Bundesfinanzhofes sind die Revisionen (§§ 115–127 FGO) gegen Urteile der Finanzgerichte und Beschwerden (§§ 128–132 FGO) gegen andere Entscheidungen der Finanzgerichte. Während die Revision früher vom Streitwert abhängig war (Streitwertrevision), d.h. automatisch zulässig war, wenn der Streitwert eine gewisse Wertgrenze überschritt, muss sie nunmehr gemäß § 115 Abs. 1 FGO zugelassen werden. Nach § 115 Abs. 2 FGO ist die Revision nur zuzulassen, wenn die Rechtssache grundsätzliche Bedeutung hat, die Fortbildung des Rechts oder die Sicherung einer einheitlichen Rechtsprechung eine Entscheidung des Bundesfinanzhofs erfordert oder ein Verfahrensmangel geltend gemacht wird und vorliegt, auf dem die Entscheidung beruhen kann. Aufgrund dieses Zulassungsprinzips und des Umstandes, dass es oftmals streitig ist, ob einer der genannten Zulassungsgründe besteht, kommt in der Praxis der Nichtzulassungsbeschwerde des § 116 FGO eine steigende Bedeutung zu. Mit ihr steht dem Steuerpflichtigen ein Rechtsmittel gegen die Nichtzulassung der Revision zur Verfügung. Die Zahl der Nichtzulassungsbeschwerden übersteigt die Zahl der Revisionen mittlerweile deutlich.

Zweiter Abschnitt

Steuerverfahrensrecht

A. Beteiligte am Besteuerungsverfahren

Am Besteuerungsverfahren sind diejenigen Personen beteiligt, auf die es sich konkret bezieht. Es sind dies vor allem die **Steuerpflichtigen** auf der einen Seite und auf der anderen Seite die **Finanzbehörde**, insbesondere das Finanzamt, § 78 AO.

I. Finanzbehörden

Für alle öffentlich-rechtlichen Abgaben, die nach Art. 105 Abs. 1 und 2 GG der (ausschließlichen und konkurrierenden) Gesetzgebung des Bundes unterliegen und durch Landesfinanzbehörden gemäß Art. 108 Abs. 2 und 3 GG verwaltet werden, sind als untere Verwaltungsbehörden die **Finanzämter** zuständig. Für diese Abgaben gelten die Vorschriften der Abgabenordnung, ebenso wie für die wenigen Abgaben, die durch die Bundesfinanzbehörden gemäß Art. 108 Abs. 1 GG verwaltet werden, § 1 AO. Soweit öffentlich-rechtliche Abgaben der **ausschließlichen Gesetzgebung eines Landes** unterliegen (z.B. Steuern mit örtlich begrenztem Wirkungskreis wie die Zweitwohnungssteuer), wird die Anwendung von Vorschriften der AO durch die Kommunalabgabengesetze der Bundesländer sichergestellt.

1. **Örtliche Zuständigkeit.** Die Abgabenordnung enthält eine Reihe von Vorschriften, die die örtliche Zuständigkeit in Anlehnung an die Zivilprozessordnung regeln. Sie stellen ab auf **Wohnsitz**, **Ort der Geschäftsleitung**, **Belegenheit** des Grundstücks usw., §§ 17 ff. AO.

2. **Verwaltungsakte.** Die Willensäußerungen der Finanzbehörden ergehen in aller Regel in Form von Verwaltungsakten. Darunter versteht man eine hoheitliche Maßnahme, die eine Behörde zur Regelung eines Einzelfalls trifft und die auf unmittelbare Außenwirkung gerichtet ist, z.B. Steuerbescheid, Vorladung, Auskunftsersuchen usw., § 118 S. 1 AO.

II. Steuerpflichtiger und Steuerschuldner

Steuerpflichtig ist, wer Verpflichtungen zu erfüllen hat, die ihm durch Steuergesetze auferlegt werden, § 33 Abs. 1 AO. Dazu zählt, wer eine Steuer selbst schuldet, aber auch, wer für die Steuerschuld eines anderen haftet, wer nach den gesetzlichen Vorschriften Steuererklärungen abzugeben hat oder zur Buchführung verpflichtet ist. Demgegenüber ist der Begriff des **Steuerschuldners enger**. Steuerschuldner ist gemäß § 43 S. 1 AO, wer einen gesetzlichen Tatbestand der Einzelsteuergesetze erfüllt und demnach eine Steuer selbst oder durch einen Dritten zu entrichten hat oder für den ein anderer Beteiligter des Steuerrechtsverhältnisses verpflichtet ist, die Steuer für seine Rechnung abzuführen.

1. Steuerpflichtiger und Steuerschuldner sind steuerlich rechtsfähig. Da die steuerliche Rechtsfähigkeit von den Einzelsteuergesetzen abhängt, ist sie unabhängig von der bürgerlich-rechtlichen Rechtsfähigkeit. In vielen Fällen geht sie weit darüber hinaus. Steuerlich rechtsfähig sind alle Personen und Gebilde, an die sich ein Gesetz wegen eines Steueranspruchs wendet. Neben den natürlichen und juristischen Personen sind das die OHG, die KG und die selbständig auftretende Gesellschaft des bürgerlichen Rechts hinsichtlich der Umsatzsteuer, außerdem der nicht rechtsfähige Verein bei der Umsatz- und Körperschaftsteuer. Nichtrechtsfähige Gebilde sind steuerlich aber nur insoweit rechtsfähig, als sich das **Gesetz wegen einer Steuer an sie wendet**. Das ist z.B. bei der OHG und bürgerlich-rechtlichen Gesellschaft hinsichtlich der Umsatzsteuer und der Verbrauchsteuern der Fall, nicht aber bezüglich der Einkommensteuer.

2. Für die **Geschäftsfähigkeit** natürlicher Personen gelten in Steuersachen gemäß § 79 AO die Vorschriften des bürgerlichen Rechts der §§ 104 bis 113 BGB.

III. Hilfspersonen des Steuerpflichtigen

Der Steuerpflichtige kann sich gemäß § 80 Abs. 1 AO durch einen **Bevollmächtigten** vertreten lassen.

1. Bevollmächtigte können zurückgewiesen werden, wenn sie geschäftsmäßig tätig werden, ohne dazu befugt zu sein (§ 80 Abs. 5 AO), oder wenn ihnen die Fähigkeit zum geeigneten mündlichen oder schriftlichen Vortrag fehlt, § 80 Abs. 6 AO.

2. Eine **Zurückweisung** ist **nicht möglich** bei **Rechtsanwälten** und **Notaren**, **Steuerberatern** und **Steuerbevollmächtigten**, **Wirtschaftsprüfern** und **Patentanwälten**, da dieser Personenkreis nach § 80 Abs. 6 S. 2 AO i.V.m. §§ 3 Nr. 1, 4 Nr. 1 und 2 StBerG zur geschäftsmäßigen Hilfeleistung in Steuersachen befugt ist. In der Praxis sind es vor allem **Steuerberater**, die die Steuerpflichtigen in Steuersachen als Bevollmächtigte vertreten. Die Zulassung als Steuerberater ist an verschiedene Voraussetzungen geknüpft. Diese Voraussetzungen sind im Steuerberatungsgesetz vom 4.11. 1975 (BGBl. I 1975, 2735) geregelt. Das Steuerberatungsgesetz bestimmt darüber hinaus den Inhalt der Tätigkeit und die Rechte und Pflichten der Berufsangehörigen sowie die Organisation des Berufsstandes. Zu den Tätigkeiten, die das Steuerberatungsgesetz dem genannten Personenkreis vorbehalten hatte, zählte zunächst auch das geschäftsmäßige Kontieren von Belegen oder die geschäftsmäßige Erledigung der laufenden Lohnbuchhaltung. Diese Beschränkung hat das Bundesverfassungsgericht wegen Verstoßes gegen Art. 12 GG für verfassungswidrig erklärt (BVerfGE 54, 301; 59, 302). Diese Tätigkeiten dürfen seither geschäftsmäßig auch von anderen fachlich vorgebildeten Personen als von Rechtsanwälten, Steuerberatern usw. ausgeübt werden, beispielsweise von denjenigen, die eine kaufmännische Gehilfenprüfung abgelegt haben, § 6 Nr. 4 StBerG.

B. Ansprüche aus dem Steuerschuldverhältnis

I. Der Steueranspruch

1. Der Steueranspruch entsteht, sobald der Tatbestand verwirklicht ist, an den ein Gesetz die Leistungspflicht knüpft, § 38 AO.

a) **Ohne** Einfluss auf die Entstehung ist es, ob und wann die Steuer festgesetzt und fällig wird. Dem die Steuerschuld festsetzenden **Steuerbescheid** kommt daher **nur eine deklaratorische** Bedeutung zu: Er stellt fest, was bereits rechtens ist.

b) Für die einzelnen Steuern ist der Entstehungszeitpunkt im jeweiligen Steuergesetz geregelt. Beispiel: Die Erbschaftsteuer entsteht bei Erwerben von Todes wegen mit dem Tode des Erblassers, § 9 Abs. 1 Nr. 1 ErbStG; die Einkommensteuerschuld mit Ablauf des 31. Dezember für das jeweilige Kalenderjahr, § 38 AO, § 36 Abs. 1 EStG. Der Zeitpunkt der Entstehung der Steuerschuld ist von Bedeutung für den Umfang der Haftung gemäß §§ 74, 75 AO, für den Beginn der Festsetzungsverjährung gemäß § 170 AO, für die Aufrechnung gemäß § 226 AO.

c) Eine Steuer ist zu entrichten, wenn sie fällig ist.

aa) Auch die **Fälligkeit** des Anspruchs aus einem Steuerschuldverhältnis richtet sich nach den Vorschriften des jeweiligen **Einzelsteuergesetzes**, § 220 Abs. 1 AO. Fehlt es an einer solchen Regelung, so wird der Anspruch mit seiner Entstehung fällig, es sei denn, dass eine Zahlungsfrist eingeräumt worden ist, § 220 Abs. 2 AO. In aller Regel aber enthalten die jeweiligen Einzelsteuergesetze Bestimmungen über die Fälligkeit des Steueranspruchs, so dass die Kongruenz von Entstehung und Fälligkeit gemäß § 220 Abs. 2 AO auf wenige Ausnahmen beschränkt ist. Die Fälligkeit ist vor allem deshalb von Bedeutung, weil Nichtzahlung bei Fälligkeit die Verwirklichung des **Säumniszuschlags** von 1% des rückständigen Steuerbetrages für jeden angefangenen Monat der Säumnis gemäß § 240 AO zur Folge hat. Schließlich dürfen fällige Steueransprüche nach vorangegangener Zahlungsaufforderung gemäß §§ 254, 259 AO **vollstreckt** werden.

bb) Die **Fälligkeit wird hinausgeschoben** durch:

- **Stundung**, § 222 AO. Das ist ein zeitlich befristeter Verzicht des Steuerhoheitsträgers auf die fällige Zahlung. Stundung kann erfolgen, wenn die Einziehung des Betrages mit erheblichen Härten für den Steuerpflichtigen verbunden wäre und der Anspruch durch die Stundung nicht gefährdet erscheint. Eine erhebliche Härte liegt vor, wenn der Steuerpflichtige ohne sein Verschulden die notwendigen Mittel nicht zur Verfügung hat und sie sich auch nicht in zumutbarer Weise durch Kreditaufnahme verschaffen kann. Für die Dauer einer gewährten Stundung werden **Zinsen** erhoben. Die Finanzbehörde kann aber auf die Erhebung von Zinsen ganz oder zum Teil verzichten, wenn ihre Erhebung nach Lage des einzelnen Falles unbillig wäre, § 234 Abs. 2 AO. Die Entscheidung über die Stundung wie über den Verzicht auf Zinsen ist nach pflichtgemäßem Ermessen zu treffen, § 5 AO.

– **Aussetzung der Vollziehung eines Steuerbescheids**, gegen den Einspruch eingelegt worden ist (§ 361 AO). Die Aussetzung erfolgt auf Antrag oder von Amts wegen. Die Vollziehung eines noch nicht bestandskräftigen Steuerbescheides soll ausgesetzt werden, wenn ernsthafte Zweifel an der Rechtmäßigkeit des angefochtenen Verwaltungsaktes bestehen oder wenn die Vollziehung eine unbillige, nicht durch überwiegende öffentliche Interessen gebotene Härte zur Folge hätte.

II. Erlöschen des Steueranspruchs

Der Steueranspruch erlischt durch:

1. **Zahlung** gemäß § 224 AO als **Regelfall**.

2. **Aufrechnung** gemäß § 226 AO. Die Steuerpflichtigen können gegen Steueransprüche mit unbestrittenen oder rechtskräftig festgestellten Gegenansprüchen aufrechnen. Für die Aufrechnung gelten die Vorschriften des BGB sinngemäß (§§ 387 ff. BGB).

3. **Erlass**. Der Erlass ist ein dauernder Verzicht des Staates auf einen ihm zustehenden Steueranspruch. Den Erlass von Steuern ermöglichen die Vorschriften der §§ 163 und 227 AO. Nach § 163 AO kann die Steuer bereits im **Festsetzungsverfahren** niedriger festgesetzt werden; § 227 AO sieht den Erlass oder die Erstattung im **Erhebungsverfahren** vor. Der Sache nach regeln beide Normen das Gleiche; sie stellen dazu auch die gleichen Voraussetzungen auf. Der Erlass ist zulässig, wenn die Einziehung des Steuerbetrages nach der Lage des Falles unbillig wäre. Die Unbilligkeit kann in der Sache selbst liegen oder aber ihren Grund in der schlechten wirtschaftlichen Lage des Steuerpflichtigen haben, so dass die Erhebung der Steuer seine **Existenz gefährden** würde.

Da ein Steuererlass seiner Tendenz nach dem Prinzip der Gleichmäßigkeit der Besteuerung zuwiderläuft, muss er die eng begrenzte Ausnahme bleiben. **Sachliche Unbilligkeit** liegt deshalb nur dann vor, wenn es sich um eine Härte handelt, die der Gesetzgeber – hätte er sie bedacht – im Sinne der Nichtbesteuerung entschieden haben würde (BFH, BStBl. II 1981, 204), die Besteuerung mithin den Wertungen des Gesetzgebers widerspricht. Die allgemeine Härte, die naturgemäß in jeder Steuerzahlung liegt, reicht nicht aus. Die **persönliche Unbilligkeit** liegt vor, wenn die Steuererhebung die wirtschaftliche Existenz oder den notwendigen Lebensunterhalt des Steuerpflichtigen ernstlich gefährden könnte, oder den Neuaufbau hindern würde. Hierbei ist auch die „Erlasswürdigkeit" des Steuerpflichtigen zu prüfen, d.h., er darf sich nicht steuerunehrlich verhalten oder seine wirtschaftliche Notlage selbst verschuldet haben.

Schließlich ist auch noch zu erwägen, ob dem Steuerpflichtigen nicht auch mit einer Stundung geholfen werden kann. Die Entscheidung über den Erlass ist entsprechend der „Kann"-Formulierung in den §§ 163, 227 AO eine Ermessensfrage im Sinne des § 5 AO. Wenn die Tatbestandsvoraussetzung der Unbilligkeit bejaht wird, bleibt allerdings kaum noch Spielraum für eine ablehnende Ermessensentscheidung (GmSOGB,

BStBl. II 1972, 603). Kein Erlass ist die sog. **Niederschlagung**, § 261 AO. Sie ist eine interne Maßnahme der Verwaltung und bedeutet, dass ein (weiterer) Versuch, den niederzuschlagenden Betrag beizutreiben, vorläufig nicht unternommen werden soll, da er aller Voraussicht nach erfolglos bleiben würde. Die Niederschlagung bringt im Gegensatz zum Erlass die Steuerschuld nicht zum Erlöschen. Sie darf nur erfolgen, wenn feststeht, dass die Beitreibung aussichtslos sein wird oder dass ihre Kosten in einem Missverhältnis zu dem beitreibbaren Betrag stehen, § 261 AO.

4. **Verjährung**. Die Steueransprüche des Staates unterliegen der Verjährung. Dabei ist zu unterscheiden zwischen der Festsetzungsverjährung gemäß §§ 169-171 AO und der Zahlungsverjährung gemäß §§ 228-232 AO.

a) Die **Festsetzungsverjährung** befasst sich mit der Frage, ob ein Anspruch noch festgesetzt werden darf. Eine Steuerfestsetzung ist nicht mehr zulässig, wenn die Festsetzungsfrist abgelaufen ist. Die Festsetzungsfrist beträgt gemäß § 169 Abs. 2 AO

- **ein Jahr** für Verbrauchsteuern und Verbrauchsteuervergütungen;
- **vier Jahre** für alle anderen Steuern und Steuervergütungen;
- **zehn Jahre,** soweit eine Steuer hinterzogen, und
- **fünf Jahre,** soweit sie leichtfertig verkürzt worden ist.

Nach § 170 Abs. 1 AO beginnt die Festsetzungsfrist grundsätzlich mit Ablauf des Kalenderjahrs, in dem die Steuer **entstanden** ist. § 170 Abs. 1 AO kommt praktisch nur für Verbrauchsteuern in Betracht. Die in der Praxis wichtigsten Steuern sind die Veranlagungssteuern, bei denen der Steuerpflichtige eine Steuererklärung abgeben muss. Diese Steuern fallen unter § 170 Abs. 2 S. 1 Nr. 1 AO. Da es für die Entstehung einer Steuer nicht darauf ankommt, wann eine entsprechende Erklärung oder Anmeldung eingereicht wird, wäre der Steuerschuldner in der Lage, die tatsächliche Festsetzungsfrist durch eine verspätete Abgabe zu verkürzen. Um dem präventiv zu begegnen, beginnt die Festsetzungsfrist erst mit Ablauf des Kalenderjahrs, in dem die Steuererklärung eingereicht wurde. Damit das Finanzamt die Steuer auch wirklich durchsetzt, begrenzt § 170 Abs. 2 S. 1 Nr. 1 AO die Ablaufhemmung auf den Ablauf des dritten Kalenderjahrs, das auf das Entstehungsjahr folgt.

b) Die **Zahlungsverjährung** behandelt den bereits durch Steuerbescheid **festgesetzten Steueranspruch**. Sie regelt, wie lange dieser Anspruch noch besteht.

Die Verjährungsfrist beträgt gemäß § 228 S. 2 AO **fünf Jahre**. Das gilt sowohl für An-sprüche gegen den Steuerpflichtigen als auch für Erstattungsansprüche gegen das Finanzamt.

- Die Verjährung **beginnt** mit Ablauf des Kalenderjahrs, in dem der Anspruch erstmals fällig geworden ist, § 229 Abs. 1 AO.
- Die Verjährung ist gemäß § 230 AO **gehemmt**, solange der Anspruch innerhalb der letzten 6 Monate der Verjährungsfrist wegen höherer Gewalt nicht verfolgt werden kann.

- **Unterbrochen** wird die Verjährung durch schriftliche Zahlungsaufforderung, durch Zahlungsaufschub, durch Stundung, durch Aussetzung der Vollziehung und durch die weiteren in § 231 AO geregelten Tatbestände. Mit Ablauf des Jahres, in dem die **Unterbrechung ihr Ende** hat, beginnt die **Zahlungsverjährung von neuem**, § 231 Abs. 3 AO.

III. Anspruch auf steuerliche Nebenleistungen

Die in § 3 Abs. 4 AO genannten **steuerlichen Nebenleistungen** dienen in erster Linie dazu, die **Durchsetzung** des Hauptanspruchs, des **Steueranspruchs**, zu **sichern** und zu **erzwingen**. Die wichtigsten Nebenleistungen sind:

1. **Verspätungszuschläge**, § 152 AO. Zur Erhebung einer Vielzahl von Steuern, z.B. der Einkommen- und der Umsatzsteuer, ist die Finanzverwaltung auf die **Mitwirkung** des Steuerpflichtigen angewiesen. Die wichtigste Mitwirkung ist die **Abgabe einer Steuererklärung**. Die Einzelsteuergesetze bestimmen gemäß § 149 AO, wer zur Abgabe einer Steuererklärung verpflichtet ist. Gegen denjenigen, der seiner Verpflichtung zur Abgabe der Steuererklärung nicht oder nicht fristgerecht nachkommt, kann gemäß § 152 AO ein Verspätungszuschlag festgesetzt werden. Die Höhe des Zuschlags hängt vom Verschulden des Steuerpflichtigen und der Höhe der festgesetzten Steuer ab. Mehr als 10% der festgesetzten Steuer oder mehr als 25 000 Euro darf ein Verspätungszuschlag nicht betragen. Es handelt sich bei diesem Zuschlag um ein **steuerliches Zwangsmittel eigener Art** zur Sicherung der **rechtzeitigen Abgabe** der Steuererklärung.

2. **Säumniszuschläge**, § 240 AO. Sie dienen ebenfalls als **steuerliches Zwangsmittel eigener Art** der **rechtzeitigen Zahlung** der festgesetzten Steuer. Ein Säumniszuschlag ist zu zahlen, wenn die Steuer bis zum Ablauf des Fälligkeitstages nicht entrichtet wurde. Er beträgt für jeden Monat 1% des rückständigen Steuerbetrages.

3. **Zwangsgelder**, §§ 328, 329 AO. Wie die übrigen Zwangsmittel dienen sie der Finanzverwaltung dazu, Handlungen, Duldungen oder Unterlassungen zwangsweise durchzusetzen. Praktischer Hauptanwendungsfall von Zwangsgeldern ist es, die Abgabe von Steuererklärungen zu erzwingen. Bevor ein Zwangsgeld festgesetzt wird, muss der Steuerpflichtige unter Androhung und Setzung einer angemessenen Frist zur Vornahme der von ihm verlangten Handlung, z.B. zur Abgabe der Steuererklärung oder der Erteilung einer Auskunft, schriftlich aufgefordert werden. Das nähere Verfahren ist in den §§ 328-335 AO geregelt.

4. **Zinsen**, §§ 233–239 AO. Führt die Festsetzung der ESt, KSt, USt oder GewSt zu einer Steuernachforderung oder -erstattung, ist diese zu verzinsen, § 233a AO. Der Zinslauf beginnt grundsätzlich 15 Monate nach Ende des Jahres, in dem die Steuer entstand und endet erst mit Ablauf des Tages, an dem die Steuerfestsetzung wirksam wird (§ 233a Abs. 2 AO). Der Zinssatz beträgt gemäß § 238 Abs. 1 S. 1 AO für jeden vollen Monat 0,5%. Wird die Steuer auch nach Fälligkeit nicht entrichtet, so werden

nicht Zinsen nach § 233a AO, sondern Säumniszuschläge in Höhe von 1% pro Monat erhoben (§ 240 AO).

Weitere in der Abgabenordnung vorgesehene Zinsen sind die Stundungszinsen (§ 234 AO), Hinterziehungszinsen (§ 235 AO), Prozesszinsen auf Erstattungsbeträge (§ 236 AO) sowie Zinsen bei Aussetzung der Vollziehung (§ 237 AO). Auch hier beträgt der Zinssatz 0,5% pro Monat (§ 238 AO).

Schließlich kann die Finanzbehörde ein sog. Verzögerungsgeld gemäß § 146 Abs. 2b AO in Höhe von 2.500 bis 250.000 Euro festsetzen, wenn der Steuerpflichtige beispielsweise trotz Aufforderung seine elektronische Buchführung nicht in das Inland zurückverlagert oder wenn er ohne die gemäß § 146 Abs. 2a AO erforderliche Bewilligung seine elektronische Buchführung ins Ausland verlegt hat.

IV. Der Haftungsanspruch

Zur Sicherung des Steueraufkommens macht der Gesetzgeber in zahlreichen Fällen neben dem Steuerschuldner oder an dessen Stelle andere Personen unter bestimmten Voraussetzungen für die Steuerschuld **persönlich haftbar** (§§ 69–77 AO). Der Haftende ist ebenfalls Steuerpflichtiger, § 33 Abs. 1 AO.

1. Die Haftung ist abhängig von dem Bestehen der Steuerschuld. Das zeigt sich vor allem bei der Verjährung. Ist der Steueranspruch verjährt, so darf ein Haftungsbescheid nicht mehr erlassen werden, § 191 Abs. 5 AO.

Haftet jemand neben dem Steuerschuldner, so sind beide **Gesamtschuldner**. Das Finanzamt kann sich an jeden der beiden halten, § 44 AO. An wen das Finanzamt sich hält, ist nach billigem Ermessen zu entscheiden, § 191 AO i.V.m. § 5 AO. Die Ermessensentscheidung darüber, ob die Haftung durch Haftungsbescheid gemäß § 191 AO geltend gemacht wird, ist durch § 219 AO **eingeschränkt**. Danach darf der Haftungsschuldner grundsätzlich nur dann in Anspruch genommen werden, wenn die Vollstreckung in das bewegliche Vermögen des Steuerschuldners keinen Erfolg hatte oder aussichtslos erscheint.

Bei zusammen zu veranlagenden Personen (Ehegatten) gibt es nach §§ 268 ff. AO weitere Beschränkungen der Haftung.

2. Die Abgabenordnung kennt folgende Fälle der Haftung:

a) **Haftung der Vertreter** gemäß § 69 AO bei schuldhafter Verletzung folgender ihnen auferlegten Pflichten:

- Die **gesetzlichen Vertreter** natürlicher und juristischer Personen (z.B. Eltern, Geschäftsführer einer GmbH) haben **alle Pflichten** zu erfüllen, die den von ihnen Vertretenen obliegen (z.B. Buchführungs-, Auskunfts- und Zahlungspflichten), § 34 AO. Zu diesen Pflichten zählt auch die **Berichtigungspflicht**, § 153 AO. Nicht nur der Steuerpflichtige, sondern auch seine Vertreter haben der Finanzverwaltung anzuzeigen, wenn sie nach Abgabe der Steuererklärung und vor Ablauf der Festsetzungsfrist erkennen, dass die abgegebene Erklärung unrichtig oder unvollständig ist.

- Steht eine **Vermögensverwaltung** anderen Personen als den Eigentümern oder deren gesetzlichen Vertretern zu (z.B. Testamentsvollstreckern, Insolvenz-, Zwangs- und Nachlassverwaltern), so haben diese Personen im Rahmen ihrer Verwaltung die gleichen Pflichten wie die gesetzlichen Vertreter, § 34 Abs. 3 AO.

- Die gleichen Pflichten haben **Verfügungsberechtigte**, § 35 AO. Sie müssen aber tatsächlich in der Lage sein, aufgrund der Vollmacht steuerliche Pflichten für ihre Vollmachtgeber zu erfüllen (z.B. Treuhänder).

- Bei **Rechtsgebilden ohne eigene Rechtspersönlichkeit** (z.B. nichtrechtsfähige Vereine) haben die **Vorstände oder Geschäftsführer** oder mangels solcher Personen die **Mitglieder** die steuerlichen Pflichten dieser Gebilde wahrzunehmen, § 34 Abs. 2 AO.

- Bei **Wegfall** eines Steuerpflichtigen (z.B. durch Tod, Auflösung einer juristischen Person) haben die **Rechtsnachfolger und sonstigen mit der Abwicklung befassten Personen** (z.B. Testamentsvollstrecker, Liquidatoren) für die Zahlung der bis dahin entstandenen Steuerschulden aus den Mitteln des Steuerpflichtigen zu sorgen.

b) **Haftung des Vertretenen** gemäß § 70 AO:

- Der Vertretene haftet, soweit er nicht selbst Steuerschuldner ist, wenn sein **Vertreter**, **Verwalter** oder **Bevollmächtigter** (auch Angehörige der steuerberatenden Berufe usw.) bei Ausübung seiner Obliegenheiten **Steuerhinterziehung oder leichtfertig Steuerverkürzungen** begeht, § 70 Abs. 1 AO. Das gilt nicht, wenn er den Vertreter sorgfältig ausgewählt und beaufsichtigt oder aus der Tat keine Vorteile erlangt hat, § 70 Abs. 2 AO.

Im weiteren Sinne zur Haftung der Vertretenen zählen auch folgende Fallkonstellationen:

- Eine **Organgesellschaft haftet für Steuern des Organträgers**, soweit dafür das Organschaftsverhältnis von Bedeutung ist, § 73 AO. Organgesellschaft („Tochtergesellschaft") sind solche juristischen Personen, die dem Willen einer anderen Gesellschaft (Organträger, „Konzernmutter") derart untergeordnet sind, dass sie keinen eigenen Willen haben. Die Haftung der Organgesellschaft wird damit begründet, dass ohne die Organschaft die entsprechenden Steuern von der Organgesellschaft zu tragen wären.

- Gehören Gegenstände, die einem Unternehmen dienen, nicht dem Betriebsinhaber, sondern einer **anderen an dem Unternehmen wesentlich beteiligten Person**, so haftet diese auch für die Steuern, die sich auf den Betrieb des Unternehmens gründen und während des Bestehens der wesentlichen Beteiligung entstanden sind, § 74 Abs. 1 AO.

c) **Haftung des Steuerhinterziehers und Steuerhehlers** für die durch seine Mitwirkung verkürzten Steuerbeträge, § 71 AO.

d) **Haftung des Erwerbers** eines Unternehmens oder eines gesondert geführten Betriebes eines Unternehmens, § 75 AO. Voraussetzung für die Haftung ist, dass es sich um die Übereignung eines Unternehmens oder eines Betriebes im Ganzen handelt. Der Begriff „Unternehmen" umfasst die gesamte selbständige gewerbliche oder berufliche Tätigkeit eines Unternehmers. Die Haftung erstreckt sich auf die durch den Betrieb des Unternehmens begründeten Steuern und die Steuerabzugsbeträge, die aus der Zeit seit Beginn des letzten vor der Übereignung liegenden Kalenderjahres herrühren.

e) Schließlich verweist die AO in §§ 77, 191 Abs. 1 noch auf **Haftungsvorschriften anderer Gesetze**. Zu den wichtigsten außersteuerlichen Haftungsbestimmungen zählt insbesondere die Haftung des Erwerbers eines Handelsgeschäfts nach § 25 HGB; sie erstreckt sich in gesetzlich vorgeschriebenem Umfang auch auf Steuern.

3. Daneben finden sich auch **Haftungsvorschriften in Einzelsteuergesetzen** außerhalb der AO. Zahlreiche Sonderhaftungsbestimmungen in den Einzelsteuergesetzen sichern den Steueranspruch des Fiskus zusätzlich über die schon erwähnten Haftungsregelungen hinaus. Angesichts dieses wohl schon übertriebenen Sicherungsdenkens kann man durchaus von einer „Hypertrophie" der Haftung im Steuerrecht sprechen. Zu den wichtigsten zusätzlichen Haftungsnormen zählen:

- die Lohnsteuerhaftung des Arbeitgebers nach § 42d EStG;
- die Haftung bei unrichtiger Bescheinigung der Kapitalertragsteuer nach § 45a Abs. 7 EStG;
- die persönliche und dingliche Haftung nach §§ 11, 12 GrStG und
- die Haftung für die schuldhaft nicht abgeführte Steuer nach § 25d UStG.

V. Der Anspruch auf Anerkennung der steuerlichen Gemeinnützigkeit

In einer Reihe von Steuergesetzen werden Steuervergünstigungen gewährt, wenn eine **Körperschaft steuerbegünstigte Zwecke** verfolgt. Steuerbegünstigte Zwecke liegen gemäß § 51 Abs. 1 S. 1 AO dann vor, wenn die Körperschaft **ausschließlich und unmittelbar gemeinnützige**, **mildtätige** oder **kirchliche Zwecke** verfolgt.

1. Die wichtigsten Steuervergünstigungen sind die Abzugsfähigkeit von **Spenden** für diese Körperschaften gemäß § 10b EStG und die Befreiung von der Körperschaftsteuer gemäß § 5 Abs. 1 Nr. 9 KStG. Die Spendenwilligkeit der Bevölkerung würde schlagartig zurückgehen, wenn Spenden an das Rote Kreuz, an das Müttergenesungswerk oder die Aktion „Brot für die Welt" nicht gemäß § 10b EStG i.V.m. §§ 51 ff. AO als Sonderausgabe bis zur Höhe von 20% des Gesamtbetrages der Einkünfte abzugsfähig wären. Die Abgabenordnung regelt als Mantelgesetz nur die Grundbegriffe des steuerlichen Gemeinnützigkeitsrechts, enthält selbst aber keine Steuervergünstigungen.

2. Steuerbegünstigte Zwecke sind gemeinnützige, mildtätige oder kirchliche Zwecke. Die jeweiligen Legaldefinitionen finden sich in den §§ 52–54 AO. Welche Tätigkeiten als Förderung der Allgemeinheit anzuerkennen sind, ist nunmehr in § 52 Abs. 2 AO (abschließend) geregelt. So wurde durch § 52 Abs. 2 Nr. 23 AO die Förderung der Tierzucht, der Pflanzenzucht, der Kleingärtnerei, des traditionellen Brauchtums einschließlich des Karnevals, der Fastnacht und des Faschings, der Soldaten- und Reservistenbetreuung, des Amateurfunkens, des Modellflugs und des Hundesports mit einbezogen. Dass ein Verein zur Förderung des Golfsports gemeinnützig sein kann, hat der BFH im Jahre 1997 (BStBl. II 1997, 794) abermals bejaht.

Schließlich muss die Körperschaft diese Zwecke ausschließlich (§ 56 AO) und unmittelbar (§ 57 AO) verfolgen. Die §§ 60 ff. AO stellen Anforderungen an die Satzung der jeweiligen Körperschaft. Der Satzung muss unmittelbar entnommen werden können, ob die Voraussetzungen für eine Steuervergünstigung vorliegen, § 60 Abs. 1 AO.

3. Ein besonderes Anerkennungsverfahren ist im steuerlichen Gemeinnützigkeitsrecht nicht vorgesehen. Ob eine Körperschaft steuerbegünstigt ist, entscheidet das Finanzamt im Veranlagungsverfahren durch Steuerbescheid (Freistellungsbescheid, § 155 Abs. 1 S. 3 AO). Bei Vorliegen der gesetzlichen Voraussetzungen besteht ein **Anspruch auf Anerkennung**. Auf Antrag einer Körperschaft, bei der die Voraussetzungen der Steuervergünstigung noch nicht im Veranlagungsverfahren festgestellt sind, bescheinigt das zuständige Finanzamt vorläufig für den Empfang steuerbegünstigter Spenden, dass die eingereichte Satzung den Voraussetzungen der §§ 60 ff. AO genügt. Die vorläufige Bescheinigung ist widerruflich. Sie wird beispielsweise widerrufen, wenn zwischen Satzung und tatsächlicher Geschäftsführung ein Widerspruch entsteht.

4. Mit Wirkung zum 1.1.2009 neu eingefügt wurde § 51 Abs. 2 AO, demgemäß Voraussetzung für eine Steuervergünstigung bei einer Zweckverwirklichung im Ausland ist, dass dort entweder unbeschränkt einkommensteuerpflichtige natürliche Personen gefördert werden oder Körperschaften, die neben der Verwirklichung der steuerbegünstigenden Zwecke auch zum Ansehen der Bundesrepublik Deutschland im Ausland beitragen können (sog. struktureller Inlandsbezug). Die Norm ist eine Reaktion des deutschen Gesetzgebers auf die Entscheidung des EuGH in Sachen *Stauffer* (Slg. 2006, I-8203), der in der Versagung der Steuerbefreiung für eine nicht im Inland unbegrenzt steuerpflichtige gemeinnützige Körperschaft einen Verstoß gegen die Kapitalverkehrsfreiheit sah.

5. § 51 Abs. 3 AO versagt schließlich Körperschaften mit verfassungsfeindlichen Bestrebungen die Steuerbegünstigung.

c. Ermittlung und Festsetzung der Steuer

I. Grundsätze des Ermittlungs- und Festsetzungsverfahrens

1. **Grundsatz der Gesetzmäßigkeit der Besteuerung**, § 85 AO. Danach muss die Finanzbehörde die Steuer nach Maßgabe der Gesetze gleichmäßig festsetzen und erheben. **Vergleiche** über Steueransprüche sind ebenso unzulässig wie **einseitige Steuerverzichte** ohne Vorliegen der tatbestandlichen Voraussetzungen der §§ 163, 227 AO (BFH, BStBl. II 1985, 354).

2. **Grundsatz der Gleichmäßigkeit der Besteuerung**, § 85 AO. Ebenso wie der Grundsatz der Gesetzmäßigkeit aus der verfassungsrechtlichen Vorgabe des **Art. 20 Abs. 3 GG** ableitbar ist, hat auch der in **Art. 3 Abs. 1 GG** konstitutiv niedergelegte Grundsatz der Gleichmäßigkeit der Besteuerung in § 85 AO nur deklaratorische Aussagekraft. Der verfassungsrechtlichen und einfachgesetzlichen Forderung, gleiche Tatbestände gleich zu besteuern, dienen in der Praxis vor allem die **Steuerrichtlinien**. Sie gewährleisten, dass auch ein so unbestimmter Rechtsbegriff wie derjenige der „außergewöhnlichen Belastung" in § 33 EStG von Greifswald bis Passau gleichmäßig angewendet wird. Die im Steuerrecht häufigen **Pauschalierungen** und **Typisierungen** (z.B. Verpflegungsmehraufwand bei Geschäftsreisen) verstoßen in der Regel nicht gegen die Gleichmäßigkeit der Besteuerung, weil es für Steuerpflichtige und Verwaltung nicht zumutbar ist, Einzelnachweise zu führen und zu verlangen.

3. **Untersuchungsgrundsatz**, § 88 AO. Er verpflichtet die Finanzverwaltung, den steuerlich relevanten Sachverhalt von Amts wegen zu ermitteln. Angesichts der etwa 250 Mio. Steuerbescheide, die jährlich erlassen werden, wird die Verwaltung allerdings in aller Regel den Angaben der Steuerpflichtigen in ihrer Steuererklärung Glauben schenken und aufgrund dieser Angaben die Steuer festsetzen. Der Untersuchungsgrundsatz fordert auch nicht, dass die Verwaltung eine jede Steuererklärung argwöhnisch prüft, sondern gibt ihr nur die Freiheit, dort nachzuprüfen, wo es ihr im Einzelfall sinnvoll erscheint.

4. **Grundsatz der Mitwirkung**, § 90 AO. Die Abgabenordnung verlangt vom Steuerpflichtigen und von weiteren Personen **weitgehende Mitwirkungspflichten** bei der Ermittlung des steuerlich relevanten Sachverhaltes. Mitwirkungspflicht und Untersuchungsgrundsatz stehen in einem Komplementärverhältnis: Wer seinen Mitwirkungspflichten nachkommt, wird im Regelfall davon ausgehen können, dass die Verwaltung eigene Nachforschungen unterlässt oder sich auf Stichproben beschränkt. Für Sachverhalte mit Auslandsbezug statuiert § 90 Abs. 2 AO eine erweiterte Mitwirkungspflicht des Steuerpflichtigen.

5. **Grundsatz des rechtlichen Gehörs**, § 91 AO. Das steuerliche Ermittlungs- und Festsetzungsverfahren führt zu weitreichenden Eingriffen in die vermögens- und in die nichtvermögensrechtliche Sphäre der Betroffenen. Deshalb soll ihnen nach § 91 Abs. 1 AO Gelegenheit gegeben werden, sich vor Erlass einer behördlichen Entschei-

dung zu äußern. Unterbleibt eine notwendige Anhörung, so ist der erlassene Verwaltungsakt rechtswidrig. Eine Heilung ist allerdings nach § 126 AO möglich.

6. **Steuergeheimnis**, § 30 AO. Amtsträger, d.h. Finanzbeamte, Richter und sonstige Personen, die dazu bestellt sind, öffentliche Aufgaben wahrzunehmen, haben das Steuergeheimnis zu wahren, § 30 Abs. 1 AO. Sie verletzen das Steuergeheimnis, wenn sie

– Verhältnisse eines anderen, die ihnen im Rahmen eines Verwaltungs-, Straf- oder Gerichtsverfahrens oder auch aus anderem amtlichen Anlass bekanntgeworden sind, oder

– ein fremdes Betriebs- oder Geschäftsgeheimnis, das ihnen in einem der zuvor genannten Verfahren bekanntgeworden ist,

unbefugt offenbaren oder verwerten.

Ursprünglich beruhte das Steuergeheimnis auf fiskalischen Erwägungen: Die Finanzverwaltung müsse bei ihrer Ermittlungstätigkeit tief in die Privatsphäre der Steuerpflichtigen eindringen. Wer sich dabei ehrlich offenbare, solle geschützt bleiben, auch wenn der steuerpflichtige Erwerb auf sittenwidrigen oder kriminellen Handlungen beruhe. Ob sich z.B. Drogenhändler von diesem Schutz beeindrucken lassen und ihre Einkünfte versteuern, ist jedoch recht zweifelhaft. Das Bundesverfassungsgericht beruft sich zur Rechtfertigung des Steuergeheimnisses denn auch auf die **Grundrechte**: Es gebe zwar kein Grundrecht auf Steuergeheimnis, im Einzelfall könne aber die Geheimhaltung steuerlicher Verhältnisse auf grundrechtliche Verbürgungen (Art. 2 Abs. 1 i.V.m. Art. 1 Abs. 1 S. 1 GG, Grundrecht auf informationelle Selbstbestimmung) gestützt werden (BVerfGE 67, 100, 140 ff.). Demgegenüber bleibt allerdings festzuhalten, dass keine rechtsstaatliche Demokratie westlicher Prägung trotz aller im Laufe der Zeit vorgenommenen Einschränkungen ein so weitgehendes Steuergeheimnis kennt, wie es § 30 AO vorschreibt. Vielfach wird davon ausgegangen, dass das Ziel einer gesetzmäßigen und gleichmäßigen Besteuerung nur bei effektiven Kontrollmöglichkeiten erreicht werden könne. Dazu gehöre auch ein zwischenbehördlicher Datenaustausch.

Das **Steuergeheimnis** gilt **nicht**, soweit eine Offenbarung der erlangten Kenntnisse der Durchführung eines Besteuerungsverfahrens, Steuerstraf- oder Bußgeldverfahrens dient oder wenn an der Offenbarung ein zwingendes öffentliches Interesse besteht. § 30 Abs. 4 AO nennt Beispielsfälle für ein solches zwingendes öffentliches Interesse.

Praktisch bedeutsam ist vor allem die Frage, ob die Finanzverwaltung gestützt auf § 30 Abs. 4 Nr. 5 AO das Steuergeheimnis durchbrechen darf, wenn es darum geht, notorische Steuersünder der Gewerbeaufsicht anzuzeigen, um auf diese Weise ein gewerberechtliches Untersagungsverfahren gemäß § 35 GewO zu veranlassen. Das Bundesverwaltungsgericht hat dieses Vorgehen in einer umstrittenen Entscheidung gebilligt (BVerwGE 65, 1).

Die vorsätzliche Verletzung des Steuergeheimnisses ist gemäß 355 StGB strafbar.

II. Pflichten des Steuerpflichtigen

Wie schon erwähnt, kann die gesetzliche Steuer von der Finanzbehörde nur ermittelt und festgesetzt werden, wenn sie den Steuerpflichtigen weitestgehend „in die Pflicht nimmt". Auf seine Mitwirkung ist sie unbedingt angewiesen, da die Besteuerungsgrundlagen von den einzelnen Geschäftsabschlüssen bis hin zu den Familienverhältnissen schwerlich vom Schreibtisch des Finanzbeamten aus ermittelt werden können. Deshalb legt die Abgabenordnung dem Steuerpflichtigen zahlreiche und oft recht arbeitsintensive Mitwirkungspflichten auf. Zu den wichtigsten zählen:

1. **Buchführungs-** und **Aufzeichnungspflicht**. Bücher und Aufzeichnungen bieten eine wichtige Unterlage für die Ermittlung des einzelnen Steuerfalls. Infolgedessen werden sie auch dem Besteuerungsverfahren dienstbar gemacht. Zu Buchführungs- und Aufzeichnungspflichten kann der Steuerpflichtige verpflichtet sein durch:

a) **Andere Gesetze als Steuergesetze**. Wer nach anderen Gesetzen Bücher und Aufzeichnungen zu führen hat, die für die Besteuerung von Bedeutung sind, hat die entsprechenden Pflichten auch im Interesse der Besteuerung zu erfüllen, § 140 AO. Das wichtigste Beispiel sind die Vorschriften über die Buchführungspflicht der Vollkaufleute gemäß §§ 238 ff. HGB.

b) **Steuergesetz**. Die wichtigsten Fälle sind:

- Für Zwecke der Besteuerung nach dem Einkommen und Ertrag sind Unternehmer gemäß § 141 Abs. 1 AO verpflichtet, Bücher zu führen und aufgrund jährlicher Bestandsaufnahmen regelmäßig Abschlüsse zu machen, wenn Umsatz oder Gewinn bestimmte Grenzen übersteigen.
- Für Zwecke der Umsatzsteuer sind die nach dem UStG steuerpflichtigen Unternehmer verpflichtet, zur Feststellung der Entgelte Aufzeichnungen zu machen, § 22 UStG.
- Gewerbliche Unternehmer müssen den Wareneingang gesondert aufzeichnen, § 143 Abs. 1 AO. Das gilt auch, soweit sie nicht zur Buchführung verpflichtet sind. Unter bestimmten Voraussetzungen müssen gewerbliche Unternehmer gemäß § 144 AO auch den Warenausgang gesondert aufzeichnen.

c) Die Buchführung muss so beschaffen sein, dass sie einem sachverständigen Dritten innerhalb angemessener Zeit einen Überblick über die Geschäftsvorfälle und die Vermögenslage des Unternehmens vermitteln kann, § 145 Abs. 1 S. 1 AO. Die Geschäftsvorfälle müssen sich in ihrer Entstehung und Abwicklung verfolgen lassen, § 145 Abs. 1 S. 2 AO. Die Buchungen und die sonst erforderlichen Aufzeichnungen sind gemäß § 146 Abs. 1 S. 1 AO vollständig, richtig, zeitgerecht und geordnet vorzunehmen. Kasseneinnahmen und -ausgaben sollen täglich festgehalten werden gemäß § 146 Abs. 1. S. 2 AO. Ebenfalls dürfen Buchungen und Aufzeichnungen nicht verändert werden, soweit dadurch die ursprünglichen Inhalte nicht mehr feststellbar sind, § 146 Abs. 4 AO. Der durch Art. 10 Nr. 8 des Jahressteuergesetzes 2009 v. 19.12.2008

(BGBl. I 2008, 2794, 2828) eingeführte § 146 Abs. 2a AO ermöglicht eine elektronische Buchführung mit Zustimmung der Finanzbehörde ggf. auch in einem anderen Mitgliedstaat der EU.

d) Bei Führung der Bücher und der sonst erforderlichen Aufzeichnungen auf Datenträger muss insbesondere sichergestellt sein, dass die Daten während der **Aufbewahrungsfrist** von zehn bzw. sechs Jahren gemäß § 147 Abs. 3 AO jederzeit verfügbar sind und innerhalb angemessener Frist lesbar gemacht werden können, § 146 Abs. 5 AO. Für Bezieher hoher Überschusseinkünfte bestehen besondere Aufbewahrungspflichten gemäß § 147a AO i.d.F. des Steuerhinterziehungsbekämpfungsgesetzes vom 29.7.2009 (BGBl. I 2009, 2301). Aufzeichnungen und Unterlagen über die den Überschusseinkünften zugrunde liegenden Einnahmen und Werbungskosten sind sechs Jahre aufzubewahren. Dagegen sind private Unterlagen nicht aufbewahrungspflichtig. Etwas anderes gilt hingegen für Steuerpflichtige mit Verbindungen zu Finanzinstituten in sog. Steueroasen, wenn die Mitwirkungspflichten (§ 90 Abs. 2 S. 3 AO) verletzt werden, § 147a S. 6 AO.

e) Betriebsprüfer haben seit dem 1.1.2002 das Recht, Einsicht in die gespeicherten Daten des Steuerpflichtigen zu nehmen und sein Datenverarbeitungssystem zur Prüfung zu nutzen (sog. Datenzugriff, § 147 Abs. 6 AO). Der Datenzugriff ist beschränkt auf die aufbewahrungspflichtigen Unterlagen, wobei der Steuerpflichtige durch einen (anfechtbaren) Verwaltungsakt zur Datenüberlassung aufgefordert wird (BStBl. II 2010, 452).

2. **Meldepflichten.** Wer nach den Vorschriften über das Meldewesen zu einer **Personalmeldung** (z.B. Umzug, Wegzug) verpflichtet ist, hat diese Pflicht auch im Interesse der Besteuerung zu erfüllen, § 136 AO. Nichtnatürliche Personen haben dem zuständigen Finanzamt die Ereignisse zu melden, die bei den Steuern vom Einkommen, Vermögen, Ertrag oder Umsatz die persönliche Steuerpflicht begründen, ändern oder beenden, § 137 AO. Wer einen land- oder forstwirtschaftlichen oder gewerblichen **Betrieb** oder eine **Betriebsstätte eröffnet** oder eine **sonstige selbständige Berufstätigkeit beginnt**, hat dies dem zuständigen **Finanzamt zu melden**, § 138 AO.

3. Für **jeden Steuerpflichtigen** besteht gemäß § 93 Abs. 1 AO eine **allgemeine Auskunftspflicht**. Ein Auskunftsverweigerungsrecht hat er im Besteuerungsverfahren nicht. Die Tatsache, dass die Abgabenordnung den Steuerpflichtigen verpflichtet, im Besteuerungsverfahren begangene Steuerstraftaten aufzudecken, die in einem anschließenden Steuerstrafverfahren gegen ihn ausgewertet werden können, ist angesichts des Art. 1 Abs. 1 GG nicht unbedenklich. Immerhin untersagt es aber § 393 Abs. 1 AO, im Besteuerungsverfahren Zwangsmittel im Sinne des § 328 AO gegen den Steuerpflichtigen einzusetzen, wenn er dadurch gezwungen würde, sich selbst einer Steuerstraftat zu bezichtigen.

4. **Alle Steuerpflichtigen** sind gemäß § 149 AO zur **Abgabe von Steuererklärungen** verpflichtet, soweit die Einzelsteuergesetze es vorschreiben oder das Finanzamt die

Steuerpflichtigen auffordert. Steuererklärungen in diesem Sinn sind auch die Umsatzsteuervoranmeldungen, §§ 150 Abs. 1 S. 3 AO, 18 UStG.

a) Die Steuererklärung bildet die Grundlage des Festsetzungsverfahrens. Sie ist in der Regel auf amtlich vorgeschriebenem Vordruck abzugeben, soweit nicht eine mündliche Steuererklärung zugelassen ist. § 150 Abs. 1 S. 2, Abs. 6 AO i.V.m. der Steuerdatenübermittlungsverordnung vom 28.1.2003 (BGBl. I 2003, 139) trägt insofern dem technischen Wandel Rechnung und lässt die elektronische Steuererklärung (ELSTER) zu.

Die Steuererklärung muss die Versicherung enthalten, dass die Angaben nach bestem Wissen und Gewissen gemacht sind, §§ 150, 151 AO.

b) Auf Verlangen ist die Richtigkeit nachzuweisen. Erkennt der Pflichtige vor Ablauf der Festsetzungsfrist, dass eine Erklärung unrichtig oder unvollständig ist und dass dieser Mangel zu einer Verkürzung der Steuer führen kann, so muss er dies unverzüglich anzeigen, § 153 AO. Eine Verpflichtung, auf einen Irrtum des Finanzamts hinzuweisen, besteht jedoch nicht.

c) Wenn die für die Abgabe gestellte Frist nicht gewahrt wird, kann das Finanzamt gemäß § 152 AO einen Zuschlag bis zu 10% (max. 25.000 Euro) der endgültigen Steuer festsetzen (sog. **Verspätungszuschlag**).

5. Der Steuerpflichtige ist nach §§ 90, 97 AO verpflichtet, **Aufzeichnungen, Bücher, Geschäftspapiere** und **Urkunden**, die für die Besteuerung von Bedeutung sind, **vorzulegen**. Darüber hinaus hat der Pflichtige, der Bücher nach den Vorschriften des HGB führt, auf Verlangen eine Abschrift seiner unverkürzten Bilanzen mit Erläuterungen einzureichen, desgleichen auch seiner Gewinn- und Verlustrechnung, wenn er in seiner Buchführung eine solche aufstellt.

6. Das Finanzamt kann nach § 95 AO von dem Pflichtigen eine **Versicherung an Eides Statt** über von ihm behauptete Tatsachen verlangen, wenn andere Mittel zur Erforschung der Wahrheit nicht ausreichen. Die Versicherung ist aber nicht erzwingbar; bei Weigerung ist eine **Schätzung** der Besteuerungsgrundlagen nach § 162 AO zulässig.

7. Neben diesen umfangreichen und oftmals zeit- und kostenintensiven **Geboten** – die Wirtschaft schätzt den Wert dieser Leistungen, die gleichsam als „Zusatzsteuer" kostenlos zu entrichten sind, jährlich auf etwa 20 Mrd. Euro – enthält § 154 AO aus verständlichen Gründen noch ein **Verbot**: Die Führung eines Kontos, die Hinterlegung und Verpfändung von Wertpapieren und die Anlegung eines Schließfaches auf **falschen** oder **erdichteten Namen** sind danach **verboten**. Zuwiderhandlungen sind als Steuerordnungswidrigkeiten mit einer Geldbuße zu ahnden, § 379 Abs. 2 AO.

III. Pflichten Dritter bei der Steuerermittlung

1. Auskunftspflicht

Dritte Personen haben dem Finanzamt gemäß § 93 Abs. 1 S. 1 AO über alle für die Besteuerung wesentlichen Tatsachen Auskunft zu erteilen. Sie sollen nach § 93 Abs. 1 S. 3 AO allerdings erst dann zur Auskunft angehalten werden, wenn die Sachverhaltsaufklärung durch den Steuerpflichtigen nicht zum Ziele führt oder keinen Erfolg verspricht. Diese subsidiäre Hinzuziehung Dritter, d.h. am Besteuerungsverfahren Unbeteiligter, entspricht dem Verfassungsgebot der **Verhältnismäßigkeit**.

a) Die Auskunftspflicht schließt folgende Pflichten ein:

aa) gemäß § 93 Abs. 5 AO i.V.m. § 5 AO die Pflicht, auf Verlangen vor dem Finanzamt zu erscheinen;

bb) die Pflicht zur Vorlage von Urkunden, Schriftstücken, Geschäftspapieren, Wertpapieren, § 97 AO;

cc) die Pflicht, eine Aussage zu beeiden. Die Auskunftsperson gilt als Zeuge im Sinne des StGB, §§ 94, 101 AO.

b) Ein **Auskunftsverweigerungsrecht** besteht:

aa) für **Angehörige** des Steuerpflichtigen, § 101 AO. Der Begriff „Angehörige" ist in § 15 AO definiert;

bb) wenn der Befragte sich oder einen Angehörigen durch die Beantwortung der Frage der Gefahr aussetzen würde, wegen einer **Straftat** oder **Ordnungswidrigkeit** verfolgt zu werden, § 103 AO;

cc) für Verteidiger, Geistliche, Abgeordnete, Ärzte, Zahnärzte, Apotheker, Hebammen, Rechtsanwälte, Patentanwälte, Notare, Steuerberater, Steuerbevollmächtigte, Wirtschaftsprüfer und vereidigte Buchprüfer sowie deren Mitarbeiter über das, was ihnen bei Ausübung ihres Berufes anvertraut wurde, § 102 AO.

Die Aufzählung ist teilweise recht weltfremd; die wenigsten Steuerpflichtigen werden ihrer Hebamme oder ihrem Zahnarzt steuerlich relevante Tatsachen anvertrauen. Umso bedeutsamer ist es deshalb, dass die **von § 102 AO nicht genannten Personen und Institutionen** sich auf **kein Aussageverweigerungsrecht** berufen können. Das gilt vor allem für **Banken**. Banken können sich **nicht** auf ein **Bankgeheimnis** berufen, wenn die Aufklärung auf anderem Weg nicht erreichbar ist. Bei Banken ist allerdings § 30a AO zu beachten, der dem Schutz von Bankkunden dient. Danach haben die Finanzbehörden bei der Sachverhaltsermittlung im Sinne von § 88 AO auf das Vertrauensverhältnis zwischen Bank und Kunden besondere Rücksicht zu nehmen. 1997 stellte der Bundesfinanzhof (BFHE 183, 45 ff.) ausdrücklich klar, dass § 30a AO lediglich rechtsbestätigenden Charakter hat, d.h., aus dieser Norm lässt sich kein günstigerer Maßstab ableiten, als schon aus dem in Art. 2 Abs. 1 i.V.m. Art. 1 Abs. 1 S. 1 GG verankerten Recht auf informationelle Selbstbestimmung. Diesen Grundsatz muss die Behörde aber bei allen Ermittlungsmaßnahmen berücksichtigen. Daraus folgt, dass schon bei einem hinreichenden Anlass i.S.d. §§ 93, 208 Abs. 1 Nr. 3 AO, d.h., wenn eine aufgrund konkreter Verdachtsmomente oder allgemeiner Erfahrungen im Rahmen pflichtgemäßen Ermessens getroffene Prognoseentscheidung zu dem Resultat gelangt, dass steuererhebliche Tatsachen verschleiert wurden, ein Auskunftsverlangen zulässig ist. Eine Fahndung „ins Blaue hinein" bei Banken ist allerdings unzulässig. Deshalb darf die Finanzverwaltung von Banken nicht die Mitteilung von Konten zum Zweck der **allgemeinen** Überwachung verlangen. Außerdem ist es den Finanzbehörden untersagt, anlässlich einer Außenprüfung bei einer Bank alle Guthabenkonten oder Depots zur Nachprüfung der ordnungsgemäßen Versteuerung festzustellen oder abzuschreiben, wenn bei der Errichtung dieser Konten eine Legitimationsprüfung nach § 154 Abs. 2 AO vorgenommen wurde. Ebenso darf vom Steuerpflichtigen in einem Steuererklärungsvordruck grundsätzlich nicht verlangt werden, seine Kontonummern anzugeben. Wie § 30a Abs. 5 S. 1 AO ausdrücklich klarstellt, wird die Auskunftspflicht der Bank nach § 93 AO im Rahmen eines **konkreten** Besteuerungsverfahrens durch § 30a AO nicht eingeschränkt. Der Gesetzgeber hat jedoch den unzureichenden Erhebungsregeln im Rahmen der Zinseinkünfte und Spekulationssteuern durch § 93 Abs. 7 i.V.m. § 93b AO durch den sog. automatisierten Kontenabruf Rechnung getragen.

c) Für die **Auskunftspflicht der Behörden** gelten folgende Besonderheiten:

aa) Nach § 93a AO kann die Bundesregierung zur Sicherung der Besteuerung (§ 85 AO) durch Rechtsverordnung Behörden verpflichten, Verwaltungsakte, die sich negativ auf steuerliche Vergünstigungen auswirken oder steuerpflichtige Einnahmen ermöglichen, den Finanzbehörden mitzuteilen. Von dieser Ermächtigung ist durch die KontrollmitteilungsVO Gebrauch gemacht worden.

bb) Die Verpflichtung von Behörden und Beamten zur Verschwiegenheit gilt gemäß § 105 AO nicht gegenüber den Finanzämtern. Das öffentliche Interesse an einer Inanspruchnahme staatlicher Institutionen zum Zwecke einer wahrheitsgemäßen Sachverhaltsaufklärung hat Vorrang vor dem Datenschutzaspekt.

cc) Für Postbehörden gilt die Unverletzlichkeit des Brief-, Post- und Fernmeldegeheimnisses, § 105 Abs. 2 AO.

dd) Eine Auskunft darf gemäß § 106 AO nicht gefordert werden, wenn die oberste Behörde erklärt, dass die Erteilung dem Staatswohl nachteilig sein würde.

2. Beistandspflicht der Behörden, berufsständischen Vertretungen, Versicherungsträger

Alle Gerichte und Behörden haben dem Finanzamt zur Durchführung der Besteuerung Amtshilfe zu leisten, §§ 111 ff. AO. Darüber hinaus haben Gerichte und Behörden gemäß § 116 AO in der Neufassung durch Gesetz v. 5.9.2006 (BGBl. I 2006, 2098) vorsätzliche Steuerverkürzungen, die sie dienstlich erfahren, in erster Linie dem Bundeszentralamt für Steuern anzuzeigen. Das Brief-, Post- und Fernmeldegeheimnis bleibt von dieser Verpflichtung unberührt.

3. Anzeigepflicht Dritter aufgrund der Einzelsteuergesetze

Neben der in der AO geregelten Auskunftspflicht Dritter legen auch einige **Einzelsteuergesetze** den am Steuerrechtsverhältnis unbeteiligten **Dritten weitere Pflichten** auf. Die in der Praxis wohl wichtigsten Beispiele finden sich in §§ 33–34 ErbStG. Wer sich geschäftsmäßig mit der Verwahrung oder Verwaltung fremden Vermögens befasst (z.B. eine Bank), hat danach beim Tode des Eigentümers das in seinem Gewahrsam befindliche Vermögen anzuzeigen. Das gleiche gilt für Versicherungsunternehmen hinsichtlich der auszuzahlenden Versicherungssumme.

IV. Das Besteuerungsverfahren

Ausgangspunkt des Besteuerungsverfahrens ist vielfach die **Steuererklärung** des Steuerpflichtigen.

1. **Schließt** sich das Finanzamt der Steuererklärung **an**, so ist damit das Ermittlungsverfahren bereits zu Ende. In diesem Fall, der angesichts des steuerlichen Massenverfahrens die Regel bildet, erfolgt sogleich die Festsetzung der Steuer durch Steuerbescheid.

2. **Beanstandet** das Finanzamt hingegen die Steuererklärung, so ist der **weitere Gang** des Verfahrens folgender:

a) Das Finanzamt setzt sich zunächst gemäß § 93 AO mit dem Steuerpflichtigen in Verbindung und versucht auf diese Weise, Zweifelsfragen zu klären.

b) Führen die Verhandlungen mit dem Pflichtigen nicht zum Ziel oder versprechen sie keinen Erfolg, so kann das Finanzamt sich gemäß § 93 Abs. 1 S. 3 AO an **Dritte** wenden. Es kann auch eidesstattliche Versicherungen verlangen, wenn andere Mittel zur Erforschung der Wahrheit nicht vorhanden sind, ferner gemäß §§ 97 ff. AO versuchen, im Besteuerungsinteresse Beweis durch Urkunden oder Augenschein zu erheben. Dabei gilt prinzipiell der Grundsatz der freien Beweiswürdigung, d.h., die Finanzbehörde ist nicht an feste Beweisregeln gebunden. In zwei Fällen erleichtern gesetzliche Vermutungen die Beweisführung:

- Eine **formell ordnungsmäßige Buchführung** ist nach § 158 AO der **Besteuerung** zugrunde zu legen, sofern kein Anlass besteht, ihre sachliche Richtigkeit zu bezweifeln.
- Als gesetzliche Beweisvermutung ist auch der sog. **Schmiergeldparagraph** (§ 160 AO) ausgestaltet. Danach sind Betriebsausgaben, Werbungskosten usw. regelmäßig nicht zu berücksichtigen, wenn der Steuerpflichtige den Empfänger des Geldes nicht benennt. Diese Vorschrift soll zum einen die Besteuerung beim Empfänger sicherstellen und zum anderen einem verwerflichen Geschäftsgebaren entgegenwirken (BFH, BStBl. II 1981, 333).

c) Sind die Besteuerungsgrundlagen trotz der genannten Möglichkeiten nicht zu ermitteln oder zu berechnen, so hat das Finanzamt sie gemäß § 162 AO zu **schätzen**. **Schätzung** ist die **Feststellung von Besteuerungsgrundlagen** mit Hilfe von **Wahrscheinlichkeitserwägungen**. Ihr Ziel ist, eine möglichst zutreffende Besteuerung zu erreichen. Die Schätzung ist insbesondere dann geboten, wenn der Steuerpflichtige seine Mitwirkungspflichten verletzt hat, wenn er z.B. keine Bücher oder sonstigen Aufzeichnungen geführt hat.

d) Die Schätzung bezieht sich nur auf die Besteuerungsgrundlagen. Für sie ist kein Raum, wenn die quantitativen Merkmale feststehen, der **Grundsachverhalt** aber, aus dem sich die Steuerbarkeit oder Nichtsteuerbarkeit der feststehenden Einkünfte ergibt, **unklar** geblieben ist. Dies ist beispielsweise dann der Fall, wenn nicht eindeutig geklärt werden kann, ob ein beschränkt Einkommensteuerpflichtiger selbständige Einkünfte gemäß § 49 Abs. 1 Nr. 3 EStG aus Inlands- oder Auslandstätigkeit bezogen hat. Nur im ersten Fall unterliegen die Einkünfte der deutschen Einkommensteuer. Bei dem Beispiel mit Auslandsbezug greift die erhöhte Aufklärungspflicht des § 90 Abs. 2 AO zu Lasten des Steuerpflichtigen. In allen übrigen Fällen – die in der Praxis recht selten sind – bleibt nur eine Entscheidung nach den Grundsätzen der **objektiven Feststellungslast**. Danach trägt die Finanzbehörde die Feststellungslast für steuerbegründende und steuererhöhende, der Steuerpflichtige die Feststellungslast für steueraufhebende und -mindernde Tatsachen (BFH, BStBl. II 2001, 1; BVerfGE 69, 188, 206).

3. Nach Abschluss der Ermittlungen folgt gemäß § 155 AO die **Festsetzung** der Steuer **durch Steuerbescheid**.

a) Der Steuerbescheid ist ein an den Steuerschuldner gerichteter Verwaltungsakt. Er enthält den **Steuerbetrag** und die **Zahlungsaufforderung**. Steuerbescheide sind gemäß § 157 AO schriftlich zu erteilen. Sie **müssen** die **Höhe der Steuer** und eine Belehrung über den **Rechtsbehelf** enthalten. Sie **sollen** gemäß §§ 162 ff. AO die **Besteuerungsgrundlagen** enthalten, ferner eine Anweisung über die Entrichtung der Steuer und die Punkte, in denen von der Steuererklärung abgewichen ist.

b) Die **Besteuerungsgrundlagen**, d.h. die **tatsächlichen** (z.B. „nicht dauernd getrennt lebend" bei Zusammenveranlagung gemäß § 26 EStG) und **rechtlichen** (z.B. Anerkennung bestimmter Aufwendungen als Betriebsausgaben gemäß § 4 Abs. 4 EStG) Verhältnisse, die für die Besteuerung maßgebend sind (§ 199 Abs. 1 AO), bilden gemäß § 157 Abs. 2 AO in der Regel einen mit Rechtsbehelfen **nicht selbständig anfechtbaren Teil des Steuerbescheides**. Wer sich gegen Besteuerungsgrundlagen wendet, muss daher in der Regel den Steuerbescheid insgesamt anfechten. In einer Reihe von Fällen ordnet die Abgabenordnung in den §§ 179 ff. AO jedoch an, dass die **Besteuerungsgrundlagen** durch einen **besonderen Verwaltungsakt**, den sog. **Feststellungsbescheid**, gesondert festgestellt werden. Richtet sich der Feststellungsbescheid gegen mehrere Personen, spricht die AO gemäß § 179 Abs. 2 AO von **einheitlicher** und **gesonderter Feststellung**. Die wichtigsten Feststellungsbescheide, auf deren Grundlage ein Steuerbescheid ergeht, sind:

- Einheitliche und gesonderte Feststellung **einkommen- und körperschaftsteuerlicher Einkünfte nach § 180 Abs. 1 Nr. 2a AO**, wenn an den Einkünften mehrere Personen beteiligt und die Einkünfte diesen Personen steuerlich zuzurechnen sind. Durch die einheitliche Feststellung soll vermieden werden, dass gegenüber mehreren Beteiligten an ein und denselben Sachverhalt unterschiedliche Rechtsfolgen geknüpft werden. Der Gewinn einer OHG wird gegenüber den Gesellschaftern ebenso einheitlich und gesondert festgestellt, wie derjenige einer Steuerberater- oder Anwaltssozietät gegenüber deren Mitgliedern.

- Feststellung **unternehmerischer Einkünfte gemäß § 180 Abs. 1 Nr. 2b AO**, wenn das für die gesonderte Feststellung zuständige Finanzamt nicht auch für die Steuern vom Einkommen zuständig ist. Auch wenn nur eine Person an diesen Einkünften beteiligt ist, ist die Gewinnermittlung für das Betriebs-, Belegenheits- oder Tätigkeitsortfinanzamt (§ 18 Abs. 1 Nr. 1–3 AO) besser möglich als für das Wohnsitzfinanzamt, § 19 AO.

- **Steuermessbescheide**, § 184 AO, sind eine besondere Art von Feststellungsbescheiden. Die Verwaltung der Gewerbesteuer und der Grundsteuer ist in der Weise aufgeteilt, dass die **Finanzämter** die steuerrelevanten Sachverhalte ermitteln (z.B. Einkünfte aus Gewerbebetrieb) und im Anschluss daran durch Anwendung der Steuermesszahl auf die Besteuerungsgrundlagen den Steuermessbetrag durch Steuermessbescheid festsetzen. Dieser wird den zuständigen **Gemeinden** mitgeteilt, die darauf den jeweiligen **Hebesatz** anwenden. Die (Landes-)Finanzbehörden sind an der Verwaltung der Realsteuer deshalb beteiligt, weil sie zum einen für die Einkommen- und Körperschaftsteuer die Einkünfte am Gewerbebetrieb ohnehin feststellen müssen und weil die Gemeinden zum anderen oft nicht über Personal verfügen, das für diese Arbeit geeignet ist.

c) Der Haftungsbescheid ergeht gemäß § 191 AO gegen Personen, die neben dem Steuerpflichtigen oder an dessen Stelle für eine Steuer haften. Er **entspricht dem Steuerbescheid** und enthält die **Verfügung** über die **Heranziehung des Haftenden**. Dem Haftenden steht gegen den Haftungsbescheid der Einspruch zu. Er kann sich damit gegen die Höhe des geltend gemachten Steueranspruchs ebenso wenden wie gegen die Tatsache seiner Heranziehung zur Haftung überhaupt.

V. Die Steuerfestsetzung durch Steuerbescheid

Nach Abschluss des Ermittlungsverfahrens trifft die Finanzbehörde ihre Entscheidung über die steuerlichen Folgen durch Steuerbescheid gemäß § 155 Abs. 1 AO; soweit gesonderte Feststellungen vorliegen, hat sie diese verbindlich zu übernehmen. Nach § 155 Abs. 1 AO wird durch Steuerbescheid entschieden, dass eine **Steuer festgesetzt** wird, dass **keine Steuer geschuldet** wird oder dass ein **gestellter Antrag auf Steuerfestsetzung abgelehnt wird**. Von diesen drei Varianten ist praktisch vor allem die erste, also die Entscheidung über eine **Steuerfestsetzung**, von Bedeutung. Bei der Entscheidung über die Steuerfestsetzung kennt die Abgabenordnung wiederum

drei Möglichkeiten: die **endgültige Festsetzung**, die **Vorbehaltsfestsetzung** und die **vorläufige Festsetzung**.

1. Regeltypus und deshalb nicht ausdrücklich erwähnt, ist die sogenannte **endgültige Festsetzung** durch Steuerbescheid. Endgültig bedeutet dabei, dass der Steuerbescheid mit Ablauf der Rechtsbehelfsfrist von einem Monat (§ 355 Abs. 1 AO) **bestandskräftig** wird. Die Bestandskraft des Steuerbescheides kann nur durchbrochen werden, wenn dies gesetzlich zugelassen ist, d.h. insbesondere unter den Voraussetzungen der §§ 172 ff. AO. Eine Korrektur zugunsten wie zuungunsten des Steuerpflichtigen ist außerhalb der normierten Durchbrechungstatbestände **nicht möglich**.

2. § 164 Abs. 1 AO lässt zu, dass Steuern unter dem **Vorbehalt der Nachprüfung** festgesetzt werden. Im Gegensatz zur endgültigen Festsetzung kann der Bescheid, der unter Vorbehalt der Nachprüfung ergeht, **jederzeit** bis zum Ablauf der Festsetzungsfrist (§ 164 Abs. 4 AO) aufgehoben oder geändert werden, ohne dass die Voraussetzungen der oben genannten normierten Durchbrechungstatbestände vorliegen müssen. Durch § 164 AO wird die Bedeutung der Bestandskraft und der Korrekturvorschriften erheblich geschmälert. Die Finanzverwaltung setzt die Steuer unter Vorbehalt der Nachprüfung insbesondere dann fest, wenn der Steuerpflichtige der regelmäßigen **Außenprüfung** unterliegt oder wenn in den nächsten Jahren eine Außenprüfung vorgesehen ist. In diesen Fällen werden im Vorbehaltsbescheid die Angaben des Steuerpflichtigen übernommen, die eigentliche Prüfung besorgt dann der Außenprüfer. Dadurch wird Doppelarbeit vermieden. Durch verwaltungsinterne Anweisungen werden die Steuerpflichtigen in Fallgruppen eingeteilt, die teils unter Vorbehalt, teils endgültig zu veranlagen sind. Zur Zeit werden etwa 20% aller Fälle unter Vorbehalt veranlagt. Steuerpflichtige mit Überschusseinkünften gemäß § 2 Abs. 1 S. 1 Nr. 4–7 EStG werden in der Regel endgültig veranlagt.

3. Solange ungewiss ist, ob und inwieweit die Voraussetzungen für die Entstehung einer Steuerschuld eingetreten sind, kann die Steuer gemäß § 165 AO **vorläufig** festgesetzt werden.

Es muss sich dabei um eine auf **Tatsachen** beruhende **vorübergehende** Ungewissheit (sog. **tatsächliche Ungewissheit**) handeln, die sich durch zumutbare Ermittlungshandlungen seitens des Finanzamtes nicht beseitigen lässt, § 165 Abs. 1 S. 1 AO. Dies ist beispielsweise bei schwebenden Eigentums- oder erbrechtlichen Prozessen der Fall.

§ 165 Abs. 1 S. 2 AO erweitert den Anwendungsbereich auf Ungewissheiten bezüglich der Rechtslage (sog. **rechtliche Ungewissheit**). Demnach kommt eine vorläufige Steuerfestsetzung etwa dann in Betracht, wenn der Abschluss eines Doppelbesteuerungsabkommens bevorsteht, welches sich zugunsten des Steuerpflichtigen auswirkt (§ 165 Abs. 1 S. 1 Nr. 1 AO). Praktisch bedeutsam ist auch die zum 1.9.2009 neu geschaffene Regelung des § 165 Abs. 1 S. 2 Nr. 4 AO (Art. 10 Nr. 5 des Steuerbürokratieabbaugesetzes v. 20.12.2008 BGBl. I 2008, 2850, 2857). Eine Steuerfestsetzung kann demnach auch dann vorläufig erfolgen, wenn die Auslegung eines Steuergesetzes Gegenstand eines Verfahrens beim Bundesfinanzhof ist. Damit hat die Finanzverwaltung auch in Fällen, in denen wegen einer einfachgesetzlichen Streitfrage ein Verfahren beim Bundesfinanzhof anhängig ist, die Möglichkeit Massenrechtsbehelfsverfahren zu vermeiden, indem sie eine nur vorläufige Steuerfestsetzung in gleichgelagerten Fällen vornimmt.

VI. Außenprüfung

Die Abgabenordnung unterscheidet zwischen dem bislang erörterten „normalen" Ermittlungsverfahren und drei weiteren „besonderen" Verfahren der Sachaufklärung:

- der Außenprüfung, §§ 193–207 AO;
- der Steuerfahndung, § 208 AO, und
- der Steueraufsicht in besonderen Fällen, §§ 209–217 AO.

Die **Steueraufsicht** kommt nur bei Zöllen und Verbrauchsteuern in Betracht. Aufgabe der **Steuerfahndung** ist es vor allem, Steuerstraftaten zu erforschen. Das mit Abstand wichtigste „besondere" Verfahren der Sachaufklärung ist jedoch die **Außenprüfung**. Die Finanzverwaltung könnte ihre Aufgabe, eine gleichmäßige und gerechte Besteuerung sicherzustellen (§ 85 AO), nicht erfüllen, wenn sie nicht die Möglichkeit hätte, durch Außenprüfung die Besteuerungsgrundlagen „vor Ort" intensiv zu überprüfen. Die Außenprüfung erfüllt einen doppelten Zweck. **Präventiv** wirkt sie, indem sie die Steuerpflichtigen aus „Furcht vor der Außenprüfung" von unzulässigen Steuerverkürzungen abhält. Dem **Grundsatz der Gesetzmäßigkeit** der Besteuerung verhilft sie zur Geltung, indem zugunsten wie zuungunsten des Steuerpflichtigen (§ 199 Abs. 1 AO) rechtlich oder tatsächlich fehlerhafte Besteuerungsgrundlagen, die während der Außenprüfung „entdeckt" werden, im Rahmen des § 164 AO oder unter den Voraussetzungen der §§ 172 ff. AO zu berichtigen sind. Völlig **falsch** wäre allerdings die Annahme, die vielen hundert Mio. Euro „Mehrergebnisse", die aufgrund von Außenprüfungen jährlich von der Finanzverwaltung nachgefordert werden, beruhen auf kriminellen Steuerverkürzungen. In der ganz überwiegenden Zahl der Fälle beruhen sie auf Meinungsverschiedenheiten zwischen Steuerpflichtigen und Finanzverwaltung, beispielsweise über die gewöhnliche Nutzungsdauer abnutzbarer Wirtschaftsgüter gemäß § 6 Abs. 1 Nr. 1 EStG oder über die Zulässigkeit eines Betriebsausgabenabzugs gemäß § 4 Abs. 4 und 5 EStG.

1. Eine **Außenprüfung** ist gemäß § 193 Abs. 1 AO **zulässig** bei Steuerpflichtigen, die einen **gewerblichen** oder **land- und forstwirtschaftlichen Betrieb** unterhalten, die **freiberuflich** tätig sind und bei Steuerpflichtigen im Sinne des § 147a AO. Zu letzterer Gruppe zählen Steuerpflichtige, bei denen die positive Summe der Überschusseinkünfte mehr als 500.000 Euro im Kalenderjahr beträgt. Bei **anderen** Steuerpflichtigen ist sie gemäß § 193 Abs. 2 AO zulässig, soweit sie die Verpflichtung dieser Steuerpflichtigen betrifft, für Rechnung eines anderen Steuern zu entrichten oder Steuern einzubehalten und abzuführen (z.B. bei der Lohnsteueraußenprüfung), wenn die für die Besteuerung erheblichen Verhältnisse der Aufklärung bedürfen und

eine Prüfung an Amtsstelle nach Art und Umfang des zu prüfenden Sachverhaltes nicht zweckmäßig ist oder wenn ein Steuerpflichtiger seinen Mitwirkungspflichten nach § 90 Abs. 3 S. 2 AO nicht nachkommt. Werden anlässlich einer Außenprüfung auch Feststellungen hinsichtlich der Verhältnisse **anderer Personen** getroffen, so ist deren Auswertung insoweit zulässig, als ihre Kenntnis für die Besteuerung dieser Personen von Bedeutung ist, § 194 Abs. 3 AO. Das bezieht sich vor allem auf **Kontrollmitteilungen**. Kontrollmitteilungen zählen mit zu den „schärfsten Waffen" der Finanzverwaltung, obgleich auch ihre Wirksamkeit vor allem auf dem Präventiveffekt beruht. Bei der Außenprüfung eines Verlagshauses beispielsweise kann der Außenprüfer Kontrollmitteilungen über die Honorare der Autoren des Hauses ausfertigen und diese sodann dem Wohnsitzfinanzamt der jeweiligen Verfasser zuleiten, um dort durch **Nachprüfung** ermitteln zu lassen, ob die Gelder auch versteuert wurden.

2. Die Prüfungsanordnung wird nach § 196 AO bekanntgegeben. Ab diesem Zeitpunkt ist eine strafbefreiende **Selbstanzeige** bei Steuerhinterziehung gemäß § 371 AO nicht mehr möglich. Bis zum 28.4.2011 war eine strafbefreiende Selbstanzeige noch bis zum tatsächlichen Prüfungsbeginn möglich (geändert durch das Schwarzgeldbekämpfungsgesetz v. 28.4.2011 BGBl. I 2011, 676).

Der Prüfer hat gemäß § 199 AO die **tatsächlichen** und **rechtlichen** Verhältnisse, die die **Besteuerungsgrundlagen** bilden, zugunsten wie zuungunsten des Steuerpflichtigen zu prüfen. Nach § 198 AO hat er den Beginn der Außenprüfung unter Angabe von Datum und Uhrzeit aktenkundig zu machen. Die Außenprüfung findet während der üblichen Geschäfts- oder Arbeitszeit statt. Der Prüfer ist berechtigt, Grundstücke und Betriebsräume zu betreten und zu besichtigen. Bei der Betriebsbesichtigung soll der Betriebsinhaber oder sein Beauftragter hinzugezogen werden.

3. Der Steuerpflichtige hat gemäß § 200 AO bei der Feststellung der Sachverhalte, die für die Besteuerung erheblich sein können, **mitzuwirken**. Er hat insbesondere Auskünfte zu erteilen, Aufzeichnungen, Bücher, Geschäftspapiere und andere Urkunden zur Einsicht und Prüfung vorzulegen und die zum Verständnis der Aufzeichnungen erforderlichen Erläuterungen zu geben. Strittig ist, ob der Prüfer **rechtswidrig ermittelte Tatsachen** zu Lasten des Steuerpflichtigen verwerten darf. Rechtswidrig wäre es etwa, **minderjährige Kinder** des Steuerpflichtigen **um Auskunft zu bitten**, ohne zuvor das Auskunftsersuchen dem gesetzlichen Vertreter bekanntzugeben (§§ 79, 122 AO), oder Angehörige nicht über das ihnen zustehende **Auskunftsverweigerungsrecht** (§ 101 Abs. 1 AO) zu belehren. Während im Schrifttum teilweise für ein unmittelbares allgemeines Verwertungsverbot rechtswidrig erlangter Beweismittel eingetreten wird, lehnt der Bundesfinanzhof dies überzeugend als zu weitgehend ab und verneint ein generelles Verwertungsverbot. Nach seiner Rechtsprechung (vgl. zuletzt BFH, BStBl. II 2007, 227) ist vielmehr zwischen einem qualifizierten materiell-rechtlichen und einem formellen Verwertungsverbot zu differenzieren: Ersteres ist gegeben, wenn die Ermittlung der Tatsachen einen verfassungsrechtlich geschützten Bereich des Steuerpflichtigen verletzt. Die so ermittelten Tatsachen sind schlechthin und ohne Ausnahme unverwertbar. Eine Heilung des Verstoßes kommt in diesen Fällen nicht in Betracht. Bloß formelle Verstöße gegen Verfahrens- und Formvorschriften lösen dage-

gen grundsätzlich kein Verwertungsverbot aus. Insoweit verlangt die Rechtsprechung vom Steuerpflichtigen, dass er die jeweilige Maßnahme erfolgreich mit Rechtsmitteln anficht und dadurch eine Verwertung verhindert.

4. Über das Ergebnis der Außenprüfung ist gemäß § 201 AO eine Besprechung abzuhalten (**Schlussbesprechung**), es sei denn, dass sich nach der Außenprüfung keine Änderung der Besteuerungsgrundlagen ergibt oder dass der Steuerpflichtige auf die Besprechung verzichtet. Über das Ergebnis der Außenprüfung ergeht sodann ein schriftlicher Bericht (**Prüfungsbericht**). Darin sind die für die Besteuerung erheblichen Prüfungsfeststellungen in tatsächlicher und rechtlicher Hinsicht sowie die Änderungen der Besteuerungsgrundlagen darzustellen, § 202 AO.

5. Im Anschluss an eine Außenprüfung soll die Finanzbehörde dem Steuerpflichtigen gemäß § 204 AO verbindlich **zusagen**, wie ein für die Vergangenheit geprüfter und im Prüfungsbericht dargestellter Sachverhalt in Zukunft steuerrechtlich behandelt wird. Voraussetzung ist, dass die Kenntnis der steuerlichen Behandlung für die geschäftlichen Maßnahmen des Steuerpflichtigen von Bedeutung ist. Die Zusage ist schriftlich zu erteilen, sie ist für die Besteuerung bindend, §§ 205, 206 AO. Die Bindungswirkung entfällt bei Vorliegen der Voraussetzungen des § 207 AO. Die bindende Zusage der §§ 204 ff. AO ist indes nicht die einzige und auch nicht die praktisch bedeutsamste **Zusage im Steuerrecht**. Neben der in § 42e EStG geregelten Zusage, ob und inwieweit im Einzelnen Vorschriften über die Lohnsteuer anzuwenden sind (**Lohnsteueranrufungsauskunft**), wurde zum 5.9.2006 (BGBl. I 2006, 2098) die schon zuvor zwar anerkannte, aber gesetzlich nicht geregelte **verbindliche Auskunft** in § 89 Abs. 2–5 AO erstmals kodifiziert. Die Voraussetzungen für die Erteilung einer solchen Auskunft ergeben sich aus § 89 Abs. 2 AO i.V.m. den Vorschriften der dazu ergangenen Steuer-Auskunftsverordnung vom 30.11.2007 (BGBl. I 2077, 2083). **Antragsbefugt** ist grundsätzlich der Steuerpflichtige. Der Steuerpflichtige muss dabei einen **bestimmten Sachverhalt** und die sich daraus ergebenden Rechtsfragen darlegen und seine Auffassung begründen (§ 1 Abs. 1 StAuskV). Gegenstand einer verbindlichen Auskunft können nur Sachverhalte sein, die einen Zukunftsbezug aufweisen, wobei eine Ausnahme für Dauersachverhalte gemacht werden kann. Schließlich muss der Steuerpflichtige ein besonderes **Auskunftsinteresse** besitzen, d.h. die steuerliche Beurteilung des Sachverhaltes muss für ihn von erheblicher wirtschaftlicher Bedeutung sein. Die Finanzbehörde entscheidet nach pflichtgemäßem Ermessen, ob sie eine verbindliche Auskunft erteilt, ein Auskunftsanspruch besteht insofern nicht. Erteilt sie eine verbindliche Auskunft, ist sie hieran später **gebunden**. Gegenstand von Kritik an der Neuregelung war insbesondere, dass für die Bearbeitung eines Antrags auf verbindliche Auskunft eine **Gebühr** erhoben werden kann (§ 89 Abs. 3 AO).

VII. Aufhebung und Änderung von Steuerverwaltungsakten

Ein rechtswidriger Steuerverwaltungsakt kann vom **Steuerpflichtigen** mit **Rechtsbehelfen** angegriffen werden. Wenn der Steuerpflichtige dies unterlässt – sei es, weil er durch die Rechtswidrigkeit begünstigt wird, z.B. bei einer zu hohen Steuerrückerstattung, sei es, weil er die Rechtswidrigkeit nicht erkennt –, stellt sich die Frage, ob die **Finanzverwaltung** den rechtswidrigen Steuerverwaltungsakt korrigieren darf. Nach Ablauf der Rechtsbehelfsfrist von einem Monat (§ 355 AO) wird der Verwaltungsakt **bestandskräftig**, er kann also vom **Steuerpflichtigen** mit Rechtsbehelfen **nicht** mehr angegriffen werden. Die AO lässt gleichwohl auch in diesem Fall unter bestimmten Voraussetzungen eine Korrektur seitens der **Finanzverwaltung** zu, d.h., sie gibt den **Grundsätzen der Gleichmäßigkeit und Gesetzmäßigkeit der Besteuerung Vorrang** vor dem **Vertrauen** auf den Bestand einer einmal getroffenen behördlichen Entscheidung.

1. Für **alle Steuerverwaltungsakte** gelten folgende Korrekturvorschriften:

a) Gemäß § 125 AO entfalten **nichtige** Steuerverwaltungsakte **keinerlei Rechtswirkung**. Einer eigentlichen Korrektur bedarf es deshalb nicht, die Finanzverwaltung kann die Nichtigkeit auf Antrag gemäß § 125 Abs. 5 AO feststellen. Die Abgabenordnung kennt und unterscheidet **zwei Fallgruppen der Fehlerhaftigkeit** von Steuerverwaltungsakten: die „bloße" **Rechtswidrigkeit** und die **Nichtigkeit**. **Rechtswidrige** Verwaltungsakte sind bis zu ihrer gerichtlichen oder behördlichen Aufhebung **rechtswirksam**, d.h., die Beteiligten am Steuerrechtsverhältnis sind daran gebunden. **Nichtigen Verwaltungsakten fehlt** diese **Rechtswirksamkeit** von vornherein. Nichtigkeit ist nur unter den engen Voraussetzungen des § 125 AO gegeben. Nichtige Steuerverwaltungsakte sind in der Praxis so selten, dass sie hier vernachlässigt werden können. Die weiteren Ausführungen beziehen sich daher auf den rechtswidrigen, nicht aber auf den nichtigen Steuerverwaltungsakt.

b) § 127 AO verwehrt dem Steuerpflichtigen einen Anspruch auf Aufhebung des Verwaltungsaktes, wenn dessen Fehlerhaftigkeit allein auf der Verletzung von Verfahrens- und Formvorschriften (z.B. fehlende Anhörung oder Begründung), oder der örtlichen Zuständigkeit beruht und keine andere Entscheidung in der Sache hätte getroffen werden können. Verfahrens- und Formfehler machen zwar den Verwaltungsakt rechtswidrig; Verfahrens- und Formvorschriften sind aber **nicht Selbstzweck**, sondern dienen dazu, die richtige Rechtsentscheidung zu finden. Aus diesem Grund können die erforderlichen Handlungen gemäß § 126 AO **nachgeholt** werden. Bei **Ermessensentscheidungen** ist es allerdings immer möglich, dass ohne den Verfahrens- oder Formfehler „eine andere Entscheidung in der Sache hätte getroffen werden können"; § 127 AO steht in diesem Fall einer Korrektur nicht entgegen.

c) § 128 AO erlaubt der Behörde unter bestimmten Voraussetzungen einen rechtswidrigen Verwaltungsakt in einen rechtmäßigen umzudeuten. Diese **Umdeutung** von Verwaltungsakten hat im Steuerrecht praktisch keine Bedeutung.

d) § 129 AO **erlaubt** die Korrektur eines Steuerverwaltungsaktes wegen **offenbarer Unrichtigkeit**. Diese in der Praxis überaus bedeutsame Vorschrift greift bei mechanischen Versehen (offenbares Verrechnen, Verschreiben usw.) ein. Wenn auch nur die Möglichkeit eines **Rechtsirrtums** besteht, ist eine Korrektur nach § 129 AO **ausgeschlossen**.

2. Soweit es um die übrigen Korrekturmöglichkeiten rechtswidriger bestandskräftiger Verwaltungsakte geht, unterscheidet die Abgabenordnung je nach Art der Steuerverwaltungsakte: Die **§§ 130, 131 AO** beziehen sich auf die Verwaltungsakte, die **nicht Steuerbescheide** sind, die **§§ 172–177 AO** gelten für die Korrektur von **Steuerbescheiden**.

Wenn es sich auch bei der überwältigenden Mehrzahl aller Steuerverwaltungsakte um Steuerbescheide handelt, so bleibt dennoch ein genügend großer Anwendungsbereich für die §§ 130, 131 AO. Um **Steuerverwaltungsakte, die nicht Steuerbescheide** sind, handelt es sich beispielsweise bei dem **Erlass**, der **Stundung**, dem **Auskunftsersuchen**, der **Festsetzung** eines **Verspätungszuschlages** oder eines **Zwangsgeldes**. § 130 Abs. 1 AO legt die Korrektur eines **belastenden rechtswidrigen bestandskräftigen** Steuerverwaltungsaktes in das Ermessen der Verwaltung. Bei ihrer Entscheidung wird die Verwaltung abwägen müssen einerseits zwischen dem Prinzip der Gesetzmäßigkeit der Verwaltung, das für die Korrektur eines gesetzwidrigen Verwaltungsaktes spricht, und dem Prinzip der Rechtssicherheit, welches andererseits nach Ablauf der Rechtsbehelfsfrist die Aufrechterhaltung des bestandskräftigen Akts fordert. Wenn dem Steuerpflichtigen, dessen Interesse ja auf Aufhebung der rechtswidrigen Belastung abzielt, die Versäumung der Rechtsbehelfsfrist vorzuwerfen ist, wird die Abwägung in aller Regel zugunsten der Bestandskraft ausgehen.

Gerade umgekehrt ist die Interessenlage bei § 130 Abs. 2 AO. Dieser betrifft nämlich die Korrektur eines **begünstigenden rechtswidrigen bestandskräftigen Steuerverwaltungsaktes**. Um einen solchen handelt es sich beispielsweise bei einem rechtswidrig gewährten Steuererlass. In diesem Fall sprechen die Interessenlage und das Vertrauen des Begünstigten gegen, das Gesetzmäßigkeitsprinzip hingegen für eine Korrektur. Folgerichtig erlaubt § 130 Abs. 2 AO eine Korrektur nur dann, wenn das Vertrauen des Begünstigten nicht schutzwürdig ist, wenn der Steuererlass beispielsweise durch Angaben erwirkt wurde, „die in wesentlicher Beziehung unrichtig oder unvollständig waren", § 130 Abs. 2 S. 1 Nr. 3 AO.

Bei § 131 AO geht es um den **Widerruf** eines **rechtmäßigen** Verwaltungsaktes. Das Bedürfnis nach Korrektur eines **rechtmäßigen** Verwaltungsaktes ist selten. Es entsteht in der Regel nur dann, wenn sich die Sach- oder Rechtslage nach Erlass des Verwaltungsaktes geändert hat, wenn der Steuerpflichtige beispielsweise eine Woche nach der gewährten Stundung ein großes Vermögen erbt. § 131 AO unterscheidet in diesen Fällen wie § 130 AO zwischen begünstigenden und belastenden Verwaltungsakten. Einen **belastenden rechtmäßigen** Verwaltungsakt kann die Verwaltung mit Wirkung für die Zukunft unter den Voraussetzungen des § 131 Abs. 1 AO widerrufen. Bei einem **begünstigenden rechtmäßigen** Verwaltungsakt sprechen Vertrauensschutz und Gesetzmäßigkeit gegen einen Widerruf. Dieser ist deshalb nur unter den sehr engen Voraussetzungen des § 131 Abs. 2 AO zulässig. Im Beispielsfall wäre ein Widerruf der Stundung nach § 131 Abs. 2 S. 1 Nr. 3 AO zulässig.

3. **Sonderregeln** gelten für **bestandskräftige rechtswidrige Steuerbescheide** und diesen verwandte Bescheide, §§ 172 Abs. 2, 155 Abs. 1 S. 3, 155 Abs. 4, 184 Abs. 1 S. 3 AO. Die innere Berechtigung dieser Sonderregelungen wird deutlich, wenn man

sich vergegenwärtigt, dass Steuerbescheide in einem Massenverfahren produziert werden, bei dem der Veranlagungsbeamte häufig noch weniger Zeit zu Nachforschungen aufwenden kann, als dies etwa bei einem Erlass- oder Stundungsantrag der Fall ist. Folgerichtig gewähren die Sonderregelungen für die Korrektur rechtswidriger Steuerbescheide ein noch größeres Maß an nachträglichen Berichtigungsmöglichkeiten als dies bei § 130 AO der Fall ist. Zu den wichtigsten Sonderregelungen zählen:

a) Unter **Vorbehalt der Nachprüfung** ergangene Bescheide können, solange der Vorbehalt wirksam ist, innerhalb der Festsetzungsfrist jederzeit aufgehoben oder geändert werden, § 164 Abs. 2 AO.

b) Das Gleiche gilt für **vorläufige Bescheide** gemäß § 165 Abs. 2 AO, wenn die Ungewissheit beseitigt ist, jedoch nur soweit die Vorläufigkeit reicht.

c) Steuerbescheide über **Verbrauchsteuern** und **Verbrauchsteuervergütungen** können gemäß § 172 Abs. 1 Nr. 1 AO innerhalb der kurzen Festsetzungsfrist von 1 Jahr (§ 169 Abs. 2 Nr. 1 AO) ebenfalls **uneingeschränkt** berichtigt werden.

d) Für alle übrigen Steuerbescheide gelten §§ 172 Abs. 1 Nr. 2–175 AO.

– § 172 Abs. 1 Nr. 2a AO lässt eine Korrektur zu, wenn der Steuerpflichtige **zustimmt**. Nach Ablauf der Rechtsbehelfsfrist von einem Monat gilt dies allerdings nur zuungunsten des Steuerpflichtigen, da ansonsten die Rechtsbehelfsfristen unterlaufen würden.

– § 172 Abs. 1 Nr. 2b–d AO nennt als weitere Korrekturgründe die sachliche Unzuständigkeit, die Einwirkung durch unlautere Mittel und verweist schließlich auf weitere Korrekturmöglichkeiten, die sich aus den Einzelsteuergesetzen ergeben (z.B. § 10d EStG).

– Die **praktisch wohl bedeutsamste Korrekturvorschrift** für rechtswidrige Steuerbescheide befindet sich in § 173 AO. § 173 Abs. 1 Nr. 1 AO ordnet die Korrektur an, soweit **Tatsachen oder Beweismittel nachträglich bekannt** werden, die zu einer **höheren** Steuer führen. War dem Veranlagungsbeamten z.B. die Tatsache eines (gewinnbringenden) Spekulationsgeschäfts im Sinne des § 23 EStG nicht bekannt, so ist trotz Bestandskraft des Steuerbescheides eine Korrektur insoweit geboten.

Soweit Tatsachen oder Beweismittel nachträglich bekannt werden, die zu einer **niedrigeren** Steuer führen, ist nach § 173 Abs. 1 Nr. 2 AO nur zu korrigieren, wenn den Steuerpflichtigen **kein grobes Verschulden** an dem späten Bekanntwerden trifft; d.h., wer bereits bei der Erstellung seiner Steuererklärung schlampig verfährt, hat keinen Anspruch darauf, dass später die Bestandskraft des Steuerbescheides zu seinen Gunsten durchbrochen wird. Ein grobes Verschulden liegt hingegen nicht vor, wenn dem Steuerpflichtigen bei der Erfassung der Steuererklärungsdaten im Rahmen einer elektronischen Steuererklärung (ELSTER) ein Eingabefehler unterläuft, der sich innerhalb der Einspruchsfrist nicht aufgedrängt hat und der die Finanzbehörde wegen einer ähnlichen offenbaren Unrichtigkeit gemäß § 129 AO zur Korrektur berechtigt hätte (FG Rheinland-Pfalz, Urteil v. 13.12.2010, 5 K 2099/09, EFG 2011, 685).

Das Verschulden des Steuerpflichtigen ist allerdings dann unbeachtlich, wenn die Tatsachen oder Beweismittel gleichzeitig auch zu höheren Steuern führen, § 173 Abs. 1 Nr. 2 S. 2 AO. In diesem Fall wird gemäß § 173 Abs. 1 Nr. 1 AO nach oben und gemäß § 173 Abs. 1 Nr. 2 AO nach unten korrigiert.

Umstritten ist, ob ein **Verschulden des bevollmächtigten Steuerberaters** dem Steuerpflichtigen **zuzurechnen** ist. § 173 Abs. 1 Nr. 2 AO ordnet anders als die §§ 110 Abs. 1 S. 2, 152 Abs. 1 S. 3 AO eine solche Zurechnung nicht an. Der Bundesfinanzhof bejaht gleichwohl eine solche Zurechnung mit dem Argument, § 152 Abs. 1 S. 3 AO beziehe sich auch auf ein Verschulden des Steuerberaters bei der lückenhaften Ausfüllung der Steuererklärung (BFH, BStBl. II 1983, 324).

- „Widerstreitende" Steuerfestsetzungen sind gemäß § 174 AO zu korrigieren. Sie sind in der Praxis die seltene Ausnahme. Widerstreitende Steuerfestsetzungen sind gedanklich miteinander unvereinbar. Sie widersprechen sich beispielsweise, weil der gleiche Sachverhalt mehrfach erfasst worden ist oder weil ein Steuerschuldner von mehreren Finanzämtern wegen derselben Steuerschuld herangezogen wird. § 174 AO ordnet die Aufhebung des fehlerhaften Bescheides an.

- § 175 AO sieht zwei weitere Korrekturfälle vor. Grundlagenbescheide mit Bindungswirkung für den Steuerbescheid führen im Falle ihrer Korrektur zwangsläufig auch zu einer Änderung des auf ihnen aufbauenden Steuerbescheides, § 175 Abs. 1 S. 1 Nr. 1 AO. Ebenso leuchtet unmittelbar ein, dass eine nachträgliche Änderung von Rechtsgeschäften z.B. durch Anfechtung, Aufhebung oder Gerichtsentscheidung, die Korrektur der auf ihnen beruhenden Steuerbescheide bedingt, sog. Korrektur wegen rückwirkenden Ereignissen gemäß § 175 Abs. 1 Nr. 2 AO. § 175 Abs. 2 S. 1 AO ordnet schließlich an, dass auch der Wegfall einer Voraussetzung für eine Steuervergünstigung ein solches rückwirkendes Ereignis darstellt (**fingierte Rückwirkung**). Jedoch gilt nach § 175 Abs. 2 S. 2 AO die nachträgliche Erteilung oder Vorlage einer Bescheinigung oder Bestätigung nicht als rückwirkendes Ereignis. Damit wurde der Rechtsprechung des Bundesfinanzhofs (BStBl. II 2003, 554), wonach die nachträgliche Erteilung oder Vorlage als rückwirkendes Ereignis galt und somit eine Änderung nach § 175 Abs. 1 Nr. 2 AO möglich war, der Boden entzogen.

e) Bei § 176 AO handelt es sich nicht um eine Korrektur-, sondern um eine **Schutzvorschrift** zugunsten des Steuerpflichtigen. Sie **verbietet** eine Korrektur zum Nachteil des Steuerpflichtigen, wenn sich nach Erlass des Steuerbescheides die Rechtslage (Gesetze, höchstrichterliche Rechtsprechung oder Richtlinien) zuungunsten des Steuerpflichtigen geändert hat.

f) Bei § 177 AO handelt es sich ebenfalls **nicht** um eine **eigenständige Korrekturvorschrift**. Diese Norm setzt eine **Aufhebung oder Änderung** eines Steuerbescheides nach einer der soeben erörterten Vorschriften **voraus**. Soweit diese Änderung reicht, lässt § 177 AO eine Saldierung mit sonstigen **Rechtsfehlern**, die an sich mit Eintritt der Bestandskraft mangels einer selbständigen Korrekturvorschrift nicht mehr korrigiert werden dürften, zu. Betrug die Steuer laut ursprünglichem Bescheid 20.000 Euro, laut gemäß § 173 Abs. 1 Nr. 1 AO geändertem Bescheid jedoch 25.000 Euro, so sind gemäß § 177 Abs. 1 AO solche sonstigen Rechtsfehler, die nicht Anlass der Änderung waren, zu berichtigen. Die Steuer darf jedoch nicht unter 20.000 Euro herabgesetzt werden. Betrug umgekehrt die Steuer 25.000 Euro, entsprechend dem nach § 173 Abs. 1 Nr. 2 AO geänderten Bescheid 20.000 Euro, so sind gemäß § 177 Abs. 2 AO Rechtsfehler, die nicht Anlass der Änderung waren, zu korrigieren. Die Steuer darf jedoch nicht über 25.000 Euro heraufgesetzt werden. Eine solche Korrektur ist möglich, weil in beiden Fällen innerhalb des Korrekturrahmens, d.h. zwischen 20.000 Euro und 25.000 Euro, eine Bestandskraft noch nicht eingetreten ist.

VIII. Außergerichtlicher Rechtsbehelf

Als Rechtsweg in Steuersachen ist gemäß § 33 FGO der Finanzrechtsweg gegeben. Der Weg zum Finanzgericht setzt im Regelfall gemäß § 44 FGO voraus, dass das **Vorverfahren** über den **außergerichtlichen Rechtsbehelf** ganz oder zum Teil **erfolglos** geblieben ist. Als **außergerichtlicher Rechtsbehelf** sieht die Abgabenordnung den **Einspruch** vor. Die praktisch wenig bedeutsamen Fälle, in denen der Weg zum Finanzgericht ausnahmsweise auch ohne ein vorheriges außergerichtliches Rechtsbehelfsverfahren beschritten werden kann, sind in den §§ 45, 46 FGO genannt. Das außergerichtliche Rechtsbehelfsverfahren hat vor allem eine **Kontroll-** und eine **Entlastungsfunktion**. Der Finanzverwaltung wird dabei die Möglichkeit gegeben, die eigene Entscheidung noch einmal auf Rechtsfehler zu kontrollieren. Dies dient zugleich der Entlastung der Finanzgerichte, da oftmals schon im außergerichtlichen Vorverfahren zwischen Finanzverwaltung und Steuerpflichtigem Konsens über eine vormals strittige Maßnahme erzielt wird.

1. Für das Rechtsbehelfsverfahren gelten folgende **allgemeine Grundsätze**:

a) **Befugt** zur Einlegung des Einspruchs ist gemäß § 350 AO derjenige, der durch den Bescheid oder die Verfügung **beschwert** ist.

b) Der Einspruch kann gemäß § 357 AO schriftlich eingereicht oder zu Protokoll erklärt werden. Er ist bei der Behörde anzubringen, deren Verfügung angefochten werden soll. Unrichtige Bezeichnung schadet nicht. Es genügt, wenn aus dem Schriftstück oder der Erklärung hervorgeht, dass sich der Erklärende durch die Entscheidung beschwert fühlt und Nachprüfung begehrt.

c) Die **Frist** zur Einlegung des Einspruchs beträgt nach § 355 Abs. 1 S. 1 AO **einen Monat**. Sie beginnt mit Ablauf des Tages der Zustellung oder der Bekanntgabe der Verfügung. Für die Berechnung der Frist verweist § 108 Abs. 1 AO auf die Vorschriften der §§ 187, 188, 193 BGB. Wird die **Frist versäumt**, so kann **Wiedereinsetzung in den vorigen Stand** gewährt werden, wenn der Rechtsmittelführer ohne sein Verschulden an der Einhaltung der Frist verhindert war, § 110 Abs. 1 AO. Der Antrag auf Wiedereinsetzung muss binnen eines Monats nach Ablauf des Tages, an dem er frühestens gestellt werden konnte, eingereicht werden.

d) Die Vollziehung des Bescheides wird durch die **Einlegung eines Einspruchs** gemäß § 361 Abs. 1 AO **nicht gehemmt**, insbesondere die Pflicht zur Zahlung der Steuer nicht aufgehalten. Der Gesetzgeber hat damit grundsätzlich dem fiskalischen Interesse am regelmäßigen Eingang der Steuer den Vorrang vor dem Interesse des Steuerpflichtigen gegeben, bis zur Klärung der Rechtmäßigkeit nicht zahlen zu müssen. Nach § 361 Abs. 2 AO kann die Finanzbehörde, die den angefochtenen Verwaltungsakt erlassen hat, die Vollziehung, d.h. die Erhebung der Steuer, aussetzen. Falls der Steuerpflichtige dies beantragt, soll die **Aussetzung der Vollziehung** erfolgen, wenn **ernsthafte Zweifel** an der **Rechtmäßigkeit** des **angefochtenen Verwaltungsakts** bestehen oder die Vollziehung eine **unbillige Härte** zur Folge hätte. Ernsthafte Zweifel liegen nach der Rechtsprechung vor, wenn eine summarische Prüfung ergibt, dass neben für die Rechtmäßigkeit sprechenden Umständen gewichtige gegen die Rechtmäßigkeit des angefochtenen Verwaltungsaktes sprechende Gründe zutage treten (BFH, BStBl. II 1974, 640).

Der **Einspruch** gegen einen **Steuerbescheid** wird in der Praxis ganz überwiegend mit einem **Antrag auf Aussetzung der Vollziehung** verbunden. Die möglicherweise gemäß § 237 AO später zu zahlenden Zinsen belasten naturgemäß weit weniger als die sofortige Zahlung des strittigen Betrages.

2. Über den Einspruch entscheidet gemäß § 367 Abs. 1 AO die Finanzbehörde, die den Verwaltungsakt erlassen hat, durch Einspruchsentscheidung. Sie hat die Sache in vollem Umfang erneut zu prüfen. Der angefochtene Steuerbescheid kann auch zum **Nachteil** des Steuerpflichtigen geändert werden (reformatio in peius). Zuvor muss der Steuerpflichtige gemäß § 367 Abs. 2 S. 2 AO jedoch auf die Möglichkeit einer verbösernden Entscheidung unter Angabe von Gründen hingewiesen werden. Er muss dann die Entscheidung treffen, ob er den Einspruch aufrechterhalten oder zurücknehmen will. Einer Einspruchsentscheidung bedarf es nur insoweit, als dem Einspruch nicht abgeholfen wird, § 367 Abs. 2 S. 3 AO.

Die Entscheidung über den Einspruch ist schriftlich abzufassen und dem Beteiligten zuzustellen. Sie ist zu begründen und mit einer Rechtsbehelfsbelehrung zu versehen, § 366 AO.

Dritter Abschnitt
Vollstreckung

A. Allgemeines

Die nach den Steuergesetzen geschuldeten **Leistungen** sind gemäß § 249 AO im Verwaltungsweg **erzwingbar**. Das Verfahren ist dem Vollstreckungsverfahren der Zivilprozessordnung nachgebildet. **Vollstreckungsbehörden** sind die **Finanzämter**. Ihnen stehen Anordnung und Leitung der Zwangsvollstreckung zu, § 249 AO. Innerhalb des Finanzamts bildet der Vollstreckungsdienst einen von der übrigen Dienststelle getrennten Dienstzweig, die **Vollstreckungsstelle**. Vollstreckungsschuldner ist gemäß § 253 AO derjenige, gegen den sich ein Vollstreckungsverfahren richtet.

I. Die **Voraussetzungen der Zwangsvollstreckung** sind regelmäßig:

1. ein **Leistungsgebot**, d.h. ein Verwaltungsakt, durch den der Schuldner zur Bewirkung der Leistung aufgefordert wird und der ihm bekanntgegeben werden muss, § 254 Abs. 1 S. 1 AO. Dieses Leistungsgebot ist in dem Steuerbescheid, Haftungsbescheid usw. enthalten. Eines Leistungsgebots bedarf es nicht, wenn die Verpflichtung zur Zahlung bereits im Gesetz ausgesprochen ist, wie z.B. für die Vorauszahlungen bei der Umsatzsteuer;

2. der **Ablauf einer Frist** von mindestens **einer Woche** seit Bekanntgabe, soweit nicht anderes vorgeschrieben ist, § 254 AO;

3. die **Fälligkeit** der beizutreibenden Leistung, § 254 AO;

4. in der Regel eine vorausgehende **Mahnung**, § 259 AO.

II. Die **Ausführung** des Vollstreckungsverfahrens **erfolgt**:

1. bei der **Vollstreckung in unbewegliches Vermögen** nach den Vorschriften für die **gerichtliche Zwangsvollstreckung**, § 322 AO. Dazu verweist § 322 AO auf die §§ 864-871 ZPO und das ZVG;

2. bei **Forderungen** und anderen Vermögensrechten durch die **Vollstreckungsstelle** selbst, § 309 AO;

3. bei **Vollstreckung in bewegliche Sachen** gemäß § 285 AO durch den **Vollziehungsbeamten des Finanzamts**. Der Vollziehungsbeamte wird durch schriftlichen oder elektronischen Auftrag der Vollstreckungsstelle dem Vollstreckungsschuldner und Dritten gegenüber ermächtigt, die Zwangsvollstreckung auszuführen. Er ist gemäß § 287 AO befugt, Wohnung und Behältnisse des Schuldners zu durchsuchen, Türen und Behältnisse öffnen zu lassen und gegen Widerstand Gewalt anzuwenden. Näheres ist in den §§ 288 ff. AO geregelt.

III. Für **Einwendungen im Vollstreckungsverfahren** gilt Folgendes:

1. Einwendungen des Schuldners gegen **Entstehung** und **Höhe der Schuld** können nur **außerhalb** des Vollstreckungsverfahrens erhoben werden, § 256 AO. Hierfür ist das **Einspruchsverfahren** gegeben.
2. Einwendungen des Schuldners dahin, dass der Anspruch **erloschen** oder **gestundet** oder die Anordnung des Zwangsverfahrens unzulässig sei, führen zur Einstellung oder Beschränkung der Vollstreckung, § 257 AO.
3. **Einwendungen gegen Vollstreckungsmaßnahmen**, z.B. wegen Pfändung eines unpfändbaren Gegenstandes, kann der Vollstreckungsschuldner mit dem Rechtsbehelf des **Einspruchs** verfolgen.
4. Wird ein **Dritter** durch Vollstreckungsmaßnahmen **beeinträchtigt**, so steht auch ihm der **Einspruch** zu.
5. Steht dem **Dritten** an dem Gegenstand der Zwangsvollstreckung ein **Pfand- oder Vollzugsrecht** zu, kann er gemäß § 293 AO zwar der Pfändung nicht widersprechen, aber vor den ordentlichen Gerichten eine Klage auf vorzugsweise Befriedigung erheben.

B. Zwangsvollstreckung wegen Geldforderungen

I. Die Zwangsvollstreckung in das **bewegliche Vermögen** erfolgt durch:

1. **Pfändung von Sachen**. Diese geschieht durch Inbesitznahme. Andere Sachen als Geld, Wertpapiere und Kostbarkeiten dürfen im Gewahrsam des Schuldners belassen werden; die Pfändung muss dann durch Anbringung von Siegeln oder in sonstiger Weise ersichtlich gemacht werden, § 286 AO. Die Pfändungsbeschränkungen der ZPO, die die zum Lebensunterhalt und zur Berufsausübung usw. notwendigen Gegenstände betreffen, §§ 811–813 ZPO, gelten entsprechend. Die **Verwertung** erfolgt durch **öffentliche Versteigerung**, §§ 298 ff. AO.

2. **Pfändung von Geldforderungen**. Geldforderungen werden gepfändet durch ein **Verbot an den Drittschuldner**, an den **Schuldner zu zahlen**, und ein **Gebot an den Schuldner**, sich jeder **Verfügung** über die Forderung **zu enthalten**, §§ 309, 314 AO. Die Verbote und Beschränkungen der Pfändung von Forderungen und Ansprüchen nach den §§ 850–852 ZPO und anderen Gesetzen gelten auch hier.

3. **Pfändung von anderen Vermögensrechten**. Ist ein Anspruch auf Herausgabe oder Leistung einer sonstigen Sache gepfändet, so ordnet die Vollstreckungsstelle, wenn es sich um eine bewegliche Sache handelt, die Herausgabe an den Vollziehungsbeamten an, und wenn es sich um eine unbewegliche Sache handelt, die Herausgabe an einen vom Gericht zu bestellenden Treuhänder, § 318 AO. Für die Zwangsvollstreckung in andere Vermögensrechte gilt das Gesagte entsprechend.

II. Die Zwangsvollstreckung in das unbewegliche Vermögen richtet sich gemäß § 322 AO nach den Bestimmungen über gerichtliche Zwangsvollstreckungen in den §§ 864-871 ZPO bzw. im ZVG. Anträge auf Zwangsversteigerung und Zwangsverwaltung sind erst zulässig, wenn feststeht, dass der Geldbetrag durch Pfändung nicht beigetrieben werden kann, § 322 Abs. 4 AO.

III. Dinglicher Arrest ist gemäß § 324 AO zur **Sicherung** beitreibbarer Ansprüche in das bewegliche und unbewegliche Vermögen zulässig, wenn zu befürchten ist, dass sonst die Erzwingung der Leistung vereitelt oder wesentlich erschwert wird. Der Arrest ist eine Sicherungsmaßnahme; er verhindert, dass der Steuerpflichtige einen bestehenden Zustand ändert, um die drohende Vollstreckung zu gefährden. **Typische Arrestgründe** sind: Anzeichen für Vermögensverlagerung ins Ausland, Verschwendungssucht, häufiger Wohnsitzwechsel. Die Vollziehung des Arrests richtet sich nach den §§ 930–932 ZPO.

Die Anordnung des **persönlichen Sicherheitsarrests** ist gemäß § 326 AO nur zulässig, wenn er erforderlich ist, um die gefährdete Zwangsvollstreckung in das Vermögen des Pflichtigen zu sichern. Der persönliche Arrest führt zur **Freiheitsentziehung**. Er darf nur angeordnet werden, wenn andere Sicherungsmaßnahmen, insbesondere der dingliche Arrest, nicht greifen. Für seine Vollziehung verweist § 326 Abs. 3 und 4 AO auf die einschlägigen Vorschriften der ZPO.

c. Zwangsvollstreckung wegen sonstiger Leistungen

Andere Leistungen als Geldleistungen (Handlungen, Duldungen und Unterlassungen) sind durch Zwangsmittel nach §§ 328 ff. AO erzwingbar. Erzwingbare **Handlungspflichten** sind z.B. sämtliche Mitwirkungspflichten des Steuerpflichtigen, als erzwingbare **Unterlassung** kommt eine nach § 5 StBerG untersagte geschäftsmäßige Hilfeleistung in Steuersachen in Betracht, um eine erzwingbare **Duldungspflicht** handelt es sich bei dem Betreten von Grundstücken und Räumen gemäß § 99 AO.

Die Einleitung von Zwangsmaßnahmen setzt gemäß § 328 AO einen vollstreckungsfähigen Verwaltungsakt voraus. Für die Erzwingung von Handlungen, Duldungen und Unterlassungen stellt die Abgabenordnung drei Zwangsmittel zur Verfügung: das **Zwangsgeld** (§ 329 AO), die **Ersatzvornahme** (§ 330 AO) und den **unmittelbaren Zwang** (§ 331 AO). Letzterer steht als das schärfste Zwangsmittel in besonderem Maße unter dem Verfassungsgebot der Verhältnismäßigkeit, d.h., er kommt gemäß § 331 AO nur als letzte Möglichkeit in Betracht. Diese drei Zwangsmittel müssen gemäß § 332 AO vor ihrer Anwendung schriftlich **angedroht** werden. Wird der Verpflichtung innerhalb der Frist, die in der Androhung bestimmt ist, nicht nachgekommen, wird das geeignetste Zwangsmittel festgesetzt, § 333 AO. Nach der Festsetzung wird das Zwangsmittel angewendet.

Vierter Abschnitt

Steuerstrafrecht

A. Steuerstraftaten

Bei Steuerstraftaten gelten gemäß § 369 Abs. 2 AO die Vorschriften des **Allgemeinen Teils des Strafgesetzbuches** (StGB). Voraussetzungen einer jeden strafbaren Handlung sind danach die **Tatbestandsmäßigkeit**, die **Rechtswidrigkeit** und die **Schuld**.

I. **Tatbestandsmäßig** handelt, wer **objektiv** und **subjektiv** durch sein Verhalten einen Straftatbestand **erfüllt**. Hat der Täter objektiv und subjektiv tatbestandsmäßig gehandelt, wird die **Rechtswidrigkeit** seines Verhaltens widerlegbar vermutet. **Rechtfertigungsgründe** (z.B. §§ 32, 34 StGB) kommen im Steuerstrafrecht praktisch kaum vor. **Schuldhaft** handelt der Täter, dem sein Verhalten vorgeworfen werden kann, der also in der Lage war, das Unrecht der Tat einzusehen, §§ 19, 20 StGB.

Das Strafgesetzbuch kennt neben den unterschiedlichen Arten der Täterschaft (Alleintäter, Mittäter, mittelbarer Täter) zwei **Beteiligungsformen** an einer Straftat: **Anstiftung** (§ 26 StGB) und **Beihilfe** (§ 27 StGB). **Anstiften** bedeutet, einen anderen vorsätzlich zur Begehung einer Straftat zu bestimmen. Zur Steuerhinterziehung stiftet z.B. der Steuerberater an, der seinem Mandanten rät, größere Kapitalerträge in der Einkommensteuererklärung nicht anzugeben. Der Anstifter wird wie der Täter bestraft. **Beihilfe** leistet, wer eine fremde Straftat durch Hilfestellung vorsätzlich fördert. Der Beihilfe zur Steuerhinterziehung schuldig macht sich der Steuerberater, der auf Bitten seines Mandanten Abschlüsse fertigt, die zur Steuerverkürzung führen. Die Strafe des Gehilfen ist im Vergleich zu der des Täters zu mildern.

II. Von den in § 369 Abs. 1 AO genannten **vier Steuerstraftaten** ist praktisch nur die **Steuerhinterziehung** gemäß § 370 AO bedeutsam. Der **objektive Tatbestand** der Steuerhinterziehung liegt vor, wenn Steuern **verkürzt oder nicht gerechtfertigte Steuervorteile erlangt** werden. Steuern sind gemäß § 370 Abs. 4 AO verkürzt, wenn sie nicht, nicht in voller Höhe oder nicht rechtzeitig festgesetzt werden. Zu den Steuervorteilen gehören z.B. Erstattungen, Abschreibungen, der Erlass, die Stundung oder die Aussetzung der Vollziehung. Die Steuerhinterziehung wird im Wesentlichen durch zwei der in § 370 Abs. 1 AO genannten Begehungsformen bewirkt: **durch pflichtwidriges Verschweigen** von steuerlich erheblichen Tatsachen, z.B. Zinseinkünften oder Nebeneinnahmen für Nachhilfe eines Lehrers, und **durch unrichtige oder unvollständige Angaben** über steuerlich erhebliche Tatsachen, beispielsweise die Angabe nur eines Teils der Zinseinkünfte oder der Nebeneinnahmen.

Steuerhinterziehung kann durch **pflichtwidriges Unterlassen** (§ 13 StGB) **oder** durch **Tätigwerden** begangen werden. Wer es unterlässt, sein Gewerbe dem Finanzamt anzuzeigen und auch keine Steuererklärung abgibt, erfüllt den objektiven Tatbestand der Steuerhinterziehung, da die Steuern nicht rechtzeitig festgesetzt werden können. Wer in seiner Einkommensteuererklärung höhere Werbungskosten gemäß § 9 Abs. 1 S. 3 Nr. 4 EStG (Fahrten mit dem Pkw von und zur Arbeitsstätte) geltend macht, obgleich er in Wirklichkeit weniger Kilometer zurückgelegt hat, hat den objektiven Tatbestand des § 370 AO durch aktives Handeln erfüllt.

III. Der **subjektive Tatbestand** setzt **vorsätzliches Verhalten** voraus. Bei der Steuerhinterziehung gemäß § 370 AO muss sich der Vorsatz auf die Steuerverkürzung bzw. das Erlangen ungerechtfertigter Steuervorteile beziehen.

IV. Die Steuerhinterziehung wird als **kriminelles Vergehen** (§ 12 Abs. 2 StGB) mit Freiheitsstrafe bis zu 5 Jahren oder mit Geldstrafe bis zu 21,6 Mio. Euro (§ 370 Abs. 1 AO i.V.m. § 40 StGB) geahndet. Gemäß § 370 Abs. 3 AO ist in besonders schweren Fällen eine Freiheitsstrafe bis zu 10 Jahren möglich. Ein besonders schwerer Fall liegt u.a. in der Regel vor, wenn der Täter in großem Ausmaß Steuern verkürzt oder nicht gerechtfertigte Steuervorteile erlangt (§ 370 Abs. 3 S. 2 Nr. 1 AO). Nach dem Grundsatzurteil des BGH vom 2.12.2008 (BGHSt 53, 71) bestimmt sich der Begriff des großen Ausmaßes rein objektiv. Danach ist er ab einem Betrag von 50.000 Euro erfüllt, wenn der Täter ungerechtfertigte Zahlungen vom Finanzamt erlangt. Liegt dagegen eine bloße Gefährdung des Steueranspruchs vor, beispielsweise weil der Steuerpflichtige das Finanzamt lediglich über steuererhebliche Tatsachen in Unkenntnis lässt, ist von einer Grenze von 100.000 Euro auszugehen. Schließlich führt der Senat aus, dass bei einem sechsstelligen Hinterziehungsbetrag eine Geldstrafe und bei Hinterziehungsbeträgen in Millionenhöhe eine aussetzungsfähige Freiheitsstrafe nur noch bei Vorliegen besonderer gewichtiger Milderungsgründe in Betracht kommen. Als weiteres Regelbeispiel ist § 370 Abs. 3 S. 2 Nr. 5 AO zu nennen, welcher voraussetzt, dass der Täter als Mitglied einer Bande, die sich zur fortgesetzten Begehung von Steuerhinterziehungen verbunden hat, Umsatz- oder Verbrauchssteuern verkürzt oder nicht gerechtfertigte Umsatz- oder Verbrauchssteuervorteile erlangt. Diese Vorschrift knüpft inhaltlich an die zum 1.1.2008 aufgehobene Vorschrift des § 370a AO an, welche wegen mangelnder inhaltlicher Bestimmtheit erheblichen verfassungsrechtlichen Zweifeln ausgesetzt war.

V. Der **Versuch** der **Steuerhinterziehung** ist ebenfalls gemäß § 370 Abs. 2 AO **strafbar**. Eine Straftat versucht, wer nach seiner Vorstellung von der Tat zur Verwirklichung des Tatbestandes unmittelbar ansetzt, § 22 StGB. Eine versuchte Steuerhinterziehung liegt z.B. vor, wenn das Finanzamt die vorsätzlich bewirkte falsche Angabe in der Steuererklärung entdeckt und es deshalb nicht zu Steuerverkürzungen kommt.

VI. Nach § 371 AO ist trotz vollendeter oder versuchter Steuerhinterziehung **Straffreiheit** vorgesehen, wenn der Täter **Selbstanzeige** erstattet. Mit dieser Norm soll für die an einer Steuerhinterziehung Beteiligten ein Anreiz zur freiwilligen Entrichtung hinterzogener Steuern geschaffen werden. Eine strafbefreiende Selbstanzeige setzt gemäß § 371 AO voraus, dass

- eine Berichtigungserklärung abgegeben wird,
- die Nachzahlung fristgerecht entrichtet wird und
- die Tat weder entdeckt war, noch die Entdeckung drohte.

Bei einer Außenprüfung ist eine Selbstanzeige anders als früher nur noch bis zu dem Moment möglich, in dem die Prüfungsanordnung nach § 196 AO bekannt gegeben worden ist und nicht mehr bis zum tatsächlichen Beginn der Außenprüfung.

B. Steuerordnungswidrigkeiten

Eine **Steuerstraftat** beinhaltet den Vorwurf eines **kriminellen** Vergehens. Durch eine **Ordnungswidrigkeit** wird ein **Verstoß gegen eine Vorschrift des Verwaltungsrechts** (sog. Verwaltungsunrecht) gerügt, z.B. gegen das Straßenverkehrs- oder auch ein Steuergesetz. Die übergreifenden Vorschriften zum Ordnungswidrigkeitenrecht sind im Ordnungswidrigkeitengesetz (OWiG) geregelt. Die strafbare Handlung wird durch einen **Richter mit Geld- oder Freiheitsstrafe** geahndet, Ordnungswidrigkeiten hingegen durch **Geldbußen**, die von den **Verwaltungsbehörden** ausgesprochen werden. Gegen den Bußgeldbescheid kann der Betroffene **Einspruch** einlegen, über den das **Amtsgericht** gemäß §§ 67 ff. OWiG entscheidet.

Die praktisch bedeutsamsten Steuerordnungswidrigkeiten sind:

I. die **leichtfertige Steuerverkürzung** gemäß § 378 AO. Der **objektive Tatbestand** der leichtfertigen Steuerverkürzung stimmt mit dem der **Steuerhinterziehung** gemäß § 370 AO **überein**. Der **subjektive Tatbestand** fordert **leichtfertiges**, d. h. **grob fahrlässiges** Handeln. Der objektive Tatbestand der Steuerhinterziehung darf nicht vorsätzlich gewollt, sondern muss durch grobe Fahrlässigkeit eingetreten sein. In der Praxis wird oftmals dann, wenn der **Vorsatz** einer kriminellen Steuerhinterziehung **nicht nachgewiesen** werden kann, das Verhalten des Steuerpflichtigen mit einer Geldbuße gemäß § 378 AO geahndet;

II. die **Steuergefährdung** gemäß § 379 AO. Eine Steuergefährdung begeht, wer unrichtige Belege ausstellt oder Falschbuchungen vornimmt. Wer beispielsweise einen Roman kauft, den Händler aber zwecks Werbungskostenabzug bittet, auf der Rechnung ein Lehrbuch auszuweisen, erfüllt mit dem Händler den Tatbestand der vorsätzlichen Steuergefährdung. Wenn es durch die Verwendung der Rechnung zu einer Steuerverkürzung kommt, ist der Käufer wegen Steuerhinterziehung, der Buchhändler wegen Beihilfe strafbar. Eine Ahndung der Steuergefährdung als Ordnungswidrigkeit entfällt;

III. die **Gefährdung von Abzugsteuern**, § 380 AO. Wer seine Verpflichtung, Lohn- oder Kapitalertragsteuern einzubehalten und abzuführen, nicht ordnungsgemäß erfüllt, kann mit einer Geldbuße bis zu 25.000 Euro belegt werden.

IV. Ebenso handelt nach § 26b UStG ordnungswidrig, wer die in einer Rechnung ausgewiesene Umsatzsteuer zu den jeweiligen Fälligkeitszeitpunkten nicht oder nicht vollständig entrichtet. Die Ordnungswidrigkeit kann mit einer Geldbuße bis zu 50.000 Euro geahndet werden.

Dritter Teil
Einzelsteuerrecht

Erster Abschnitt
Personensteuern

A. Einkommensteuer

I. Allgemeine Charakteristik

1. Die **Einkommensteuer** gilt sowohl nach ihrem Aufkommen als auch wegen ihrer finanzpolitischen Bedeutung als **„Königin der Steuern"**. Sie knüpft an die **natürliche Person** (Steuersubjekt) an. Erfasst werden soll die **wirtschaftliche Leistungsfähigkeit** des Einzelnen, die sich in seinem am Markt erzielten Einkommen (Steuerobjekt) ausdrückt. Hierbei werden auch die persönlichen Verhältnisse berücksichtigt.

Die Erfassung der wirtschaftlichen Leistungsfähigkeit **juristischer Personen** ist in einem besonderen Gesetz, dem Körperschaftsteuergesetz, geregelt. Neben ihrer Veranlagung wird die Einkommensteuer steuertechnisch auch in Form der Lohnsteuer und der Kapitalertragsteuer erhoben.

Vorläufer der modernen Einkommensbesteuerung sind die 1799 in England eingeführte „income and property tax" sowie die preußische „Klassensteuer" von 1851. Erste Elemente des gegenwärtigen Einkommensteuersystems enthielt die preußische Einkommensteuer von 1891. Sie erfasste nur Einkünfte, die regelmäßig aus einer Quelle flossen (Quellentheorie). Das Reichseinkommensteuergesetz von 1920 erweiterte den Umfang der Einkünfte. Danach waren grundsätzlich alle Vermögenszugänge steuerpflichtig, auch wenn sie nicht regelmäßig entstanden (Reinvermögenszugangstheorie). Das geltende Einkommensteuerrecht baut in seiner Struktur auf dem Gesetz von 1925 auf, in dem verschiedene Einkunftsarten enumerativ das für die Besteuerung relevante Einkommen bildeten.

2. Aus ihrer Eigenart, sich in besonderer Weise als **finanzpolitisches Lenkungsinstrument** (z.B. Steuererleichterungen der Land- und Forstwirtschaft) zu eignen, ergaben sich in der Vergangenheit zahllose Änderungen und Ergänzungen des Gesetzes. Diese gegenwärtig sich eher noch verstärkende Tendenz führt zu einer weitgehenden **Zweckentfremdung** der Einkommensteuer.

II. Persönliche Steuerpflicht

Persönlich einkommensteuerpflichtig sind natürliche Personen, § 1 EStG. Personenvereinigungen, die ertragsteuerlich keine eigene Rechtsfähigkeit besitzen (z.B. Personengesellschaften), sind nicht als solche einkommensteuerpflichtig. Die erzielten

Einkünfte sind von den einzelnen Gesellschaftern zu versteuern (transparente Besteuerung).

Das Einkommensteuergesetz unterscheidet zwischen einer **unbeschränkten** und einer **beschränkten Steuerpflicht**.

1. Natürliche Personen, die ihren **Wohnsitz oder gewöhnlichen Aufenthalt im Inland** haben, sind **unbeschränkt steuerpflichtig**, § 1 Abs. 1 EStG. Ausnahmsweise werden hierzu auch solche deutsche Staatsangehörigen gezählt, die im Ausland leben und im öffentlichen Dienst des Inlandes beschäftigt sind, § 1 Abs. 2 EStG. Ob ein Wohnsitz besteht, richtet sich nach dem Innehaben einer Wohnung, die den tatsächlichen Lebensmittelpunkt darstellen muss, § 8 AO. Fehlt es an einem festen Wohnsitz und hält sich der Steuerpflichtige nicht nur vorübergehend im Inland auf, so liegt ein gewöhnlicher Aufenthalt vor, § 9 AO.

Unbeschränkt Steuerpflichtige unterliegen grundsätzlich mit all ihren Einkünften im Inland der Besteuerung, auch wenn die Einkünfte im Ausland erzielt worden sind (**Welteinkommensprinzip**).

2. Natürliche Personen, die im Inland **weder einen Wohnsitz noch einen gewöhnlichen Aufenthalt** haben, sind **beschränkt steuerpflichtig**, § 1 Abs. 4 EStG. Zu versteuern sind nur die im Inland erzielten Einkünfte, soweit sie die zusätzlichen Voraussetzungen des § 49 EStG erfüllen, also beispielsweise in einer inländischen Betriebsstätte erzielt werden.

3. Um eine Steuerflucht in Niedrigsteuerländer zu vermeiden, ist im Außensteuergesetz die sog. **erweiterte beschränkte Steuerpflicht** geregelt, §§ 2–5 AStG. Voraussetzung ist, dass der Steuerpflichtige als Deutscher innerhalb der letzten zehn Jahre vor seiner Wohnsitzverlegung mindestens fünf Jahre unbeschränkt steuerpflichtig war. Zudem müssen die wesentlichen wirtschaftlichen Interessen im Inland verblieben sein. Durch die erweiterte beschränkte Steuerpflicht werden alle im Inland erzielten Einkünfte erfasst. Sie ist auf 10 Jahre nach Beendigung der unbeschränkten Steuerpflicht begrenzt.

III. Sachliche Steuerpflicht

1. Das Einkommen als Bemessungsgrundlage

a) Der Einkommensteuer unterliegen die natürlichen Personen mit ihrem Einkommen, § 2 EStG. Der **Inhalt des Einkommensbegriffes** ist im Gesetz rein **pragmatisch** festgelegt.

Es sind sowohl Elemente der Quellen- als auch der Reinvermögenszugangstheorie erkennbar. Diese Art, den Umfang des steuerpflichtigen Einkommens zu bestimmen, führt zu Ungereimtheiten. So fordert das Gesetz bei unternehmerischen Einkünften, dass grundsätzlich jeder realisierte Vermögenszuwachs versteuert werden muss (z.B.

beim Verkauf eines Betriebsgrundstücks die Differenz zwischen dem Verkaufs- und dem – gegebenenfalls fortgeführten – Anschaffungspreis). Demgegenüber werden wertmäßige Veränderungen bei anderen Einkünften grundsätzlich nicht erfasst.

b) Das zu versteuernde Einkommen setzt sich aus **sieben Einkunftsarten** zusammen, § 2 Abs. 1 EStG. Einnahmen und Wertveränderungen, die sich nicht einer der sieben Einkunftsarten zuordnen lassen, sind nicht steuerbar und damit nicht steuerpflichtig. Hiervon zu unterscheiden sind die explizit vom Gesetz ausgenommenen steuerfreien Einnahmen, die insbesondere in § 3 EStG geregelt sind.

Als Einkunftsarten nennt das Gesetz, § 2 Abs. 1 EStG:

– Einkünfte aus Land- und Forstwirtschaft;
– Einkünfte aus Gewerbebetrieb;
– Einkünfte aus selbständiger Arbeit;
– Einkünfte aus nichtselbständiger Arbeit;
– Einkünfte aus Kapitalvermögen;
– Einkünfte aus Vermietung und Verpachtung;
– sonstige Einkünfte.

Zu welcher Einkunftsart die Einkünfte jeweils gehören, bestimmt sich nach §§ 13 ff. EStG.

c) Die **Ermittlung** des zu versteuernden Einkommens vollzieht sich **über mehrere Stufen**, auf denen verschiedene Abzugsposten zu berücksichtigen sind.

Als **Gesamtbetrag der Einkünfte** bezeichnet das Gesetz die um den Altersentlastungsbetrag, den Entlastungsbetrag für Alleinerziehende sowie den Abzug nach § 13 Abs. 3 EStG (Freibetrag für Land- und Forstwirte) verminderte **Summe der Einkünfte**, § 2 Abs. 3 EStG. Nach Abzug der Sonderausgaben und der außergewöhnlichen Belastungen ergibt sich das **Einkommen**, § 2 Abs. 4 EStG. Auf der letzten Stufe zum zu **versteuernden Einkommen** werden bestimmte Sonderfreibeträge abgezogen, § 2 Abs. 5 EStG.

d) **Der maßgebliche Zeitraum** für die Besteuerung des erzielten Einkommens ist das Kalenderjahr, §§ 2 Abs. 7, 25 EStG. Hiervon ist auch dann auszugehen, wenn die Steuerpflicht nicht das ganze Jahr bestanden hat. Es gilt das **Jahresabschnittsprinzip**, nach dem nur die das Steuerjahr betreffenden Daten berücksichtigt werden dürfen. Dieser Grundsatz wird allerdings an verschiedenen Stellen des Gesetzes durchbrochen (beispielsweise Verlustvortrag und Verlustrücktrag, § 10d EStG).

2. Die Einkunftsarten

Nach der Ermittlungsart unterscheidet man zwischen **Gewinneinkünften** (Land- und Forstwirtschaft, Gewerbebetrieb, selbständige Arbeit) und **Überschusseinkünften** (nichtselbständige Arbeit, Kapitalvermögen, Vermietung und Verpachtung, sonstige Einkünfte), § 2 Abs. 2 EStG.

a) Die als Gewinn bezeichneten Einkünfte ergeben sich grundsätzlich aus dem Vergleich des betrieblichen End- und Anfangsvermögens eines Wirtschaftsjahres. Bei den übrigen Einkünften wird der Überschuss der Einnahmen (§ 8 Abs. 1 EStG) über die Werbungskosten (§ 9 Abs. 1 EStG) ermittelt, wobei bei den Einkünften aus Kapitalvermögen grundsätzlich gemäß §§ 2 Abs. 2 S. 2, 20 Abs. 9 S. 1 EStG der Sparer-Pauschbetrag in Höhe von 801 Euro als Werbungskosten abzuziehen und ein Abzug der tatsächlich angefallenen Werbungskosten insoweit ausgeschlossen ist. Sowohl Gewinn- als auch Überschusseinkünfte beziehen sich auf **Nettoeinkünfte**. Aufwendungen, die mit der Einkünfteerzielung im Zusammenhang stehen, werden grundsätzlich abgezogen. Der Begriff der Einnahmen ist demgegenüber im Sinne von „Bruttoeinnahmen" zu verstehen, d.h., es wurden noch keine Abzüge vorgenommen.

b) Mit Ausnahme der Einkünfte aus nichtselbständiger Arbeit sind alle **Überschusseinkünfte gegenüber den Gewinneinkünften subsidiär** (Haupt- und Nebeneinkunftsarten). Fallen z.B. Mieterträge im Rahmen eines Gewerbebetriebes an, so liegen Einkünfte aus Gewerbebetrieb vor.

c) Jede einzelne Einkunftsart steht für eine bestimmte Tätigkeit, aufgrund derer der Steuerpflichtige Einnahmen erzielt bzw. zu erzielen beabsichtigt. Nicht alle Einkünfte, die sich einer Einkunftsart zuordnen lassen, sind auch steuerbar. Entbehrt die Tätigkeit langfristig betrachtet der Absicht, positive Erträge zu erzielen, so liegen **Einkünfte aus Hobby und Liebhaberei** vor, die **einkommensteuerlich unbeachtlich** sind.

Wem Einkünfte zuzurechnen sind, bestimmt sich danach, wer die Tatbestandsmerkmale der jeweiligen Einkunftsart in seiner Person erfüllt.

Obgleich das Gesetz nur positive Größen (Gewinn, Überschuss, § 2 Abs. 2 EStG) erwähnt, kann sich bei jeder Einkunftsart auch ein Verlust ergeben.

d) Die Einkünfte sind genau den jeweiligen Einkunftsarten zuzurechnen. Der Hauptgrund hierfür liegt in den unterschiedlichen Ermittlungsarten und den damit verbundenen Belastungsfolgen (z.B. Gewerbesteuer bei den gewerblichen Einkünften). Des Weiteren ist die richtige Zuordnung deshalb bedeutsam, weil:

- unterschiedliche Freibeträge und Freigrenzen bestehen;
- unterschiedliche Möglichkeiten der Verrechnung von Verlusten bestehen;
- andere Steuern an bestimmte Einkünfte anknüpfen (etwa Gewerbesteuer);
- die fehlende Möglichkeit der Zuordnung die Steuerbarkeit ausschließt.

3. Der Umfang der einzelnen Einkunftsarten gem. §§ 13–24 EStG

a) Einkünfte aus Land- und Forstwirtschaft (§§ 13–14a EStG)

Land- und Forstwirtschaft ist die planmäßige Nutzung der natürlichen Kräfte des Bodens und die Verwertung der dadurch gewonnenen Erzeugnisse. Die wirtschaftliche Betätigung muss im Rahmen eines der nachfolgenden Betriebe erfolgen, § 13 Abs. 1 EStG:

- Landwirtschaft;
- Forstwirtschaft;
- Wein-, Garten-, Obst-, Gemüsebau;
- Baumschulen;
- Gewinnung von Pflanzen und Pflanzenteilen mit Hilfe der Naturkräfte;
- nichtgewerbliche Tierzucht und Tierhaltung;
- Binnenfischerei, Teichwirtschaft, Fischzucht, Imkerei, Wanderschäferei;
- Jagd, wenn sie mit Land- und Forstwirtschaft im Zusammenhang steht.

Einkünfte aus landwirtschaftlicher Tierzucht und Tierhaltung liegen nur vor, wenn ein bestimmtes Maß an Tierbestand nicht überschritten wird, § 13 Abs. 1 Nr. 1 EStG. Ansonsten führt die Tätigkeit zu gewerblichen Einkünften.

Des Weiteren umfasst diese Einkunftsart auch:

- Einkünfte aus einem Nebenbetrieb, wenn dieser dazu bestimmt ist, dem land- und forstwirtschaftlichen Hauptbetrieb zu dienen, z.B. Sägewerk, § 13 Abs. 2 Nr. 1 EStG;
- in Übergangsfällen den Nutzungswert der Wohnung des Land- und Forstwirts, § 13 Abs. 2 Nr. 2, Abs. 4 EStG;
- die Produktionsaufgaberente nach dem Gesetz zur Förderung der Einstellung der landwirtschaftlichen Erwerbstätigkeit, § 13 Abs. 2 Nr. 3 EStG;
- Gewinne aus der Veräußerung eines land- und forstwirtschaftlichen Betriebes oder Teilbetriebes, § 14 EStG (zu Vergünstigungen siehe § 14a EStG).

Zur Besteuerung werden Einkünfte aus Land- und Forstwirtschaft nur herangezogen, soweit sie den Betrag von 670 Euro (1.340 Euro bei Zusammenveranlagung) übersteigen, § 13 Abs. 3 EStG.

b) Einkünfte aus Gewerbebetrieb (§§ 15-17 EStG)

Als **Gewerbebetrieb** gilt „eine selbständige nachhaltige Betätigung, die mit der Absicht, Gewinn zu erzielen, unternommen wird und sich als Betätigung am allgemeinen wirtschaftlichen Verkehr darstellt", § 15 Abs. 2 EStG.

Die Erzielung von Einkünften aus Gewerbebetrieb setzt demnach voraus:

- eine **selbständige Betätigung**, d.h. ein Handeln auf eigene Gefahr und Rechnung;
- **Nachhaltigkeit**, d.h., es muss eine Wiederholungsabsicht vorliegen;
- **Gewinnerzielungsabsicht**, d.h., es muss eine Mehrung des Betriebsvermögens (= Gewinn) angestrebt werden. Die Absicht, Steuerersparnisse zu erzielen, reicht nicht aus;
- **Teilnahme am allgemeinen wirtschaftlichen Verkehr**, d.h., die betrieblichen Leistungen müssen der Allgemeinheit gegen Entgelt angeboten werden;
- **keine** Zuordnung zu den **Einkünften aus Land- und Forstwirtschaft**;
- **keine** Zuordnung zu den **Einkünften aus selbständiger Arbeit** und
- **kein** Vorliegen einer **privaten Vermögensverwaltung**.

Das Gesetz unterscheidet bestimmte Gruppen gewerblicher Einkünfte:

- Einkünfte aus gewerblichen Unternehmen (Einzelunternehmen wie z.B. Handwerksbetriebe), § 15 Abs. 1 S. 1 Nr. 1 EStG;
- Gewinnanteile und Sondervergütungen der Mitunternehmer von Personengemeinschaften (z.B. OHG, KG, Erbengemeinschaft), § 15 Abs. 1 S. 1 Nr. 2 EStG;
- Gewinnanteile und Sondervergütungen der persönlich haftenden Gesellschafter von Kommanditgesellschaften auf Aktien (KGaA), § 15 Abs. 1 S. 1 Nr. 3 EStG;
- Gewinne aus der Veräußerung eines gewerblichen Betriebes oder Teilbetriebes, § 16 Abs. 1 S. 1 Nr. 1 EStG;
- Gewinne aus der Veräußerung eines Mitunternehmeranteils, § 16 Abs. 1 S. 1 Nr. 2 EStG;
- Gewinne aus der Veräußerung einer wesentlichen Beteiligung an Kapitalgesellschaften, § 17 EStG: Veräußerung von Anteilen an Kapitalgesellschaften, wenn innerhalb der letzten fünf Jahre eine Beteiligung am Kapital der Gesellschaft von mindestens 1% bestand.

Als **Mitunternehmer** gilt derjenige, der **unternehmerisches Risiko** trägt und **Unternehmerinitiative** entfalten kann. Die Beurteilung muss sich am Gesamtbild der wirtschaftlichen Verhältnisse ausrichten (BFH, BStBl. II 1984, 751). Eine stille Beteiligung (§ 230 HGB) kann bei entsprechender Vertragsgestaltung von einer reinen Kapitalbeteiligung (= Einkünfte aus Kapitalvermögen) in eine Mitunternehmerschaft umschlagen.

Sondervergütungen an die Mitunternehmer (z.B. Mietzins für eine an die Gesellschaft überlassene Lagerhalle) liegen vor, wenn die zahlungsbegründende Leistungsbeziehung **durch das Gesellschaftsverhältnis veranlasst** ist. Andernfalls liegen Einkünfte nichtgewerblicher Art vor. Der Mitunternehmer soll steuerlich dem Einzelunternehmer gleichgestellt sein.

Bedeutsam ist die **Mitunternehmerschaft bei Familiengesellschaften**. Denn hier sollen in der Regel die erzielten Einkünfte auf mehrere Familienmitglieder verteilt werden. Damit wird der Zugriff des progressiven Einkommensteuertarifs vermieden oder gemildert. Gleichzeitig können durch die Gewinnverteilung vorzeitig Vermögenswerte übertragen werden, um einer späteren Erbschaftsteuerpflicht zu entgehen.

Eine **Kommanditgesellschaft auf Aktien** ist eine Kapitalgesellschaft und damit körperschaftsteuerpflichtig, § 1 KStG. Grundsätzlich führen Gewinne aus einer Kapitalgesellschaft beim Anteilseigner zu Einkünften aus Kapitalvermögen, § 20 EStG. Gewinne, die nicht auf den Anteilsbesitz entfallen, sowie bestimmte Sondervergütungen, sind beim **Komplementär** einer KGaA aber **Einkünfte aus Gewerbebetrieb**, § 15 Abs. 1 S. 1 Nr. 3 EStG. Er wird insoweit wie ein Mitunternehmer behandelt.

Wird lediglich Vermögen verwaltet (z.B. Errichtung zahlreicher Gebäude, um diese später zu vermieten), so führt diese Tätigkeit nicht zu Einkünften aus Gewerbebetrieb. Erst wenn die Fruchtziehung aus dem Vermögen (= Verwalten) sich zu einer Umschichtung desselben wandelt, liegt ein Gewerbebetrieb vor (BFH, BStBl. II 1984, 751,

762). Werden Vermögensgegenstände (z.B. Grundstücke) im Rahmen einer **Betriebsaufspaltung** verpachtet, so liegt nach der Rechtsprechung des Bundesfinanzhofs keine Vermögensverwaltung, sondern eine **gewerbliche Tätigkeit** vor (BFH, BStBl. II 1972, 63; BStBl. II 1989, 455).

Eine Personengesellschaft besonderer Art ist die **GmbH & Co. KG**. Bei ihr wird die Funktion des persönlich haftenden Gesellschafters von einer GmbH übernommen. Die Anteilseigner der GmbH sind regelmäßig auch Kommanditisten der KG. Nach früherer Rechtsprechung galt, dass die Tätigkeit der KG stets eine gewerbliche war, da sie durch die GmbH (sie ist kraft Gesetz immer gewerblich tätig, § 8 Abs. 2 KStG) geprägt sei. Die damit verbundene Konsequenz, dass die Kommanditisten Einkünfte aus Gewerbebetrieb erzielen, haben sog. **Verlustzuweisungsgesellschaften** genutzt. Indem diese möglichst hohe Verlustergebnisse anstrebten, hatten die Kommanditisten negative Einkünfte aus Gewerbebetrieb, die sie zum Ausgleich anderer positiver Einkünfte verwenden konnten. Nach der Aufgabe dieser sog. Geprägerechtsprechung (BFH, BStBl. II 1984, 751) erzielte eine vermögensverwaltende GmbH & Co. KG **keine gewerblichen Einkünfte mehr**. Der Gesetzgeber hat demgegenüber diese Rechtsauffassung nicht akzeptiert. Vielmehr hat er die Geprägerechtsprechung ausdrücklich in § 15 Abs. 3 S. 1 Nr. 2 EStG festgeschrieben. § 2b EStG, welcher die Möglichkeit, den aus der Beteiligung an Verlustzuweisungsgesellschaften und ähnlichen Modellen erzielten Verlust mit anderen positiven Einkünften zu verrechnen stark eingeschränkt hat, wurde durch Artikel 1 des Gesetzes zur Beschränkung der Verlustverrechnung vom 22.12.2005 (BGBl. I 2005, 3683) aufgehoben. Nunmehr enthält § 15b EStG ein Verlustverrechnungsverbot bei bestimmten Steuerstundungsmodellen. Demnach können Verluste nur noch mit zukünftigen Gewinnen aus derselben Einkunftsquelle verrechnet werden, § 15b Abs. 1 S. 2 EStG. Ein weiteres Verlustverrechnungsverbot enthält § 15a EStG bei Kommanditgesellschaften.

Bei den Veräußerungsgewinnen nach § 16 EStG handelt es sich um außerordentliche Einkünfte, § 34 Abs. 2 EStG. Sie sind doppelt begünstigt: Neben einem altersbedingten Freibetrag (§ 16 Abs. 4 EStG) kommt der halbe durchschnittliche Steuersatz des § 34 Abs. 1 EStG zur Anwendung.

Für die Veräußerung einer Beteiligung an einer Kapitalgesellschaft i.S.d. § 17 EStG gilt folgendes: 40% des Veräußerungspreises werden von der Besteuerung explizit ausgenommen (§ 3 Nr. 40 EStG), wobei im Gegenzug nur 60% der mit der Veräußerung zusammenhängenden Ausgaben gewinnmindernd geltend gemacht werden können (§ 3c Abs. 2 EStG).

c) **Einkünfte aus selbständiger Arbeit (§ 18 EStG)**

Einkünfte aus selbständiger Arbeit sind, § 18 EStG:

- Einkünfte aus freiberuflicher Tätigkeit (z.B. Ärzte, Anwälte, Architekten), § 18 Abs. 1 Nr. 1 EStG;
- Einkünfte der Einnehmer einer staatlichen Lotterie, soweit sie nicht gewerbliche Einkünfte darstellen, § 18 Abs. 1 Nr. 2 EStG;

- Einkünfte aus sonstiger selbständiger Arbeit (z.B. Aufsichtsrat-, Treuhändertätigkeit), § 18 Abs. 1 Nr. 3 EStG;
- Einkünfte aus Wagniskapitalgesellschaften (z. B. Private Equity Fonds), § 18 Abs. 1 Nr. 4 EStG
- Gewinne aus der Veräußerung des Vermögens oder eines Teils davon, das der selbständigen Arbeit dient, § 18 Abs. 3 EStG.

Zum Bereich der freiberuflichen Tätigkeit zählen, § 18 Abs. 1 Nr. 1 EStG:

- die selbständig ausgeübten wissenschaftlichen, künstlerischen, schriftstellerischen, unterrichtenden oder erzieherischen Tätigkeiten;
- die im Gesetz genannten Katalogberufe;
- die den Katalogberufen ähnlichen Berufe.

Im Gegensatz zum Gewerbebetrieb ist die selbständige Tätigkeit im Gesetz nicht definiert. Eine Abgrenzung zu den Einkünften aus Gewerbebetrieb liegt in der leitenden und eigenverantwortlichen Tätigkeit des Freiberuflers (BFH, BStBl. II 1988, 782; zum Begriff der ähnlichen Berufe BFHE 158, 413; BFH/NV 2011, 1133).

Auch im Bereich des § 18 EStG gelten die Grundsätze über die Mitunternehmerschaft, § 18 Abs. 4 S. 2 EStG.

d) Einkünfte aus nichtselbständiger Arbeit (§ 19 EStG)

Einkünfte aus nichtselbständiger Arbeit erzielen nur Arbeitnehmer. **Arbeitnehmer** sind Personen, die aus einem **bestehenden oder früheren Dienstverhältnis** (privater oder öffentlich-rechtlicher Natur) **Arbeitslohn** beziehen.

Der **Arbeitslohn** kann in Gehältern, Löhnen, Gratifikationen, Wartegeldern, Ruhegeldern, Witwen- und Waisengeldern sowie anderen Bezügen und Vorteilen bestehen, § 19 Abs. 1 EStG. Bezüge anderer Art sind Sachbezüge, wie z.B. die Überlassung eines Pkw für den Privatgebrauch, freie Kost und Logis, Haustrunk. Die Bezüge können **laufend oder einmalig** erfolgen und es muss **kein Rechtsanspruch** darauf bestehen (§ 19 Abs. 1 S. 2 EStG).

Ausnahmen von der Steuerpflicht gibt es z.B. für Wehrsold, Abfindungen, Heirats- und Geburtshilfen, § 3 EStG. Keinen Arbeitslohn stellen sog. Annehmlichkeiten (z.B. Betriebsausflug) dar, wenn sie im eigenen betrieblichen Interesse des Arbeitgebers geleistet werden und das Dienstverhältnis als solches nicht berührt wird (BFH, BStBl. II 1985, 532). Nicht als Annehmlichkeiten gelten solche Zuwendungen und Vorteile, die als Gegenleistung für das Zurverfügungstellen der individuellen Arbeitskraft des Arbeitnehmers zu sehen sind, wie etwa Weihnachtsgratifikationen. Renten aus der gesetzlichen Sozialversicherung sind kein Arbeitslohn, denn sie werden nicht vom Arbeitgeber geleistet; sie fallen jedoch unter § 22 Nr. 1 EStG.

Charakteristisch für ein **Dienstverhältnis** ist das **Überordnungsverhältnis** zwischen Beschäftigtem und Arbeitgeber. Ein Merkmal hierfür ist, dass der Beschäftigte an die

Weisungen des Vorgesetzten gebunden ist (vor allem hinsichtlich der Arbeitszeit, des Arbeitsortes und der zu verrichtenden Tätigkeit). Auch wenn ein Arbeitnehmer seine Tätigkeit weitgehend selbst bestimmen kann (z.B. Universitätsprofessor), so ist er dennoch unselbständig tätig, da diese Freiheiten auf dem Willen des Arbeitgebers beruhen (RFH, RStBl. 1935, 1306).

Ein Arbeitnehmer ist kein Unternehmer, da er weder unternehmerisches Risiko noch Verantwortung nach außen hin trägt.

Bei **Einkünften aus nichtselbständiger Arbeit** wird die Einkommensteuer in der Form der **Lohnsteuer** durch den Arbeitgeber bereits vom Arbeitslohn einbehalten und an das Finanzamt abgeführt.

e) Einkünfte aus Kapitalvermögen (§ 20 EStG)

Im Gegensatz zu den vorstehenden Erwerbseinkünften handelt es sich hier um Vermögenseinkünfte. Es sollen Erträge erfasst werden, die aus der **Überlassung von Kapitalvermögen** stammen. Wertveränderungen des Vermögensstammes (z.B. gestiegener Kurswert einer Aktie) sind bei dieser Einkunftsart nur dann beachtlich, wenn es zu einer Veräußerung des Vermögensstammes kommt. Die Einkunftsart ist gemäß § 20 Abs. 8 EStG grundsätzlich **subsidiär** zu Einkünften aus Land- und Forstwirtschaft, aus Gewerbebetrieb, aus selbständiger Arbeit und aus Vermietung und Verpachtung, so dass Erträge aus einem überlassenen Geldvermögen, die im Rahmen einer dieser Einkunftsarten anfallen, vorrangig diesen zugerechnet werde.

Die Einkünfte aus Kapitalvermögen sind grundsätzlich in folgende Gruppen einteilbar:

- Erträge aus Beteiligungen an Kapitalgesellschaften sowie Erwerbs- und Wirtschaftsgenossenschaften (z.B. Dividenden); hierbei sind neben den offenen Gewinnanteilen (z.B. Dividenden) auch etwaige **verdeckte Gewinnausschüttungen** (z.B. überhöhtes Gehalt eines Gesellschafter-Geschäftsführers) zu versteuern, § 20 Abs. 1 Nr. 1 S. 2 EStG.
- Erträge aus typischen stillen Beteiligungen und Beteiligungsdarlehen;
- Erträge aus sonstigen Kapitalforderungen (z.B. Zinsen aus Anleihen oder Hypotheken).

Mit der Einführung der Abgeltungssteuer für Kapitalerträge hat der Gesetzgeber gemäß § 20 Abs. 2 EStG die Steuerpflicht auf alle Einkünfte aus der Veräußerung von Kapitalanlagen erweitert, mit denen laufende Erträge (i.S.d. § 20 Abs. 1 EStG) erwirtschaftet werden oder die sonstige Kapitaleinkünfte i.S.d. § 20 Abs. 1 EStG generieren. Steuerlicher Anknüpfungspunkt für diese Einkünfte ist der Veräußerungsgewinn i.S.d. § 20 Abs. 2 S. 1 Nr. 1–8 EStG. Die Einlösung, Rückzahlung, Abtretung von Forderungen oder die verdeckte Einlage in eine Kapitalgesellschaft gelten dabei ebenfalls als Veräußerung gemäß § 20 Abs. 2 S. 2 EStG.

Die Besteuerung von Einkünften aus Kapitalvermögen wurde mit dem Unternehmensteuerreformgesetz 2008 vom 14.8.2007 (BGBl. I 1912) auf eine Abgeltungsbesteuerung und ein Teileinkünfteverfahren umgestellt, mit dem das zuvor geltende Halbeinkünfteverfahren abgelöst worden ist.

Bei der **Abgeltungsbesteuerung** handelt es sich um eine Erhebungsform der Einkommensteuer. Für Kapitalerträge, die aus solchen Kapitalanlagen stammen, die sich im **Privatvermögen** einer Person befinden, gilt demnach Folgendes: Die Abgeltungsteuer wird an der Quelle – durch den Schuldner der Kapitalerträge oder die kontoführende Stelle (Kapitalertragssteuer, § 43 EStG) – einbehalten und abgeführt, § 44 Abs. 1 S. 3 und 5 EStG. Damit ist die auf die Kapitalerträge entfallende Einkommensteuer abgegolten, § 43 Abs. 5 S. 1 EStG. Eine Veranlagung findet grundsätzlich insoweit nicht statt; etwas anderes gilt nur auf Antrag des Steuerpflichtigen. Die Kapitalertragsteuer beträgt gemäß § 43a Abs. 1 EStG grundsätzlich 25% (ausnahmsweise im Zusammenhang mit Erträgen von Betrieben gewerblicher Art 15%). Bemessungsgrundlage ist nach § 43a Abs. 2 EStG der volle Kapitalertrag, allerdings steht dem Steuerpflichtigen gemäß § 20 Abs. 9 EStG ein Sparerpauschbetrag in Höhe von 801 Euro für Ledige und 1.604 Euro für Verheiratete zu, der gemäß § 44a Abs. 1 EStG durch entsprechende Erteilung eines Freistellungsauftrags an den Schuldner des Steuerabzugs vom Steuerabzug ausgenommen wird.

Bei Kapitaleinkünften aus Kapitalvermögen, das sich im Betriebsvermögen befindet, kommt hingegen das Teileinkünfteverfahren zur Anwendung. Nach § 3 Nr. 40 EStG sind demnach nur 60% der Kapitaleinkünfte steuerpflichtig, im Gegenzug können freilich auch nur 60% der Werbungskosten hierfür geltend gemacht werden, § 3c Abs. 2 EStG.

f) Einkünfte aus Vermietung und Verpachtung (§ 21 EStG)

Die Erträge aus der **entgeltlichen Überlassung von Sachvermögen an andere zur Nutzung** sind Einkünfte aus Vermietung und Verpachtung.

Als Einkünfte gelten:
- die Vermietung und Verpachtung von unbeweglichem Vermögen (z.B. Grundstücke, Gebäude, Erbbaurechte), § 21 Abs. 1 S. 1 Nr. 1 EStG;
- die Vermietung und Verpachtung von Sachinbegriffen (z.B. Praxiseinrichtung eines Freiberuflers), § 21 Abs. 1 S. 1 Nr. 2 EStG;
- die zeitlich begrenzte Überlassung von Rechten (z.B. Lizenzgebühren für ein Patent), § 21 Abs. 1 S. 1 Nr. 3 EStG;
- die Veräußerung von Miet- und Pachtzinsforderungen (z.B. ausstehende Miete beim Verkauf einer Eigentumswohnung), § 21 Abs. 1 S. 1 Nr. 4 EStG.

Werden **einzelne bewegliche Gegenstände** vermietet oder verpachtet, so liegen keine Einkünfte aus Vermietung und Verpachtung vor, sondern solche aus § 22 Nr. 3 EStG.

Abgrenzungsfragen ergeben sich vor allem im Zusammenhang mit den Einkünften aus Gewerbebetrieb. Die **bloße Verwaltung von Vermögen** führt zu **Vermietungs- bzw. Verpachtungseinkünften**, wenn nach dem Gesamtbild der Verhältnisse und der

Verkehrsanschauung nicht die Verwertung, sondern die Nutzung im Vordergrund steht (BFH, BStBl. II 1982, 700). So liegen gewerbliche Einkünfte vor, wenn wiederholt Grundstücke verkauft werden, die bereits in der Absicht erworben wurden, sie wieder zu veräußern.

Auch bei dieser Einkunftsart gilt das **Prinzip der Subsidiarität** gegenüber den Haupteinkunftsarten, § 21 Abs. 3 EStG.

g) Sonstige Einkünfte (§§ 22, 23 EStG)

Unter „sonstigen Einkünften" werden nur **ganz bestimmte Einkunftsarten** erfasst, **keineswegs alle sonst möglichen**, die sich nicht unter die Einkunftsarten 1–6 einordnen lassen.

Erschöpfend sind in §§ 22, 23 EStG folgende weitere Einkunftsarten aufgezählt:

- Einkünfte aus wiederkehrenden Bezügen (z.B. Leibrenten oder Lebensversicherungen), § 22 Nr. 1 EStG;
- Einkünfte aus Unterhaltsleistungen des geschiedenen oder getrennt lebenden Ehegatten, soweit sie nach § 10 Abs. 1 S. 1 EStG vom Geber abgezogen werden können, § 22 Nr. 1a EStG;
- Einkünfte aus Spekulationsgeschäften (z.B. An- und Verkauf von Grundstücken innerhalb von 10 Jahren), §§ 22 Nr. 2, 23 EStG;
- Einkünfte aus sonstigen Leistungen (z.B. Vermietung beweglicher Gegenstände), § 22 Nr. 3 EStG;
- Abgeordnetenbezüge (nicht aber die sog. Aufwandsentschädigungen), § 22 Nr. 4 EStG;
- Leistungen aus Altersvorsorgeverträgen (sog. Riester-Rente), § 22 Nr. 5 EStG.

Beamtenpensionen wurden traditionell in vollem Umfang besteuert, Renten aus der gesetzlichen Rentenversicherung hingegen waren bis zum 31.12.2004 nur in Höhe des sog. Ertragsanteils einkommensteuerpflichtig. Das Bundesverfassungsgericht hat hierzu entschieden (BVerfGE 105, 73), dass die unterschiedliche Besteuerung der gesetzlichen Renten und der Beamtenpensionen mit dem Gleichheitssatz unvereinbar ist. Durch das Alterseinkünftegesetz (BGBl. I 2004, 1427) hat der Gesetzgeber die Besteuerung der Altersversorgungssysteme grundlegend neu geregelt. Nur noch in bestimmten Fällen wird die Ertragsanteilsbesteuerung der Renten vorgenommen, § 22 Nr. 1 S. 3 a) bb) EStG), in den übrigen Fällen (§ 22 Nr. 1 S. 3 a) aa)) EStG) wird das System der **nachgelagerten Besteuerung** angewandt, d.h. die Rentenzahlungen werden besteuert, während die Rentenbeiträge steuerfrei sind. Der Übergang von der vorgelagerten zur nachgelagerten Rentenbesteuerung wird dabei schrittweise vollzogen. Erst im Jahr 2040 soll die nachgelagerte Besteuerung der Renten vollständig erfolgen.

Soweit zwischen geschiedenen oder getrennt lebenden Ehepartnern Einigkeit besteht, kann der Zahlungsverpflichtete seine Unterhaltsleistungen in Höhe von bis zu 13.805 Euro als Sonderausgaben absetzen, § 10 Abs. 1 Nr. 1 EStG. Diese Abzugsmöglichkeit schließt dann eine gleichzeitige Versteuerung des Betrages beim Zahlungsempfänger ein, § 22 Nr. 1a EStG (sog. Realsplitting).

Die Besteuerung von Gewinnen aus privaten Veräußerungsgeschäften ist ebenso wie die von Gewinnen aus der Veräußerung von wesentlichen Anteilen einer Kapitalgesellschaft (§ 17 EStG) sowie aus der Veräußerung von Kapitalanlagen (§ 20 Abs. 2 EStG) eigentlich ein **Fremdkörper** im Einkommensteuerrecht. Gleichwohl unterliegen private Veräußerungsgeschäfte unter den Voraussetzungen des § 23 EStG der Einkommensteuer (nach BVerfGE 26, 302 verfassungsrechtlich unbedenklich). Relevant ist dies etwa bei privaten Grundstücksveräußerungen, sofern der Zeitraum zwischen Anschaffung und Veräußerung weniger als 10 Jahre beträgt.

IV. Ermittlung der Einkünfte

Das Einkommensteuerrecht erfasst die vorstehenden Einkünfte nicht nach einem einheitlichen Prinzip. Vielmehr wird nach einem **dualen System** entweder der **Gewinn oder** aber der **Überschuss von Einnahmen über Werbungskosten** einer Einkunftsart ermittelt.

Der gravierende Unterschied zwischen beiden Ermittlungsarten liegt in der Berücksichtigung des Vermögens, das zur Einkünfteerzielung dient: Bei den Überschusseinkunftsarten sind nur tatsächlich zugeflossene Einnahmen steuerpflichtig, bei den Gewinneinkunftsarten zählen dazu alle wertmäßigen Zu- und Abnahmen des betrieblichen Vermögens (z.B. Veräußerungsgewinn bei einem Betriebs-Pkw im Gegensatz zum Pkw eines Arbeitnehmers).

1. Gewinnermittlung

Der Gewinn kann nach 4 Methoden ermittelt werden:
- Betriebsvermögensvergleich nach § 4 Abs. 1 EStG (Land- und Forstwirte, Gewerbetreibende, Minderkaufleute, selbständig Tätige i.S. von § 18 EStG);
- Betriebsvermögensvergleich nach § 5 EStG (Gewerbetreibende);
- Überschuss der Betriebseinnahmen über die Betriebsausgaben nach § 4 Abs. 3 EStG (selbständig Tätige i.S.d. § 18 EStG, weder nach Handels- oder Steuerrecht buchführungspflichtige Gewerbetreibende und Land- und Forstwirte; Grenzen: Umsatz bis 500 000 Euro, Gewinn bis 50 000 Euro, § 141 AO);
- Durchschnittssätze nach § 13a EStG (Land- und Forstwirte).

Unter welchen Voraussetzungen die jeweilige Gewinnermittlungsart angewendet werden muss, ist im Gesetz festgelegt, §§ 4 ff. EStG

a) Betriebsvermögensvergleich (§ 4 Abs. 1 und § 5 EStG)

aa) Gewinn ist der Unterschied zwischen dem Wert des betrieblichen Vermögens am Schluss und am Anfang eines Wirtschaftsjahres.

Bei der Ermittlung sind die wertsteigernden betrieblichen **Erträge** und die wertmindernden betrieblichen **Aufwendungen zu berücksichtigen**. Betriebsfremde, d.h. privat bedingte Wertveränderungen **(Einlagen und Entnahmen)** sind demgegenüber zu **eliminieren**, § 4 Abs. 1 EStG.

Der **Ausgangspunkt** für den Vergleich der Vermögensbestände ist das Rechenwerk der betrieblichen **Buchführung**. Sie erfasst alle Veränderungen des Betriebsvermögens und bildet somit die Grundlage, zum jeweiligen Stichtag das neue Vermögen festzustellen (Bilanzerstellung).

Als Betriebsvermögen in dem hier zu verstehenden Sinne gilt das **Reinvermögen = Eigenkapital**. In der Bilanz ist das Eigenkapital letztlich die Saldogröße zwischen den Vermögensgegenständen (Aktivseite) und den Schulden (Passivseite).

Nur solche **Geschäftsvorfälle, die das Eigenkapital ändern,** sind im Hinblick auf die Gewinnhöhe **erfolgswirksam** und führen zu Aufwendungen und Erträgen. Geschäftsvorfälle, die lediglich die **Zusammensetzung der Vermögensgegenstände und Schulden** betreffen, sind **erfolgsneutral**.

Ob **Vermögenszugänge und -abgänge** erfolgswirksam sind, ist davon abhängig, dass sie **realisiert** und **betrieblich veranlasst** sind (Betriebseinnahmen und Betriebsausgaben). Nach dem **Realisationsprinzip** ist eine Vermögenszunahme (Gewinn) erfolgswirksam, wenn die dazugehörige **Umsatzleistung** erbracht ist (Übergang der wirtschaftlichen Verfügungsmacht am Verkaufsgegenstand). Demgegenüber ist nach dem **Imparitätsprinzip** eine Vermögensabnahme (Verlust) erfolgswirksam bereits dann zu erfassen, wenn vorhersehbare Risiken drohen, d.h. die Verluste schon verursacht sind (z.B. Kosten eines Gerichtsprozesses). Für die Überschusseinkunftsarten sind diese Prinzipien bedeutungslos, da es sich dort um eine reine Geldflussrechnung handelt.

Bestimmte **Betriebsausgaben** werden trotz ihrer betrieblichen Veranlassung **für die Besteuerung nicht berücksichtigt**. So schränkt der Gesetzgeber die Abzugsfähigkeit beispielsweise insoweit ein, als Geschenke und Bewirtungsaufwendungen nur in angemessenem Rahmen berücksichtigt werden dürfen. Höhere Aufwendungen gelten als unangemessen und werden dem privaten Bereich der Lebensführung zugeordnet, § 4 Abs. 5 EStG. § 4 Abs. 5b EStG bestimmt, dass die Gewerbesteuer (trotz ihrer betrieblichen Veranlassung) keine Betriebsausgabe darstellt. Weiterhin wurde durch § 4h EStG eine Beschränkung der Abzugsfähigkeit von Zinsaufwendungen eingeführt („Zinsschranke").

bb) Bei der Bilanzerstellung ergeben sich schließlich zwei grundlegende Fragen, die die Höhe des Gewinns bestimmen:

– Welche Wirtschaftsgüter sind in der Bilanz anzusetzen (**Bilanzierung**)?
– Mit welchem Wert sind die Wirtschaftsgüter anzusetzen (**Bewertung**)?

Der Unterschied zwischen der Gewinnermittlung nach § 4 Abs. 1 EStG und nach § 5 EStG liegt in der sog. **Maßgeblichkeit der Handelsbilanz für die Steuerbilanz** begründet. Bei Gewerbetreibenden, die zur Buchführung und zum Jahresabschluss gesetzlich verpflichtet sind, bildet die nach den handelsrechtlichen **„Grundsätzen ordnungsmäßiger Buchführung"** erstellte Handelsbilanz die **Grundlage der Steuerbilanz**. Diese Grundsätze sind im Wesentlichen in den §§ 238 ff. HGB geregelt. Eine vollständige Übernahme der handelsrechtlichen Bilanzansätze ist wegen der unterschiedlichen Zielsetzungen beider Bilanzen nicht möglich. Während die Handelsbilanz vorwiegend auf einen Gläubigerschutz abzielt, dient die Steuerbilanz vorwiegend einer steuergerechten Gewinnermittlung. Davon ausgehend können seit 2009 nunmehr steuerrechtliche Wahlrechte auch unabhängig von handelsrechtlichen Vorgaben ausgeübt werden, § 5 Abs. 1 S. 1 EStG. Es ist dann jedoch erforderlich, die abweichenden steuerlichen Ansätze in ein laufendes Verzeichnis aufzunehmen, § 5 Abs. 1 S. 2 und 3 EStG.

Wann ein Wirtschaftsgut überhaupt zu bilanzieren ist, ist danach zu entscheiden, ob es betrieblichen oder privaten Zwecken zu dienen bestimmt ist. Privaten Zwecken dient das **notwendige Privatvermögen**, das in keinem Zusammenhang zum betrieblichen Vermögen steht (z.B. Wohnhaus des Unternehmers). Zum betrieblichen Vermögen (hier nicht als Saldogröße, sondern als Summe aller Vermögensteile und Schulden eines Betriebes) gehören gemäß § 6 Abs. 1 EStG:

- Die Wirtschaftsgüter des **notwendigen Betriebsvermögens** (sie dienen **unmittelbar** dem Betrieb, z.B. Produktionsmaschine);
- die Wirtschaftsgüter des **gewillkürten Betriebsvermögens** (sie dienen **nur mittelbar** dem Betrieb; sie sind nicht unmittelbar erforderlich, z.B. Beteiligungen an anderen Unternehmen).

Die §§ 6 Abs. 2 und 2a EStG ermöglichen dem Steuerpflichtigen bei sog. geringwertigen Wirtschaftsgütern verschiedene Wahlrechte zur Sofortabschreibung bzw. Bildung von Sammelposten, die von der Höhe der jeweiligen Anschaffungs- bzw. Herstellungskosten (150 Euro, 410 Euro, 1.000 Euro) abhängig sind. Grundvoraussetzung ist, dass die Wirtschaftsgüter zum beweglichen Anlagevermögen gehören und einer selbständigen Nutzung fähig sind.

Die **Maßgeblichkeit** der Handelsbilanz wird – neben der bereits erwähnten Möglichkeit der abweichenden Ausübung steuerrechtlicher Wahlrechte – durch **steuerrechtliche** Spezialvorschriften weiter **durchbrochen**, vgl. etwa § 5 Abs. 6 EStG. Besteht beispielsweise bei der **Bilanzierung handelsrechtlich ein Aktivierungswahlrecht**, so gilt in der **Steuerbilanz** grundsätzlich ein **Aktivierungszwang**, gibt es **handelsrechtliche Passivierungswahlrechte**, führt dies grundsätzlich zu einem steuerrechtlichen **Passivierungsverbot** (BFH, BStBl. II 1969, 291). Ferner sind beispielsweise im Bereich der Rückstellungsbildung verschiedene Besonderheiten zu berücksichtigen. Beispielhaft sei hier das Verbot der Bildung einer Rückstellung für drohende Verluste aus schwebenden Geschäften genannt (§ 5 Abs. 4a EStG), die in der Handelsbilanz zwingend anzusetzen ist.

cc) Auch im Rahmen der **Bewertung** sieht das Einkommensteuerrecht zwingende Abweichungen gegenüber der Handelsbilanz vor, §§ 6 ff. EStG.

Als Wertmaßstäbe bei der Bewertung dienen, § 6 EStG:

- Die **Anschaffungskosten** (AK): alle Aufwendungen, die bis zur Gebrauchsfähigkeit im Unternehmen anfallen.
- Die **Herstellungskosten** (HK): alle Aufwendungen, die bei der Erstellung des Wirtschaftsgutes anfallen.
- Der **Teilwert** (TW): Betrag für ein Wirtschaftsgut, den ein Käufer des ganzen Betriebs ansetzen würde, wenn er den Betrieb weiterführte.

Die Wertmaßstäbe sind wie folgt anzuwenden:

- Abnutzbares Anlagevermögen (z.B. Maschinen): AK oder HK ./. Absetzung für Abnutzung (AfA); wahlweise bei voraussichtlich dauernder Wertminderung der niedrigere TW, § 6 Abs. 1 Nr. 1 EStG.
- Nicht abnutzbares Anlagevermögen (z.B. Grundstücke): AK oder HK; wahlweise bei voraussichtlich dauernder Wertminderung der niedrigere TW, § 6 Abs. 1 Nr. 2 EStG.
- Umlaufvermögen (z.B. Warenvorräte): AK oder HK; wahlweise bei voraussichtlich dauernder Wertminderung der niedrigere TW, § 6 Abs. 1 Nr. 2 EStG.
- Verbindlichkeiten (z.B. Darlehensschulden): AK oder höherer TW; in bestimmten Fällen Abzinsung mit 5,5%, § 6 Abs. 1 Nr. 3 EStG.
- Entnahmen (z.B. Warenentnahme für private Zwecke), Einlagen: TW, § 6 Abs. 1 Nr. 4, 5 EStG.

Anlage- und Umlaufvermögen unterscheiden sich dadurch, dass das **Anlagevermögen auf Dauer** dem Geschäftsbetrieb dienen soll, während die Wirtschaftsgüter des **Umlaufvermögens möglichst schnell** umgesetzt werden sollen.

Sog. **geringwertige Wirtschaftsgüter** (bewegliches Anlagevermögen, deren AK/HK nicht über 410 Euro liegen) dürfen sofort als betrieblicher Aufwand verrechnet werden, § 6 Abs. 2 EStG.

Wirtschaftsgüter, die im Unternehmen länger als 1 Jahr genutzt werden und nicht geringwertig im vorstehenden Sinne sind, müssen **abgeschrieben** werden. Dies bedeutet, dass die Anschaffungs- und Herstellungskosten jeweils auf die betriebsgewöhnliche Nutzungsdauer verteilt werden müssen. Für die Aufwandsverteilung sieht das Gesetz folgende Methoden vor, §§ 6 und 7 EStG:

- AfA in gleichen Jahresbeträgen (lineare AfA), § 7 Abs. 1 S. 1 und 2 EStG;
- (die eigentlich abgeschaffte, jedoch für die Jahre 2009 und 2010 zur Ermöglichung von Investitionsanreizen wieder eingeführte) AfA in fallenden Jahresbeträgen (degressive AfA), § 7 Abs. 2 EStG;
- AfA nach Leistungsabgabe (Leistungs-AfA), § 7 Abs. 1 S. 6 EStG;
- Absetzung für außergewöhnliche Abnutzung (AfaA), § 7 Abs. 1 S. 7 EStG (wobei bei späterem Wegfall des Grundes wieder eine Zuschreibung vorgenommen werden muss);

- Absetzung für Substanzverringerung (AfS), § 7 Abs. 6 EStG;
- Abschreibung auf den Teilwert, § 6 Abs. 1 Nr. 1 S. 2 EStG.

§ 7 Abs. 4 und 5 EStG enthalten zudem Sonderregelungen für die Berechnung der Abschreibungen bei Gebäuden. Daneben hat der Gesetzgeber aus wirtschafts- und sozialpolitischen Motiven weitere AfA-Möglichkeiten geschaffen (z.B. für Maßnahmen des Umweltschutzes nach § 7d EStG sowie die Investitionsabzugsbeiträge und Sonderabschreibungen zur Förderung kleiner und mittlerer Betriebe nach § 7g EStG).

b) Überschussrechnung mit Betriebseinnahmen und Betriebsausgaben (§ 4 Abs. 3 EStG)

Bei Inhabern kleinerer Gewerbebetriebe, die keine Bücher führen, und Freiberuflern darf der **Gewinn als Saldo zwischen den Betriebseinnahmen und Betriebsausgaben** errechnet werden.

aa) Diese Gewinnermittlung ist grundsätzlich eine reine Geldrechnung, d.h. **nur die zugeflossenen und abgeflossenen Zahlungsbeträge** werden in die Rechnung einbezogen, § 11 EStG.

bb) Besitzt der Steuerpflichtige Anlagevermögen, so gelten folgende **Ausnahmen**, § 4 Abs. 3 EStG:

- Abnutzbare Wirtschaftsgüter sind wie beim Betriebsvermögensvergleich auf die Nutzungsdauer abzuschreiben;
- nicht abnutzbare Wirtschaftsgüter sind erst im Zeitpunkt ihrer Veräußerung oder Entnahme als Betriebsausgabe zu erfassen.

c) Gewinnermittlung nach Durchschnittssätzen (§ 13a EStG)

Land- und forstwirtschaftliche Betriebe kleineren Umfangs können ihren **Gewinn** dadurch ermitteln, dass sie ihn nur **nach pauschalen Werten** erfassen. Diese setzen sich insbesondere aus dem sog. Grundbetrag, der aus dem Einheitswert nach Bewertungsrecht abgeleitet ist, sowie dem Wert der Arbeitsleistung des Betriebsinhabers und seiner Angehörigen zusammen.

2. Überschussermittlung

Bei den Überschusseinkunftsarten wird der Einkunftsbetrag nicht als Gewinn, sondern als Überschuss der Einnahmen über die Werbungskosten ermittelt, § 2 Abs. 2 S. 1 Nr. 2 EStG.

a) Maßgeblicher Zeitraum ist das Kalenderjahr; zu erfassen sind **nur die zugeflossenen und abgeflossenen Beträge**, § 11 EStG.

b) **Einnahmen** sind alle Güter, die in Geld oder Geldeswert bestehen (z.B. verbilligte Dienstwohnung). Sie müssen dem Steuerpflichtigen im Rahmen seiner Einkunftsart zufließen, § 8 EStG.

c) **Werbungskosten** sind Aufwendungen, die der Erwerbung, Sicherung und Erhaltung dieser Einnahmen dienen, § 9 EStG. Obgleich der Wortlaut dieser Norm auf eine (zweckgerichtete) Verbindung mit Einnahmen abstellt, ist nach der Rechtsprechung – entsprechend dem Begriff der Betriebsausgaben – die (tätigkeitsgerichtete) **Veranlassung maßgebend** (BFH, BStBl. II 1982, 442). Typische Werbungskosten sind Fahrtkosten zwischen Wohnung und Arbeitsstätte, Mehraufwendungen für doppelte Haushaltsführung, Aufwendungen für Arbeitsmittel, § 9 Abs. 1 S. 3 Nrn. 4–6 EStG.

d) Betreffen die geltend gemachten **Werbungskosten gleichzeitig** den Bereich der **privaten Lebensführung** (z.B. Sprachkurs im Ausland), so durften nach bisheriger Rechtsprechung des Bundesfinanzhofs (vgl. nur BFH, BStBl. II 1971, 17; BStBl. II 1992, 90) die Aufwendungen nicht aufgeteilt und steuerlich abgezogen werden, sog. Aufteilungs- und Abzugsverbot für gemischte Aufwendungen. In einer neuen Entscheidung vom 21.4.2010 (BStBl. II 2010, 687) gab der Bundesfinanzhof seine bisherige Rechtsprechung jedoch auf und betonte, dass sich aus der Regelung des § 12 Nr. 1 S. 2 EStG kein allgemeines Aufteilungs- und Abzugsverbot herleiten lasse. Vielmehr seien gemischt veranlasste Aufwendungen aufzuteilen, sofern eine Aufteilung nach objektiven Kriterien möglich ist. Greifen dagegen berufliche und private Veranlassungsbeiträge so ineinander, dass eine Trennung nicht möglich ist, scheide ein Abzug insgesamt aus. Dies gilt nur dann nicht, wenn die private Mitveranlassung völlig unbedeutend ist.

e) Aus Vereinfachungsgründen sieht das Gesetz für jede Einkunftsart einen pauschalen Abzug der Werbungskosten vor, falls keine höheren Beträge nachgewiesen werden (z.B. bei den Einnahmen aus nichtselbständiger Arbeit: 920 Euro, § 9a S. 1 Nr. 1a EStG; ab Veranlagungszeitraum 2011: 1.000 Euro).

V. Ermittlung des steuerpflichtigen Einkommens

1. Werden die vorhandenen Einkunftsbeträge addiert, so kann es sein, dass auch negative Einzelergebnisse vorliegen. Hier tritt der sog. **Verlustausgleich** ein (z.B. Einkünfte aus Gewerbebetrieb: 50.000 Euro, Einkünfte aus Vermietung und Verpachtung: ./. 15.000 Euro = Summe der Einkünfte: 35.000 Euro). Unter dem Verlustausgleich versteht man die Verrechnung von positiven und negativen Einkünften innerhalb eines Kalenderjahres, wobei man zwischen dem horizontalen Verlustausgleich (Saldierung der Ergebnisse innerhalb einer Einkunftsart) und dem vertikalen Verlustausgleich (Saldierung der Ergebnisse von verschiedenen Einkunftsarten, so das Beispiel) unterscheidet. Streng zu unterscheiden ist der Begriff des Verlustausgleichs von dem des Verlustabzuges (vgl. § 10d EStG), welcher eine periodenübergreifende Verrechnung der Ergebnisse aus den einzelnen Veranlagungszeiträumen ermöglicht.

Der in § 2 Abs. 3 EStG geregelte Verlustausgleich wird durch verschiedene Normen des EStG eingeschränkt. Beispielhaft sollen hier nur § 2a Abs. 1 EStG (Beschränkung der Verlustverrechnung bei bestimmten ausländischen Einkünften), § 15a EStG (Verluste eines Kommanditisten mit negativem Kapitalkonto) und § 23 Abs. 3 S. 7 und 8 EStG (Verluste aus privaten Veräußerungsgeschäften) erwähnt werden.

2. Die **Summe der einzelnen Einkunftsbeträge** ist für die tatsächliche Steuerschuld nur eine **Rohgröße**. Hiervon sind neben dem Altersentlastungsbetrag (§ 24a EStG), dem Entlastungsbetrag für Alleinerziehende (§ 24b EStG) und dem Freibetrag für Land- und Forstwirte (§ 13 Abs. 3 EStG) vor allem die Sonderausgaben (§§ 10–10c EStG) und die außergewöhnlichen Belastungen (§§ 33–33b EStG) abzuziehen. In beiden Fällen handelt es sich um Aufwendungen, die eigentlich der Privatsphäre des Steuerpflichtigen zuzuordnen und deshalb steuerlich nicht abzugsfähig sind, § 12 EStG. Soweit es aber um unabwendbare Aufwendungen geht (z.B. Unterhaltsleistungen), mindern sie die steuerliche Leistungsfähigkeit. Durch **Sonderausgaben** werden bestimmte Privataufwendungen berücksichtigt, deren Abzug der Gesetzgeber ausdrücklich zulassen will (z.B. aus wirtschafts- oder sozialpolitischen Gründen). Demgegenüber handelt es sich bei **außergewöhnlichen Belastungen** um unvermeidbare Privataufwendungen, die – in Ergänzung zum steuerlichen Existenzminimum – die steuerliche Leistungsfähigkeit mindern.

3. Was **Sonderausgaben** sind, ist **nicht definiert**, sondern im Gesetz aufgezählt, §§ 10, 10b EStG. Dabei ist zu unterscheiden, ob die Aufwendungen in vollem Umfang oder nur in beschränkter Höhe abgezogen werden dürfen.

a) Als **unbegrenzt abzugsfähig** gelten insbesondere **Renten** und **dauernde Lasten** sowie die gezahlte **Kirchensteuer**. Private Steuerberatungskosten (§ 10 Abs. 1 Nr. 6 EStG a.F.) sind dagegen seit dem Veranlagungszeitraum 2006 nicht mehr als Sonderabgabe abzugsfähig. Werden keine Aufwendungen nachgewiesen, so wird ein **Sonderausgaben-Pauschbetrag** von 36 Euro abgezogen, § 10c Abs. 1 EStG.

b) Auf bestimmte **Höchstbeträge** begrenzt ist dagegen der Abzug von:

- Unterhaltsleistungen an den geschiedenen oder getrennt lebenden Ehegatten, § 10 Abs. 1 Nr. 1 EStG;
- Vorsorgeaufwendungen, § 10 Abs. 1 Nr. 2 EStG;
- eigene Berufsausbildungskosten, § 10 Abs. 1 Nr. 7 EStG;
- 30% des Entgelts für anerkannte Privatschulen, § 10 Abs. 1 Nr. 9 EStG;
- Spenden, § 10b EStG.

aa) Das Gesetz unterscheidet die **Vorsorgeaufwendungen** in Aufwendungen zur Altersvorsorge gemäß § 10 Abs. 1 Nr. 2 EStG und anderen Vorsorgeaufwendungen gemäß § 10 Abs. 1 Nr. 3, 3a EStG. Unter die letztgenannte Vorsorgeaufwendung fallen etwa die Beiträge zur Arbeitslosen-, Erwerbs-, Berufsunfähigkeits-, Kranken-, Pflege-, Unfall- und Haftpflichtversicherungen. Krankenversicherungsbeiträge sind ab dem 1.1.2010 unbeschränkt abzugsfähig, soweit sie einer Basisabsicherung des Steuerpflichtigen dienen, § 10 Abs. 1 Nr. 3a und 3b EStG. § 10 Abs. 4 S. 1 EStG regelt überdies verschiedene Höchstbeträge für die Abzugsfähigkeit von Versorgungsaufwendungen (regelmäßig 2.800 Euro).

bb) Bei Arbeitnehmern wird der höchstmögliche Abzugsbetrag für Vorsorgeaufwendungen mit einem vereinfachten Verfahren als **Vorsorgepauschale** ermittelt,

§ 10c Abs. 2 und 3 EStG. Hierbei brauchen die Aufwendungen nicht nachgewiesen werden.

4. Aufwendungen, die die Privatsphäre betreffen, können steuerlich abzugsfähig sein, wenn sog. **außergewöhnliche Belastungen** vorliegen, §§ 33, 33a und 33b EStG.

a) Tatbestandliche Voraussetzungen für einen Abzug sind **Aufwendungen**, die wegen ihrer **Zwangsläufigkeit** und **Außergewöhnlichkeit** den Steuerpflichtigen **belasten** (z.B. Krankheitskosten). Liegt ein entsprechender Sachverhalt vor, so muss der Steuerpflichtige jedoch einen Teil der Aufwendungen **(zumutbare Belastung)** selbst tragen, § 33 Abs. 3 EStG.

Dem Grunde nach handelt es sich – wie bei den Sonderausgaben – um private Aufwendungen, die wegen ihrer Eigenart steuerlich berücksichtigt werden sollen. Weil sie die steuerliche Leistungsfähigkeit zwangsläufig mindern, stellen sie eine außergewöhnliche Belastung dar. Beispiele hierfür sind Ehescheidungskosten und unmittelbare Krankheitskosten.

b) Da die Umstände einer außergewöhnlichen Belastung sehr verschieden sein können, hat der Gesetzgeber zunächst eine Generalklausel geschaffen, § 33 EStG. Besonders häufig vorkommende Fälle sind demgegenüber in eigenen Rechtsvorschriften geregelt:

- § 33a EStG: Aufwendungen für den Unterhalt und die Berufsausbildung von Kindern;
- § 33b EStG: Pauschbetrag für Behinderte, Hinterbliebene und Pflegepersonen.

Für die besonders geregelten Fälle gelten jeweils Höchst- oder Freibeträge, über die hinaus die Inanspruchnahme der Generalklausel ausgeschlossen ist. In § 32 Abs. 6 EStG wird neben dem Kinderfreibetrag (2.184 Euro, bei Zusammenveranlagung 4.368 Euro) ein zusätzlicher Betreuungs- und Erziehungs- oder Ausbildungsfreibetrag von 1.320 Euro pro Kind (bei Zusammenveranlagung 2.640 Euro) gewährt.

5. Der Grundsatz der Nettoeinkünftebesteuerung und das Jahresabschnittsprinzip kollidieren miteinander, wenn der Gesamtbetrag der Einkünfte eines Jahres negativ ist. Deshalb erlaubt es das Gesetz, einen derartigen Verlust in vorangegangenen **(Verlustrücktrag)** und in nachfolgenden **(Verlustvortrag)** Veranlagungszeiträumen abzuziehen (deshalb Verlustabzug als Oberbegriff), § 10d EStG. Dort tritt infolge der zusätzlichen Aufwandsverrechnung eine Minderung der Steuerlast ein. Jedoch ist ein Verlustausgleich nicht unbegrenzt möglich: So ist der Verlustrücktrag gemäß § 10d Abs. 1 EStG nur auf den unmittelbar vorangegangenen Veranlagungszeitraum möglich und der Höhe nach auf 511.500 Euro (bei Ehegatten: 1.023.000 Euro) begrenzt. Falls ein Rücktrag des Verlustes nicht möglich ist, gewährt § 10d Abs. 2 EStG zwar einen zeitlich unbegrenzten, in der Höhe jedoch begrenzten Verlustvortrag. So können Verluste bis zu einem Sockelbetrag von 1 Mio. Euro (bei Ehegatten: 2 Mio. Euro) voll verrechnet werden, der diesen Sockel übersteigende Teil darf nur zu 60% verrechnet werden (sog. Mindestbesteuerung in Höhe von 40%).

6. Das letztlich für die Anwendung des Steuertarifs maßgebliche **zu versteuernde Einkommen** ergibt sich nach Abzug eines etwaigen Kinder- und Betreuungsfreibetrages (§ 32 Abs. 6 EStG), eines Entlastungsbetrages für Alleinerziehende (§ 24d EStG) sowie sonstiger vom Einkommen abzuziehender Beträge (§§ 46 Abs. 3 EStG, 70 EStDV).

VI. Veranlagung und Tarif

1. Die Einkommensteuerschuld wird im Rahmen des sog. **Veranlagungsverfahrens** festgesetzt, § 25 EStG. Hierzu hat der Steuerpflichtige für den Veranlagungszeitraum eine **Steuererklärung** abzugeben. Sie dient der Finanzbehörde als Ausgangspunkt, die **Besteuerungsgrundlagen zu ermitteln** und hieran anschließend den Steuerbescheid zu erlassen.

a) Besteht das Einkommen ganz oder teilweise aus Einkünften aus nichtselbständiger Arbeit, so findet eine Veranlagung nur in den Fällen des § 46 Abs. 2 EStG statt.

b) Das Einkommensteuerrecht sieht neben der **Einzelveranlagung** von Steuerpflichtigen auch die **Zusammenveranlagung von Ehegatten** vor. Ehegatten können sich – wahlweise – für die Zusammenveranlagung entscheiden, wenn gemäß § 26 Abs. 1 EStG:

- beide Ehegatten unbeschränkt steuerpflichtig sind;
- sie nicht dauernd getrennt leben;
- diese Voraussetzungen zu Beginn des Veranlagungszeitraums vorgelegen haben oder im Laufe des Veranlagungszeitraums eingetreten sind.

Der **Vorteil** einer Zusammenveranlagung besteht im sog. **Splittingverfahren,** § 32a Abs. 5 EStG. Hierbei wird zunächst die Einkommenssumme beider Ehegatten halbiert und die Steuer vom hälftigen Gesamteinkommen berechnet. Dieser Steuerbetrag wird wegen der Besteuerung von zwei Personen schließlich wieder verdoppelt. So wird die tarifliche Progression abgeflacht. Unter bestimmten Voraussetzungen ist diese Vorgehensweise auch bei verwitweten oder geschiedenen Personen zulässig (Gnadensplitting), § 32a Abs. 6 EStG.

2. Der Steuersatz, der auf die Bemessungsgrundlage „zu versteuerndes Einkommen" anzuwenden ist, ergibt sich aus dem **Steuertarif**, § 32a EStG. Der Tarifverlauf ist in 5 Bereiche untergliedert:

- **Nullzone** (§ 32a Abs. 1 S. 2 Nr. 1 EStG): nicht zu versteuernder Grundfreibetrag in Höhe von 8.004 Euro;
- **Untere Progressionszone** (§ 32a Abs. 1 S. 2 Nr. 2 EStG): Besteuerung der Einkommenszuwächse bei einem Einkommen zwischen 8.005 Euro und 13.469 Euro mit einem (linear-progressiven) Steuersatz zwischen 14% und 23,97%;

- **Obere Progressionszone** (§ 32a Abs. 1 S. 2 Nr. 3 EStG): Besteuerung der Einkommenszuwächse bei einem Einkommen zwischen 13.470 Euro und 52.881 Euro mit einem (linear-progressiven) Steuersatz zwischen 23,97% und 42%;

- **Erste Obere Proportionalzone** (§ 32a Abs. 1 S. 2 Nr. 4 EStG): Besteuerung der Einkommenszuwächse bei einem Einkommen zwischen 52.882 Euro und 250.730 Euro mit einem (proportionalen) Steuersatz von 42%;

- **Zweite obere Proportionalzone** (§ 32a Abs. 1 S. 2 Nr. 5 EStG): Besteuerung der Einkommenszuwächse ab 250.731 Euro mit einem (proportionalen) Steuersatz von 45% (sog. Reichensteuer).

a) Steuerpflichtige, die nicht das ganze Jahr beschäftigt sind, können wegen der Jahresbesteuerung und des hierauf aufbauenden Steuertarifs regelmäßig mit einer Steuerrückerstattung rechnen. Denn die vom Arbeitgeber einbehaltenen und abgeführten Vorauszahlungen im Lohnsteuerabzugsverfahren übersteigen dann die Jahressteuerschuld. Beziehen sie dazu noch bestimmte Sozialleistungen, Kurzarbeiter- oder Schlechtwettergeld, so kann es zu steuerlichen Vorteilen gegenüber Normalverdienern kommen. Sie werden durch den sog. **Progressionsvorbehalt** verhindert, § 32b EStG. Dabei wird dem tatsächlich erzielten Einkommen ein weiterer fiktiver Betrag hinzugezählt und hieraus der Steuersatz ermittelt. Dieser wird dann auf das tatsächliche Einkommen (also ohne die fiktive Zurechnung) angewendet. Dieses Verfahren des Progressionsvorbehalts ist auch dort anzuwenden, wo ausländische Einkünfte vorliegen, die nach Doppelbesteuerungsabkommen steuerfrei sind.

b) Das Einkommensteuergesetz begünstigt verschiedene Einkünfte im Tarifbereich, indem es einen **ermäßigten Steuersatz** vorschreibt, § 34 EStG.

Erzielt ein Steuerpflichtiger ausländische Einkünfte in einem Staat, mit dem kein Doppelbesteuerungsabkommen besteht, so darf er die im Ausland angefallenen Einkommensteuern im Inland anrechnen, § 34c EStG.

c) Schließlich sieht § 34a EStG eine sog. Thesaurierungsbegünstigung vor, nach welcher der nicht entnommene Gewinn aus Land- und Forstwirtschaft (§ 13 EStG), Gewerbebetrieb (§ 15 EStG), oder selbständiger Arbeit (§ 18 EStG) auf Antrag mit einem Steuersatz von 28,25% zu versteuern ist. Ziel dieser Thesaurierungsbegünstigung ist es, eine Belastungsneutralität zwischen den tariflichen Belastungen von Kapitalgesellschaften und Personenunternehmen herbeizuführen, was nicht zuletzt wegen der Senkung des Körperschaftsteuertarifes von 25% auf 15% notwendig wurde. Kritisiert wird an der Regelung des § 34a EStG, dass der Steuersatz von 28,25% nur für wenige Steuerpflichtige eine ermäßigende Wirkung besitzt und daher in erster Linie die besonders ertragreichen Unternehmen begünstigt werden.

VII. Besondere Erhebungsformen

1. Neben der Veranlagung wird die Einkommensteuer bei den **Einkünften aus nichtselbständiger Arbeit** sowie **teilweise bei den Einkünften aus Kapitalvermögen** im Wege des **Quellenabzugs** erhoben.

Die durch den Arbeitgeber vom Bruttolohn einzubehaltende und an das Finanzamt abzuführende Einkommensteuer wird als **Lohnsteuer** bezeichnet. Kapitalschuldner haben für die fälligen Zahlungen an die Gläubiger die **Kapitalertragsteuer** einzubehalten und abzuführen. Lohn- und Kapitalertragsteuer sind keine eigene Steuerart, sondern lediglich **besondere Erhebungsformen** der Einkommensteuer.

2. Im Lohnsteuerabzugsverfahren hat der Arbeitgeber die auf der amtlichen **Lohnsteuerkarte** festgehaltenen persönlichen Steuerdaten des Arbeitnehmers (z.B. Steuerklasse, Kinderfreibetrag) zu berücksichtigen. Anhand der Lohnsteuertabellen ist dann der Abzugsbetrag zu ermitteln. Die Mitwirkungspflicht des Arbeitgebers äußert sich in seiner Haftung für die einzubehaltende Lohnsteuer, § 42d EStG. Bei den Lohnsteuertabellen ist je nach Art der Lohnzahlung die Monats-, Wochen- oder Tageslohnsteuertabelle anzuwenden.

Die im Abzugsverfahren einbehaltene Lohnsteuer kann von der für das Kalenderjahr maßgeblichen Lohnsteuerschuld abweichen (z.B. wegen beschäftigungsloser Zeit). Auf Antrag wird dann die zu viel gezahlte Lohnsteuer erstattet (Lohnsteuer-Jahresausgleich). Im Gegensatz zur Veranlagung ist hier eine Steuernachforderung ausgeschlossen.

3. Bei Einkünften aus Kapitalvermögen bestimmt das Gesetz abschließend, welche Kapitalerträge dem Quellenabzug unterliegen, § 43 EStG. Es gehören hierzu vor allem die Dividenden, Zinsen sowie Veräußerungserlöse aus Kapitalanlagen. Abgezogen werden regelmäßig 25% des Kapitalertrages, § 43a EStG. Ist keine Veranlagung durchzuführen, so erteilt die Finanzbehörde eine Nichtveranlagungsbescheinigung, wodurch der ungekürzte Kapitalbetrag ausbezahlt werden darf, § 44a EStG. Die Abgeltungsteuer bezweckt eine abschließende Besteuerung von privaten Kapitalerträgen durch einen pauschalen Steuerabzug an der Quelle. Damit ist die auf die Kapitalerträge entfallende Einkommensteuer grundsätzlich abgegolten. Die so versteuerten Kapitalerträge werden nicht mehr in der jährlichen Einkommensteuererklärung erfasst. Statt mit dem persönlichen Steuertarif des Steuerpflichtigen werden die Einkünfte unabhängig von ihrer Höhe mit einem Steuersatz von 25% versteuert. Eine Veranlagung kann allerdings auf Antrag des Steuerpflichtigen dann erfolgen, wenn die Versteuerung mit dem persönlichen Steuersatz für ihn günstiger wäre als die Anwendung der Abzugsbesteuerung.

B. Körperschaftsteuer

I. Allgemeine Charakteristik

Die **Körperschaftsteuer** ist die **abgespaltene Einkommensteuer für juristische Personen** (Körperschaften, Personenvereinigungen, Vermögensmassen). Steuerobjekt ist das erzielte Einkommen.

Bis zum Jahre 1920 wurden natürliche und juristische Personen der Einkommensteuer unterworfen. Erst ab diesem Zeitpunkt wurde die Einkommensbesteuerung gespalten und es entstand – neben dem Einkommensteuergesetz – ein selbständiges Körperschaftsteuergesetz.

Das **Kernproblem** der Körperschaftsbesteuerung besteht darin, dass **aus wirtschaftlicher Sicht eine Doppelbelastung** vorliegt. Sowohl die Gesellschaft als juristische Person als auch die Anteilseigner als natürliche Personen besitzen eine eigene Steuersubjektivität. Das erzielte Einkommen unterliegt zunächst bei der Gesellschaft der Körperschaftsteuer. Wird dieses Einkommen an die Anteilseigner (Gesellschafter, Aktionäre) ausgeschüttet, so unterliegt es (z.B. als Einkünfte aus Kapitalvermögen) nochmals der Einkommensteuer.

Die Besteuerung der Unternehmenstätigkeit ist insoweit davon abhängig, ob ein Personenunternehmen (Einkommensteuer) oder eine Körperschaft (Körperschaftsteuer und Einkommensteuer) als Rechtsform gewählt wird.

Nachdem dieses Problem durch eine **Spaltung des Körperschaftsteuertarifs** für einbehaltene und ausgeschüttete Einkommensteile nicht gelöst worden war, wurde **1977 das Anrechnungsverfahren eingeführt**. Mit ihm wurde in einem komplizierten Verfahren die Doppelbelastung auf eine Einfachbelastung mit Einkommen- bzw. Körperschaftsteuer beim Anteilseigner reduziert. Die Technik besteht darin, dass die von der juristischen Person gezahlte Körperschaftsteuer als Vorauszahlung auf die Einkommen- bzw. Körperschaftsteuerschuld der Anteilseigner gilt (Vollanrechnung).

Hauptkritikpunkt des Anrechnungsverfahrens war, dass ausländische Anteilseigner, denen in ihren Heimatländern keine Anrechnung gewährt wird, dadurch diskriminiert werden. Daher wurde das Anrechnungsverfahren ab dem 1.1.2001 durch das sog. **Halbeinkünfteverfahren** ersetzt. Danach versteuerten die Körperschaften ihre Gewinne mit einem Steuersatz von 25%. Die zuvor im Rahmen des Anrechnungsverfahrens relevante Unterscheidung zwischen thesaurierten Gewinnen, die einer steuerlichen Belastung von 40% unterlagen, und ausgeschütteten Gewinnen, für die die Ausschüttungsbelastung 30% betrug, war dadurch hinfällig geworden. Der Dividendenempfänger durfte im Rahmen des Halbeinkünfteverfahrens die von der Kapitalgesellschaft gezahlte Körperschaftsteuer zwar nicht mehr anrechnen, doch musste er nur noch die Hälfte der Einnahmen (§ 3 Nr. 40 EStG a.F.) versteuern. Letztlich wurde dadurch eine Einmalbelastung der ausgeschütteten Gewinne angestrebt. Das Halbeinkünfteverfahren führte jedoch im Vergleich zum Anrechnungsverfahren durch die definitive Vorbelastung auf der Ebene der Kapitalgesellschaft im unteren Einkommensteuertarifbereich zu einer höheren und im oberen Bereich zu einer niedrigeren Belastung.

Durch die Unternehmensteuerreform 2008 (UntStRefG 2008 v. 14.8.2007, BGBl. I 2007, 1912) wurde schließlich ein duales System eingeführt, welches zwischen Erträgen aus Anteilen im Privatvermögen und Erträgen aus Anteilen im Betriebsvermögen von Personengesellschaften bzw. natürlichen Personen unterscheidet. Auf Ebene der Körperschaft werden die Gewinne mit einem Körperschaftsteuersatz von 15% besteuert. Für Erträge aus Anteilen im Privatvermögen gilt für die ausgeschütteten Gewinne grundsätzlich die Kapitalertragsbesteuerung im Wege der Abzugsbesteuerung mit einem Steuersatz von 25% nach § 32d EStG. Für Erträge aus Anteilen im Betriebsvermögen ist hingegen ein **Teileinkünfteverfahren** anzuwenden. Demnach werden gemäß § 3 Nr. 40 EStG statt bisher 50% nun 60% der Ausschüttungen versteuert; konsequenterweise sind dann auch nur 60% der Werbungskosten abziehbar. Zu 95% steuerfrei sind gemäß § 8b KStG Erträge einer Kapitalgesellschaft aus Anteilen an einer anderen Kapitalgesellschaft, da 5% der ausgeschütteten Erträge nach § 8b Abs. 3 S. 1 KStG als nicht abziehbare Betriebsausgaben gelten.

II. Persönliche Steuerpflicht

1. Das Körperschaftsteuergesetz unterscheidet wie auch das Einkommensteuergesetz gleichfalls zwischen unbeschränkter und beschränkter Steuerpflicht.

a) Als **unbeschränkt steuerpflichtig** gelten, § 1 Abs. 1 KStG:

- Kapitalgesellschaften (z.B. Aktiengesellschaften, Gesellschaft mit beschränkter Haftung);
- Erwerbs- und Wirtschaftsgenossenschaften (z.B. Volksbanken eG);
- Versicherungsvereine auf Gegenseitigkeit;
- sonstige juristische Personen des privaten Rechts (z.B. eingetragener Verein e.V.);
- nichtrechtsfähige Vereine, Anstalten, Stiftungen und andere Zweckvermögen des privaten Rechts;
- Betriebe gewerblicher Art von juristischen Personen des öffentlichen Rechts.

Die unbeschränkte Steuerpflicht erfasst **sämtliche inländischen und ausländischen Einkünfte** und setzt voraus, dass sich die **Geschäftsleitung oder der Sitz im Inland** befinden. Ort der Geschäftsleitung ist dort, wo die wesentlichen geschäftlichen Entscheidungen getroffen werden, § 10 AO. Der Sitz einer Gesellschaft wird durch Gesetz, Gesellschaftsvertrag, Satzung, Stiftungsgesellschaft oder dergleichen bestimmt, § 11 AO.

Da **Personengesellschaften** nicht erwähnt sind, gelten sie als Personenvereinigungen **ohne** eigene (körperschaftsteuerliche) Rechtsfähigkeit. Die Einkommensbesteuerung erfolgt hier auf der Ebene der Gesellschaftsmitglieder.

b) Befindet sich **weder die Geschäftsleitung noch der Sitz im Inland**, so greift für die im Inland erzielten Einkünfte die **beschränkte Steuerpflicht**, § 2 Nr. 1 KStG. Desgleichen gilt sie auch für Körperschaften des öffentlichen Rechts, soweit sie inländische Einkünfte erzielen, die dem Steuerabzug (z.B. Kapitalertragsteuer) unterliegen, § 2 Nr. 2 KStG.

2. Von der Körperschaftsteuer **befreit** sind solche juristische Personen, die aus sozial- und bedarfspolitischen Gründen aufrechterhalten werden sollen, § 5 KStG.

Hierzu zählen u. a.:

- Deutsche Bundesbank, Landesbanken;
- rechtsfähige Pensions-, Sterbe- und Krankenkassen;
- kleinere Versicherungsvereine auf Gegenseitigkeit;
- Berufsverbände ohne öffentlich-rechtlichen Charakter, deren Zweck nicht auf einen wirtschaftlichen Geschäftsbetrieb gerichtet ist;
- politische Parteien;
- Körperschaften, die unmittelbar kirchlichen, gemeinnützigen oder mildtätigen Zwecken dienen.

Die Steuerbefreiungen gelten nur, wenn die juristische Person **unbeschränkt steuerpflichtig** ist (nicht also für ausländische Körperschaften). Eine Befreiung ist sachlich allerdings für solche inländischen Einkünfte ausgeschlossen, die dem Steuerabzug (z.B. Kapitalertragsteuer) unterliegen, § 5 Abs. 2 Nr. 1 KStG. Dies bedeutet de facto eine weitere Art der beschränkten Steuerpflicht.

Der **Beginn** der Körperschaftsteuerpflicht richtet sich grundsätzlich nach dem **Abschlusszeitpunkt des Gesellschaftsvertrages**. Das **Ende** der Steuerpflicht ist an die **endgültige Einstellung des Geschäftsbetriebes samt Verteilung des Geschäftsvermögens** geknüpft. Wann die juristische Person registergerichtlich eingetragen bzw. gelöscht wird, hat lediglich deklaratorischen Charakter.

III. Sachliche Steuerpflicht

Bemessungsgrundlage der Körperschaftsteuer ist das **zu versteuernde Einkommen**, § 7 KStG.

1. Das zu versteuernde Einkommen bestimmt sich nach den Vorschriften des Einkommensteuergesetzes, § 8 Abs. 1 KStG. Der maßgebliche Besteuerungszeitraum ist – wie bei der Einkommensteuer – das Kalenderjahr.

2. Bei unbeschränkt Körperschaftsteuerpflichtigen im Sinne des § 1 Abs. 1 Nr. 1 bis 3 KStG gilt gemäß § 8 Abs. 2 KStG die Besonderheit, dass alle erzielten Einkünfte als gewerblich zu qualifizieren sind.

3. Anders als natürliche Personen haben juristische Personen **keine Privatsphäre**. In der Bilanz fehlen demnach jegliche Privatkonten. Für das abgeleitete Einkommen nach Körperschaftsteuerrecht sind insoweit diejenigen Vorschriften unanwendbar, die personenbezogen sind (z.B. Regelungen über Sonderausgaben, außergewöhnliche Belastungen).

4. Aufgrund der eigenen Rechtsfähigkeit einer Kapitalgesellschaft (als Hauptanwendungsfall des Körperschaftsteuergesetzes) kann sie zivil- und steuerrechtlich gültige Vertragsbeziehungen mit den Gesellschaftern eingehen **(Trennungsprinzip)**. So kann beispielsweise ein Gesellschafter die Geschäftsführertätigkeit bei der Gesellschaft übernehmen. Bei Personengesellschaften ist dies wegen der fehlenden Rechtsfähigkeit im Einkommensteuerrecht nicht möglich.

IV. Ermittlung des Einkommens (Gewinn)

Das steuerpflichtige Einkommen wird **nach den Grundsätzen des Einkommensteuerrechts** ermittelt, § 8 KStG. Die Rechtsnatur der juristischen Person erfordert jedoch **ergänzend verschiedene Modifikationen** dieser Grundsätze.

1. Wegen des **Trennungsprinzips** kann ein Gesellschafter auf zweierlei Ebenen mit der Gesellschaft verbunden sein. Zunächst als Anteilseigner und des Weiteren als Vertragspartner einer sonstigen Rechtsbeziehung (z.B. Dienst-, Miet-, Darlehensvertrag). Damit besteht aber die Gefahr, dass beide Ebenen miteinander verquickt werden. So etwa, wenn ein gleichzeitig als Geschäftsführer tätiger Gesellschafter ein weit überhöhtes Gehalt zugebilligt erhält. Hier wäre die Stellung als Gesellschafter dazu missbraucht, eine (steuerlich nicht abzugsfähige) Gewinnzuwendung in die Form einer (abzugsfähigen) Betriebsausgabe zu kleiden. Soweit ein Gesellschafter also einen **Vermögensvorteil** erhält, der einem **fremden Dritten nicht gewährt** werden würde, liegt eine **verdeckte Gewinnausschüttung (vGA)** vor. Sie darf gemäß § 8 Abs. 3 S. 2 KStG das körperschaftsteuerliche Einkommen nicht mindern. Zwar sind die genauen Voraussetzungen einer vGA nicht gesetzlich geregelt, die Rechtsprechung definiert sie jedoch als „Vermögensminderung oder verhinderte Vermögensmehrung, die durch das Gesellschaftsverhältnis veranlasst ist, sich auf die Höhe des Einkommens auswirkt und in keinem Zusammenhang mit einer offenen Ausschüttung" steht (vgl. BFHE 200, 197).

Weitere Beispiele für verdeckte Gewinnausschüttungen sind:

- die Gesellschaft gewährt dem Gesellschafter ein zinsloses Darlehen;
- der Gesellschafter verkauft Waren an die Gesellschaft zu einem überhöhten Preis;
- die Gesellschaft verzichtet auf Rechte, die ihr gegen den Gesellschafter zustehen;
- die Bürgschaftsübernahme durch die Gesellschaft für den Gesellschafter.

2. Bei der **Einkommensermittlung** sind – ergänzend zum Einkommensteuerrecht – weitere Aufwendungen **abzugsfähig**, § 9 KStG:

- dem Komplementär einer KGaA zuzurechnende Gewinne und Sondervergütungen, die nicht auf den Anteilsbesitz entfallen (vgl. die korrespondierende Vorschrift des § 15 Abs. 1 Nr. 3 EStG);
- Ausgaben zur Förderung mildtätiger, kirchlicher, religiöser, wissenschaftlicher, staatspolitischer und gemeinnütziger Zwecke.

3. **Nicht abzugsfähig** sind demgegenüber, § 10 KStG:

- Aufwendungen für die Erfüllung von Satzungszwecken;
- Steuern vom Einkommen, sonstige Personensteuern sowie die Umsatzsteuer für Umsätze, die Entnahmen oder verdeckte Gewinnausschüttungen sind;
- Geldstrafen und ähnliche Rechtsnachteile.

V. Organschaft

Eine **Organschaft** ist die Zusammenfassung von Unternehmen für steuerliche Zwecke, **ohne** dass sie ihre **rechtliche Selbständigkeit verlieren**. Sie ist in §§ 14 ff. KStG geregelt.

1. Mit diesem Rechtsinstitut soll die wirtschaftliche Verflechtung zu einem Konzern steuerlich gefördert werden.

2. Voraussetzung ist ein wirtschaftlicher Verbund dergestalt, dass eine inländische Kapitalgesellschaft (Organ) in finanzieller Hinsicht in den Betrieb eines anderen Unternehmens (Organträger) eingegliedert ist. Ergänzend muss ein sog. Gewinnabführungsvertrag (§ 291 Abs. 1 AktG) bestehen, § 14 KStG.

3. Die Rechtsfolge einer Organschaftsbeziehung besteht darin, dass die Ergebnisse der Beteiligten zusammengerechnet und beim Organträger besteuert werden.

4. Die Regelungen zur Organschaft im Steuerrecht werden seit langem als zu kompliziert kritisiert, die in der Praxis kaum handhabbar seien. Befürwortet wird stattdessen ein Übergang zu einer so genannten Gruppenbesteuerung wie sie in anderen Staaten – etwa Österreich – bereits eingeführt worden sei. Bei dieser wird das wirtschaftliche Gesamtergebnis eines Konzerns ermittelt und besteuert.

VI. Tarif und Abgeltungsteuer bzw. Teileinkünfteverfahren

Das durch die Unternehmensteuerreform 2008 (UntStRefG 2008 v. 14.8.2007, BGBl. I 2007, 1912) eingeführte duale System trennt zwischen Erträgen aus Anteilen im Privatvermögen und Erträgen aus Anteilen im Betriebsvermögen von Personengesellschaften bzw. natürlichen Personen. Für Erträge aus Anteilen im Betriebsvermögen ist dabei das Teileinkünfteverfahren anzuwenden. Gemäß § 3 Nr. 40 EStG werden dabei

60% der Ausschüttungen versteuert, folglich sind auch nur 60% der Werbungskosten abziehbar. Der Körperschaftsteuersatz wird auf 15% gesenkt. Erträge aus Anteilen im Privatvermögen werden andererseits gemäß § 32d Abs. 1 EStG mit einer 25%igen Abgeltungsteuer besteuert.

> **Beispiel**
>
> Für die Beteiligung im Privatvermögen gilt Folgendes:*
>
> **Gesellschaft:** Euro
>
> | | | |
> |---|---|---|
> | Gewinn vor Körperschaftsteuer | | 10.000 |
> | ./. Tarif-Körperschaftsteuer (15%) | ./. | 1.500 |
> | Barausschüttung | | 8.500 |
> | abzgl. Sparerpauschbetrag i.H.v. 801 € | | 7.699 |
> | ./. Abgeltungssteuer (25%) | | 1.924,75 |
> | = Nettoausschüttung | | 5.774,25 |
>
> **Gesellschafter: (Beteiligung = Privatvermögen)**
>
> Nettoausschüttung 5.774,25
>
> (Kapitalertragsteuerabzug bereits i.F.d. Abgeltungsteuer abgegolten, es sei denn, es erfolgt Veranlagung nach § 32d Abs. 4 EStG)
>
> Die Gesamtsteuerbelastung beträgt 3.424,75 Euro und ergibt sich aus der Körperschaftsteuer der Gesellschaft (1.500 Euro) und der Einkommensteuer des Gesellschafters (1.924,75 Euro).
>
> * Aus Vereinfachungsgründen wird von der Berücksichtigung des Solidaritätszuschlags und der Kirchensteuer abgesehen.

> **Beispiel**
>
> Für die Beteiligung im Betriebsvermögen gilt Folgendes:*
>
> **Gesellschaft:** Euro
>
> | | | |
> |---|---|---|
> | Gewinn vor Körperschaftsteuer | | 10.000 |
> | ./. Tarif-Körperschaftsteuer (15%) | ./. | 1.500 |
> | Barausschüttung | | 8.500 |
> | ./. Kapitalertragsteuer (25%) | ./. | 2.125 |
> | Netto-Dividende | | 6.375 |
>
> **Gesellschafter: (Beteiligung = Betriebsvermögen)**
>
> | | | |
> |---|---|---|
> | Nettoausschüttung | | 6.375 |
> | + Kapitalertragsteuer (=Steuergutschrift) | | 2.125 |
> | = zufließende Einnahmen | | 8.500 |
> | ./. nach § 3 Nr. 40 EStG steuerfreier Teil (40%) | ./. | 3.400 |
> | = steuerpflichtige Einnahmen | | 5.100 |
> | bei einem angenommenen Steuersatz von 35% ergibt sich eine Einkommensteuer von | | 1.785 |
> | ./. anzurechnende Kapitalertragsteuer | | 2.125 |
> | = Steuererstattung | | 340 |
>
> Die Gesamtsteuerbelastung beträgt 3.285 Euro und ergibt sich aus der Körperschaftsteuer der Gesellschaft (1.500 Euro) und der Einkommensteuer des Gesellschafters (1.785 Euro).
>
> * Aus Vereinfachungsgründen wird von der Berücksichtigung des Solidaritätszuschlags und der Kirchensteuer abgesehen.

Auch durch das neueingeführte duale System soll die Doppelbelastung bei der Gesellschaft und dem Anteilseigner beseitigt werden.

Gemäß § 8b KStG sind Erträge aus Anteilen einer Kapitalgesellschaft an einer anderen Kapitalgesellschaft zwar steuerfrei. Allerdings gelten gemäß § 8b Abs. 5 KStG 5% der Erträge als nicht abziehbare Betriebsausgaben, so dass Erträge einer Kapitalgesellschaft aus Anteilen aus einer anderen Kapitalgesellschaft tatsächlich nur zu 95% steuerfrei bleiben.

c. Erbschaft- und Schenkungsteuer mit Bewertungsrecht

I. Bewertungsrecht

Die Vorschriften des Bewertungsgesetzes regeln, **welcher Wert den Vermögensbeständen beizulegen ist**, die als solche Anknüpfungspunkt der Besteuerung sind.

Als Vermögen gilt, § 18 BewG:
- land- und forstwirtschaftliches Vermögen;
- Grundvermögen;
- Betriebsvermögen.

1. Zweck des Bewertungsgesetzes

Das Bewertungsgesetz ist ein **Rahmengesetz** und dient der **gleichmäßigen und einheitlichen Wertfeststellung** im Steuerrecht.

a) Der nach dem Bewertungsgesetz ermittelte Wert eines Vermögensgegenstandes bzw. einer Vermögenseinheit dient als einheitliche Bemessungsgrundlage der ertragsunabhängigen Steuern (vor allem Grundsteuer, Erbschaftsteuer). Im Weiteren ist diese Wertbestimmung aber auch für Ertragsteuern maßgebend (z.B. § 13a EStG).

b) Wegen der einheitlichen Verwendung der Werte für mehrere Steuern werden sie als **Einheitswerte** bezeichnet.

c) Gleichzeitig regelt das Bewertungsgesetz auch die Fragen der **Vermögensabgrenzung und -zurechnung** sowie den **Zeitpunkt der Wertfeststellung**.

2. Allgemeine Grundsätze der Bewertung

a) **Die Anwendung der Bewertungsregeln bestimmt sich aus dem Aufbau** des Bewertungsgesetzes (allgemeine Vorschriften: §§ 1–16 BewG, besondere Vorschriften: §§ 17–203 BewG).

aa) Die allgemeinen Bewertungsvorschriften gelten nur, soweit keine vorrangigen besonderen Bewertungsnormen oder Regelungen in Einzelsteuergesetzen bestehen (z.B. geht § 6 EStG den §§ 9, 10 BewG vor), § 1 Abs. 2 BewG.

bb) Spezielle Bewertungsvorschriften in Einzelsteuergesetzen gehen den besonderen Normen des Bewertungsgesetzes vor.

b) Das Bewerten für steuerliche Zwecke umfasst folgende Komponenten:
- den Bewertungsgegenstand (was ist zu bewerten?);
- die Zurechnung (wem ist der Bewertungsgegenstand zuzurechnen?);
- die Bewertungsmethode (wie ist zu bewerten?);
- den Bewertungszeitpunkt (wann ist zu bewerten?).

aa) **Bewertungsgegenstand ist die wirtschaftliche Einheit**, § 2 BewG. Sie kann aus einem Wirtschaftsgut (z.B. unbebautes Grundstück) oder einer Zusammenfassung von Wirtschaftsgütern bestehen (alle Wirtschaftsgüter eines gewerblichen Betriebes). Als wirtschaftliche Untereinheiten gelten Betriebsgrundstücke, da für sie ein selbständiger Einheitswert festzustellen ist, mit dem sie dann in die wirtschaftliche Einheit „Betriebsvermögen" eingehen.

Was als wirtschaftliche Einheit zu gelten hat, ist nach der Verkehrsanschauung zu entscheiden (örtliche Gewohnheit, tatsächliche Übung, Zweckbestimmung, wirtschaftliche Zusammengehörigkeit), § 2 Abs. 1 BewG. Die Bildung einer wirtschaftlichen Einheit setzt voraus, dass deren Bestandteile demselben Eigentümer gehören.

bb) Wem ein Wirtschaftsgut oder eine wirtschaftliche Einheit zuzurechnen ist, richtet sich grundsätzlich nach dem **bürgerlich-rechtlichen Eigentum**, § 39 AO. Ausnahmsweise kann die Zurechnung auch bei einem anderen erfolgen, wenn dieser wirtschaftlich in der Lage ist, den Eigentümer von der Nutzung des Wirtschaftsgutes auszuschließen **(wirtschaftliches Eigentum)**.

Auch für Wirtschaftsgüter, die im Miteigentum mehrerer Personen stehen, werden Einheitswerte ermittelt. Der Wert ist anschließend nach dem Verhältnis der Anteile den Beteiligten zuzurechnen (z.B. der Wert eines Grundstücks einer Erbengemeinschaft), § 3 BewG.

Die rechtliche Wirksamkeit eines Erwerbsvorganges kann an eine aufschiebende Bedingung (bis zu deren Eintritt unwirksam) oder auch auflösende Bedingung (bis zu deren Eintritt wirksam) gebunden sein. Bewertungsrechtlich erfolgt die **Zurechnung beim Erwerber** wie folgt, §§ 4–8 BewG:

- Aufschiebende Bedingung: mit deren Eintritt (z.B. Ansprüche aus einer Risikoversicherung vor Eintritt des Versicherungsfalls).
- Auflösende Bedingung: bis zu deren Eintritt (z.B. Erbschaft eines Ehegatten, welche auf die Kinder übergehen soll, wenn sich der Ehegatte wiederverheiratet).

Bei der Zurechnung von Schulden und Lasten ist entsprechend vorzugehen.

cc) Für den Bewertungsvorgang muss die Wertgröße bestimmt werden, die den Wirtschaftsgütern beizulegen ist. Gleichzeitig muss die **Ermittlungsmethode** für die jeweilige Wertgröße vorgegeben werden.

Das Bewertungsrecht baut auf dem **gemeinen Wert** auf, § 9 BewG. Er entspricht dem im gewöhnlichen Geschäftsverkehr erzielbaren Verkaufspreis (Marktpreis, Verkehrswert). Dabei sind ungewöhnliche und persönliche Verhältnisse nicht zu berücksichtigen.

Für Wirtschaftsgüter, die zu einem Betriebsvermögen gehören, ist der **Teilwert** anzusetzen, § 10 BewG. Auch er ist ein Marktpreis, allerdings abgeleitet aus einem Gesamtkaufpreis für ein Unternehmen, das der Erwerber fortführen würde, es sei denn, etwas anderes ist vorgeschrieben (z.B. § 109 BewG).

Für land- und forstwirtschaftliche Betriebe ist der **Ertragswert** maßgebend, § 36 BewG.

Die Vorgehensweise, um den Bewertungsmaßstab (Wertgröße) zu bestimmen, ist die **Bewertungsmethode.** Das Ziel einer Bewertungsmethode besteht darin, die Wertfindung zu vereinfachen und zu vereinheitlichen. Als solche gelten z.B:

- das Ertragswertverfahren,
- das Sachwertverfahren.

dd) Der Bewertungsakt erfolgt nach dem **Stichtagsprinzip**. Maßgeblicher Zeitpunkt für die Wertfeststellung ist grundsätzlich der Beginn eines Kalenderjahres (1. Januar 0.00 Uhr). Im Gegensatz hierzu steht das Periodenprinzip der Einkommensteuer, das eine dynamische Werterfassung vorsieht.

3. Grundlagen der Einheitsbewertung

a) Die Einheitsbewertung regelt, in welchen Fällen und wie für wirtschaftliche Einheiten (Untereinheiten) der Wert **gesondert festzustellen ist**.

aa) Einheitswerte werden festgestellt für, § 19 BewG:

- Betriebe der Land- und Forstwirtschaft (§§ 33, 48a und 51a BewG);
- Grundstücke des Grundvermögens (§§ 68 und 70 BewG);
- Betriebsgrundstücke (§ 99 BewG).

bb) Der nach einem eigenständigen Feststellungsverfahren (§ 180 AO) ermittelte Einheitswert gilt als einheitliche Bemessungsgrundlage für verschiedene Steuern. Im Veranlagungsverfahren zu den einzelnen Steuern gilt der Einheitswertbescheid als Grundlagenbescheid.

b) Die auf den Beginn eines Kalenderjahres durchzuführende Wertfeststellung nennt man **Hauptfeststellung**.

aa) Die Hauptfeststellungen der Einheitswerte bleiben grundsätzlich **für einen Zeitraum von 6 Jahren (Hauptfeststellungszeitraum) gültig**. Nach dessen Ablauf ist erneut eine Hauptfeststellung vorzunehmen, § 21 BewG.

bb) Die **Hauptfeststellung der Einheitswerte des Grundbesitzes** steht in krassem Widerspruch zur gesetzlichen Vorgabe. Bislang sind lediglich zwei Hauptfeststellungen erfolgt: zum 1.1.1935 und zum 1.1.1964. Hierbei sind die Einheitswerte des Termins 1.1.1964 erstmals 1974 für die Besteuerung herangezogen worden. Um die wegen der zeitlichen Verspätung eingetretenen Wertsteigerungen zu erfassen, wurde für die Einheitswerte ein Zuschlag von 40% festgelegt, § 121a BewG. Durch Art. 2 Abs. 1

S. 3 BewÄndG (BStBl. I 1970, 919) ist der Termin für die nächste Hauptfeststellung offengehalten. Gegen diese Praxis wurden bereits frühzeitig verfassungsrechtliche Bedenken geltend gemacht. Zwar hat es das Bundesverfassungsgericht 1976 als „noch nicht verfassungswidrig" angesehen, dass die Einheitswerte des Jahres 1964 unverändert angewendet wurden. Indes hat es aber auf die Notwendigkeit hingewiesen, dass in absehbarer Zeit eine neue Hauptfeststellung durchzuführen sei (BVerfG, BStBl. II 1976, 637). 1995 erklärte das Bundesverfassungsgericht (BVerfGE 93, 165) die Zugrundelegung der Einheitswerte für Zwecke der Erbschaft- und Schenkungsteuer sowie der Vermögensteuer für mit Art. 3 Abs. 1 GG unvereinbar, da das einheitswertgebundene Vermögen durch den Ansatz überholter Einheitswerte im Vergleich zu nicht einheitswertgebundenem mit dem Verkehrswert anzusetzenden Kapitalvermögen ungerechtfertigt begünstigt sei. Die Vermögensteuer wird aufgrund dieser Urteile seit dem 1.1.1997 nicht mehr erhoben. Für die **Erbschaft- und Schenkungsteuer** waren die auf den 1.1.1964 festgestellten Einheitswerte der Bewertung nicht mehr zugrunde zu legen, sondern ab dem 1.1.1996 **neue Grundbesitzwerte** anzusetzen (§ 12 Abs. 3 ErbStG i.V.m. §§ 138 ff. BewG), die nur bei Bedarf festgestellt wurden. Diese Werte richteten sich nach den tatsächlichen Verhältnissen im Besteuerungszeitpunkt; für die Wertverhältnisse wurde jedoch auf den 1.1.1996 abgestellt. Diese Wertverhältnisse galten bis zum 31.12.2006, § 138 Abs. 4 BewG.

Aufgrund des Ablaufs der Geltung der Wertverhältnisse vom 1.1.1996 zum 31.12.2006 musste das Bewertungsgesetz geändert werden, was im Rahmen des Jahressteuergesetzes 2007 erfolgte (Art. 18. Gesetz v. 13.12.2006, BGBl. I S. 2878, BStBl. 2007 I S. 28). Demnach ist die Grundbesitzbewertung unbebauter und bebauter Grundstücke weitgehend gleich geblieben; die Bewertung von Erbbaurechten, erbbaurechtsbelasteter Grundstücke, von Gebäude auf fremdem Grund und Boden und der damit bebauten Grundstücke wurde hingegen neu geregelt. Das BVerfG (Beschluss v. 7.11. 2006, 1 BvL 10/02, BStBl. 2007 II S. 192) hatte die Unvereinbarkeit der Regelungen der Bedarfsbewertung nach §§ 138 ff. BewG mit Art. 3 Abs. 1 GG für die Erbschaft- und Schenkungsteuer festgestellt, jedoch die Fortgeltung der alten Rechtslage bis zu einer Neuregelung zugelassen, für die das Gericht eine Frist bis zum 31.12.2008 gesetzt hatte. Für Zwecke der **Erbschaft- und Schenkungsteuer** hat der Gesetzgeber daher für den Zeitraum ab dem 1.1.2009 eine eng an dem gemeinen Wert ausgerichtete Grundbesitzbewertung geregelt (§§ 157–198 BewG i.d.F. des ErbStRG 2009 v. 24.12.2008, BGBl. I S. 3018). § 138 BewG und die weiteren Vorschriften des Vierten Abschnitts finden seit dem 1.1.2009 insofern nur noch für die **Grunderwerbsteuer** Anwendung.

c) Wesentliche Änderungen der Verhältnisse gegenüber einer vorangegangenen Hauptfeststellung werden durch **Nachfeststellungen und Fortschreibungen** erfasst.

aa) **Nachträglich** wird ein Einheitswert **festgestellt**, wenn, § 23 BewG:

– die wirtschaftliche Einheit bzw. Untereinheit neu entsteht (z.B. Gründung eines gewerblichen Betriebes);
– die bereits bestehende wirtschaftliche Einheit bzw. Untereinheit erstmals zu einer Steuer herangezogen wird (z.B. Wegfall der Steuerfreiheit).

bb) Treten innerhalb des Hauptfeststellungszeitraums Veränderungen gegenüber der vorangegangenen Einheitswertfeststellung ein, so muss der frühere Einheitswert korrigiert werden, § 22 BewG. Diese **Korrektur** kann sowohl **zurechnungs-,** als auch **art- und wertbedingt** sein.

- Haben sich die Eigentumsverhältnisse an einer wirtschaftlichen Einheit bzw. Untereinheit geändert, so ist eine **Zurechnungsfortschreibung** durchzuführen (z.B. Veräußerung eines Grundstücks).
- Bei einer **Artfortschreibung** muss sich der Charakter der wirtschaftlichen Einheit ändern (z.B. Bebauung eines unbebauten Grundstücks mit einem Zweifamilienhaus).
- Veränderungen im Wert einer wirtschaftlichen Einheit bzw. Untereinheit werden ab einer bestimmten Höhe durch eine **Wertfortschreibung** erfasst. Dabei gilt es sowohl Bruchteilsgrenzen sowie absolute Betragsgrenzen zu beachten:
- Wertänderung **nach oben**: mehr als 10% (mind. 5.000 DM) **oder** mehr als 100.000 DM;
- Wertänderung **nach unten**: mehr als 10% (mind. 500 DM) **oder** mehr als 5.000 DM.

Bei einer Wertfortschreibung werden die Werte nach § 22 Abs. 1 BewG i. d. F. ab 1.1.2002 weiter nach den abgerundeten Beträgen in **DM, nicht in Euro,** berechnet. Diese Änderung trägt der Neufassung des § 30 BewG Rechnung. Nach § 30 BewG n.F. werden nämlich die Einheitswerte auch in **Zukunft in DM ermittelt** und erst danach **in Euro umgerechnet**.

cc) Eine **Fortschreibung** kann nicht nur in einer, sondern gleichzeitig **in mehreren Ursachen begründet** liegen. So führt beispielsweise der Erwerb und anschließende Umbau eines Einfamilienhauses in ein Zweifamilienhaus zu einer zusammengefassten Zurechnungs-, Art- und gegebenenfalls auch Wertfortschreibung.

4. Die Bewertung der Vermögensarten

a) **Zum land- und forstwirtschaftlichen Vermögen** gehören alle Wirtschaftsgüter, die einem Betrieb der Land- und Forstwirtschaft zu dienen bestimmt sind, § 33 BewG. Bewertungsobjekt ist nicht das einzelne Wirtschaftsgut, sondern **der Betrieb der Land- und Forstwirtschaft in seiner Gesamtheit**.

aa) Die wirtschaftliche Einheit **Betrieb der Land- und Forstwirtschaft** umfasst insbesondere:

- den Grund und Boden (z.B. Äcker, Weiden, Gärten);
- die Wohn- und Wirtschaftsgebäude (z.B. Scheunen, Ställe, Wohnhaus);
- die stehenden Betriebsmittel (totes Inventar = z.B. Maschinen, Geräte; lebendes Inventar = z.B. Zucht- und Nutzvieh);
- den normalen Bestand an umlaufenden Betriebsmitteln (z.B. Erzeugnisse, Mastvieh).

Nicht zur wirtschaftlichen Einheit, sondern zum **sonstigen Vermögen** gehören:

- Zahlungsmittel, Geldforderungen, Geschäftsguthaben, Wertpapiere;
- Geldschulden;
- Überbestände an umlaufenden Betriebsmitteln.

bb) Für die Bewertung wird die wirtschaftliche Einheit in den Wirtschaftsteil und den Wohnteil aufgeteilt, § 34 BewG. Dem Wirtschaftsteil sind zuzurechnen:

- die landwirtschaftliche Nutzung;
- die forstwirtschaftliche Nutzung;
- die weinbauliche Nutzung;
- die gärtnerische Nutzung;
- die sonstige land- und forstwirtschaftliche Nutzung.

Bewertungsmaßstab für den Wirtschaftsteil ist der **Ertragswert**, § 36 BewG. Er bestimmt sich nach dem Reinertrag, der mit dem Kapitalisierungsfaktor 18 (dies entspricht einem Zinssatz von 5,5%) zu multiplizieren ist. Bewertungsmethode ist regelmäßig aber ein vergleichendes Verfahren, § 37 BewG. Nur wenn ein solches undurchführbar ist (z.B. bei Spezialbetrieben), wird vom tatsächlichen Reinertrag ausgegangen.

Beim **vergleichenden Verfahren** wird für gesondert ausgewählte Betriebe (sog. Hauptbewertungsstützpunkte) die Vergleichszahl 100 je Nutzungsart und Nutzungsgröße (Ar) festgelegt. Unterschiede in den Ertragsbedingungen (z.B. Bodenbeschaffenheit, Wohnverhältnisse, Verkehrslage) führen dann zur individuellen Vergleichszahl (z.B. 85). Die für jeden Hauptfeststellungszeitpunkt festgesetzten Umrechnungsbeträge der 100-Vergleichszahlen sind schließlich mit der individuellen Vergleichszahl sowie der Nutzfläche zu multiplizieren (z.B. 37,26 DM × 85 × 2500 Ar).

Unter Berücksichtigung verschiedener Zu- und Abschläge ergibt die Summe aller in dieser Weise ermittelten Vergleichswerte den Wert des Wirtschaftsteils.

Der **Wert für den Wohnteil** (Wohnungswert) ist nach den Vorschriften zu ermitteln, die beim Grundvermögen für die Bewertung der Mietwohngrundstücke im **Ertragswertverfahren** gelten, § 47 BewG.

Eine eng an dem gemeinen Wert ausgerichtete Grundbesitzbewertung (§§ 157–198 BewG i.d.F. des ErbStRG 2009 v. 24.12.2008, BGBl. I S. 3018) gilt ab 2009 für die **Erbschaft- und Schenkungsteuer.** § 138 BewG und die weiteren Vorschriften des Vierten Abschnitts gelten ab 2009 nur noch für die **Grunderwerbsteuer.**

b) **Grundvermögen** ist nicht gleich Grundbesitz. Unter dem Oberbegriff Grundbesitz sind die Betriebe der Land- und Forstwirtschaft, Grundstücke und Betriebsgrundstücke zusammengefasst, § 19 BewG. Allein Grundstücke, soweit sie **Privatvermögen** sind, werden der Vermögensart **Grundvermögen** zugerechnet, § 68 BewG.

aa) Die **wirtschaftliche Einheit** des Grundvermögens ist das **Grundstück**, § 70 BewG. Als Grundstück gelten nicht nur Grund und Boden, Gebäude, sonstige Bestandteile und Zubehör, sondern auch das Erbbaurecht sowie vor allem das Wohnungs- und Teileigentum, § 68 BewG. Nicht als Grundstücke gelten Bodenschätze und Betriebsvorrichtungen.

Das Bewertungsgesetz unterteilt grundsätzlich in **unbebaute und bebaute Grundstücke**. Die bebauten Grundstücke können ihrer Art nach sein, § 75 BewG:

- Mietwohngrundstücke (zu mehr als 80% für Wohnzwecke genutzt und weder Ein- noch Zweifamilienhaus);
- Geschäftsgrundstücke (zu mehr als 80% für eigene oder fremde gewerbliche, freiberufliche oder öffentliche Zwecke genutzt);
- gemischtgenutzte Grundstücke (weder Mietwohn- noch Geschäftsgrundstück und kein Ein- oder Zweifamilienhaus);
- Einfamilienhäuser (Wohngrundstück mit einer Wohnung);
- Zweifamilienhäuser (Wohngrundstück mit zwei Wohnungen);
- sonstige bebaute Grundstücke (z.B. Jagdhütten).

bb) **Bewertungsmaßstab** für den Einheitswert von unbebauten Grundstücken ist der **gemeine Wert**, § 9 BewG, da die speziellen Vorschriften der §§ 72 f. BewG keinen Wert vorschreiben. Für bebaute Grundstücke wird die Bewertung nach den §§ 76 ff. BewG ermittelt. Als **Bewertungsmethode** für Grundstücke kommen in Betracht:

- Ertragswertverfahren;
- Sachwertverfahren.

Für **unbebaute Grundstücke** ist der Einheitswert nach den durchschnittlichen Quadratmeterpreisen des Gebiets zu ermitteln, die sich nach Lage und Art des Grundstücks bestimmen. Multipliziert mit der Grundstücksgröße ergibt sich der Bodenwert. Ergänzend ist der Wert vorhandener Außenanlagen (z.B. Wegebefestigung) hinzuzuzählen.

Die wichtigste Bewertungsmethode für bebaute Grundstücke ist das **Ertragswertverfahren**. Lediglich bei den sonstigen bebauten Grundstücken und in Ausnahmefällen bei anderen Arten bebauter Grundstücke findet das Sachwertverfahren Anwendung.

Sowohl beim Ertrags- wie beim Sachwertverfahren wird für die Ermittlung des Grundstückswertes auf den Bodenwert, den Gebäudewert und den Wert der Außenanlagen abgestellt.

Beim **Ertragswertverfahren** werden diese drei Komponenten dadurch erfasst, dass auf die Jahresrohmiete ein Vervielfältiger angewendet wird und verschiedene Zu- und Abschläge Berücksichtigung finden, §§ 78 ff. BewG. Bei der Jahresrohmiete handelt es sich grundsätzlich um das vertraglich vereinbarte Gesamtentgelt, das der Mieter (Pächter) für ein Jahr für die Benutzung des Grundstücks zu entrichten hat. In Sonderfällen (z.B. unentgeltliche Nutzung) kann jedoch auch die übliche Miete zur Anwendung kommen, § 79 BewG. Die Höhe des Vervielfältigers ist beispielsweise vom Alter des Hauses, der Bauart und der Gemeindegröße abhängig, § 80 BewG. Bei den

Zu- und Abschlägen handelt es sich um Korrekturen wegen außergewöhnlicher Grundsteuerbelastungen (bis zu 10% des Grundstückswertes) und um die Erhöhung oder Ermäßigung bis zu 30% wegen besonderer Umstände, wie z.B. starke Beeinträchtigungen wegen Lärm und Rauch oder Bauschäden, §§ 81, 82 BewG.

Beim **Sachwertverfahren** werden die drei Komponenten getrennt erfasst. Der sich hierbei ergebende Ausgangswert ist durch Anwendung amtlich festgesetzter Wertzahlen an den gemeinen Wert anzugleichen, § 83 ff. BewG.

Bei der Anwendung der Verfahren ist zu beachten, dass gemäß § 77 BewG der sog. **Mindestwert** nicht unterschritten werden darf: Er beträgt die Hälfte des Wertes, mit dem der Grund und Boden allein als unbebautes Grundstück zu bewerten wäre.

c) **Betriebsvermögen** entsteht sowohl bei einer **gewerblichen als auch freiberuflichen Betätigung** (z.B. Kanzleieinrichtung eines Anwalts), §§ 95, 96 BewG. Das Bewertungsobjekt ist die **wirtschaftliche Einheit** des einzelnen „gewerblichen Betriebes".

aa) Was zur Bewertungseinheit „gewerblicher Betrieb" gehört, ist von der Rechtsform abhängig.

Bei **Körperschaften, Personenvereinigungen** (z.B. OHG) **und Vermögensmassen bilden alle Wirtschaftsgüter** einen gewerblichen Betrieb, **soweit sie ihnen gehören (gewerblicher Betrieb kraft Rechtsform)**, § 97 Abs. 1 BewG. Ob sie dem gewerblichen Betrieb auch dienen, ist unerheblich. Zu beachten ist, dass sich bei Mitunternehmerschaften der Umfang nicht allein aus den Wirtschaftsgütern der Gesellschaft zusammensetzt. Aus der einkommensteuerlichen Gleichstellung von Mitunternehmer und Einzelunternehmer folgt, dass auch Wirtschaftsgüter, aber auch Schulden zu berücksichtigen sind, die nur dem Mitunternehmer gehören und dem Betrieb dienen, § 97 Abs. 1 S. 1 Nr. 5 S. 2 BewG.

bb) Der Maßstab für die Einheitsbewertung ist durch die Neufassung des § 109 BewG durch Art. 2 des ErbStRG 2009 v. 24. 12. 2008 (BGBl. I S. 3018) nicht mehr der Steuerbilanzwert, sondern der Verkehrswert (gemeine Wert). Die Ermittlung richtet sich nach § 11 Abs. 2 BewG. Demnach ist vorrangig ein Vergleichsverfahren durchzuführen, bei dem der gemeine Wert ausgehend von einem Vergleich mit Verkäufen unter fremden Dritten, die weniger als ein Jahr zurückliegen, zu bestimmen ist. Ansonsten ist der gemeine Wert unter Berücksichtigung der Ertragsaussichten einer Gesellschaft oder einer anderen anerkannten, auch im gewöhnlichen Geschäftsverkehr für nichtsteuerliche Zwecke üblichen Methode zu ermitteln; dabei ist die Methode anzuwenden, die ein Erwerber der Bemessung des Kaufpreises zugrunde legen würde, § 11 Abs. 2 S. 2 1. HS BewG. Hierbei darf die Summe der gemeinen Werte der zum Betriebsvermögen gehörenden Wirtschaftsgüter und sonstigen aktiven Ansätze abzüglich der zum Betriebsvermögen gehörenden Schulden und sonstigen Abzüge (Substanzwert) einer Gesellschaft nicht unterschritten werden.

II. Erbschaft- und Schenkungsteuer

1. Allgemeine Charakteristik

a) Die **Erbschaft- und Schenkungsteuer** (kurz Erbschaftsteuer) erfasst grundsätzlich den **Anfall von Vermögen beim Erben bzw. Beschenkten** (Erbanfallsteuer).

Schenkungen sind als Steuertatbestand deshalb miteinbezogen, weil ansonsten durch Vermögensübertragungen zu Lebzeiten die Erbschaftsteuer umgangen werden könnte.

b) Die Erbschaftsteuer wird vor allem damit begründet, dass sie dazu dient, die **wirtschaftliche Leistungsfähigkeit** des Bereicherten zu erfassen. Der Vermögensanfall beim Erwerber von Todes wegen bzw. Beschenkten erhöht dessen wirtschaftliche Leistungsfähigkeit in gleicher Weise wie eine Vermögensanhäufung aus versteuertem Einkommen. Die Erbschaftsteuer ist gewissermaßen der **letzte Akt der Vermögensbesteuerung** und damit **gleichfalls eine Kontroll- und Ergänzungsteuer zur Einkommensteuer**.

Die Existenz einer Erbschaftsteuer wird daneben auch gesellschaftspolitisch gerechtfertigt, indem sie zur **Umverteilung von Vermögen** diene und damit einer Vermögenskonzentration entgegenwirke. Der Umverteilungsaspekt ist allerdings zweischneidig. Für personenbezogene Unternehmen (Einzelunternehmung, Personengesellschaft) bedeutet eine hohe Erbschaftsteuerbelastung, dass beim Generationenwechsel die Steuer aus der Vermögenssubstanz entrichtet werden muss und dadurch die Existenz des Betriebes gefährdet sein kann.

c) Das Erbschaftsteuerrecht erfasst nicht nur tatsächliche Vermögensanfälle, sondern auch solche, die vom Gesetz fingiert werden. Dies trifft für **Familienstiftungen und Familienvereine** zu, die zum Zwecke der Vermögenserhaltung und -verwaltung errichtet werden (§ 1 Abs. 1 Nr. 4 ErbStG). Da hierdurch das Vermögen gegebenenfalls auf nachfolgende Generationen übergehen kann, ohne dass Erbschaftsteuer anfällt, wird gesetzlich ein Übergang des Vermögens im Abstand von jeweils 30 Jahren konstruiert. Zu diesen Zeitpunkten wird dann die sog. **Erbersatzsteuer** fällig (nach BVerfGE 63, 312 verfassungsgemäß).

2. Persönliche Steuerpflicht

a) Zu unterscheiden ist zwischen **unbeschränkter und beschränkter Steuerpflicht**.

aa) Voraussetzung für eine **unbeschränkte Steuerpflicht** ist, dass **entweder der Erblasser (Schenker) oder der Erwerber oder beide Inländer** sind. Wann jemand als Inländer gilt, regelt sich grundsätzlich nach den bekannten Kriterien Wohnsitz, gewöhnlicher Aufenthalt, Geschäftsleitung bzw. Sitz der Gesellschaft, § 2 Abs. 1 Nr. 1 ErbStG. In zeitlicher Hinsicht müssen diese Kriterien beim **Erblasser im Zeitpunkt seines Todes, beim Erwerber im Zeitpunkt der Steuerentstehung** vorliegen.

bb) Bei einer **beschränkten Steuerpflicht** dürfen **weder der Erblasser (Schenker) noch der Erwerber Inländer** sein. Die Steuerpflicht umfasst das Inlandsvermögen nach § 121 BewG, § 2 Abs. 1 Nr. 3 ErbStG.

cc) Die sog. **erweiterte beschränkte Steuerpflicht** zur Vermeidung einer Steuerflucht in Niedrigsteuerländer hat im Erbschaftsteuerrecht eine geringere Bedeutung als sonst. Deutsche Staatsangehörige ohne Inlandswohnsitz unterliegen bereits der unbeschränkten Steuerpflicht, wenn sie sich für einen Zeitraum von nicht länger als fünf Jahren dauernd im Ausland aufgehalten haben, § 2 Abs. 1 Nr. 1b ErbStG.

b) Im Erbschaftsteuerrecht kommt die subjektive Komponente des Steuertatbestandes zusätzlich durch das Verhältnis zwischen Erwerber und Erblasser (Schenker) zum Tragen. **Je nach Verwandtschaftsverhältnis** ist der Erwerb einer bestimmten **Steuerklasse** zuzuordnen. Diese wiederum sind durch Steuersätze unterschiedlicher Höhe gekennzeichnet.

Das Gesetz unterscheidet **drei Steuerklassen**, in die der Steuerpflichtige einzuordnen ist. Sein Verwandtschaftsgrad bestimmt sich dabei aus der Sicht des Erblassers bzw. Schenkers, § 15 Abs. 1 ErbStG:

Steuerklasse I:

- Ehegatten und Lebenspartner
- Kinder bzw. Stiefkinder
- Kinder von verstorbenen Kindern bzw. Stiefkindern
- Eltern und Voreltern (nur beim Erwerb von Todes wegen)

Steuerklasse II:

- Eltern und Voreltern (nur bei Schenkungen unter Lebenden)
- Geschwister
- Abkömmlinge ersten Grades von Geschwistern (Nichten und Neffen)
- Stiefeltern
- Schwiegerkinder
- Schwiegereltern
- geschiedene Ehegatten und Lebenspartner einer aufgehobenen Lebenspartnerschaft

Steuerklasse III:

- alle übrigen Erwerber
- Zweckzuwendungen

3. Sachliche Steuerpflicht

Bei der Bestimmung des **Steuerobjekts knüpft** das Erbschaftsteuerrecht in besonderem Maße an **bürgerlich-rechtliche Tatbestände** an.

a) **Steuerobjekt** ist der **unentgeltliche Vermögensanfall**, soweit er auf folgenden Vorgängen beruht, § 1 Abs. 1 ErbStG:

- Erwerb von Todes wegen;
- Schenkungen unter Lebenden;
- Zweckzuwendungen;
- fiktivem Vermögensübergang bei Familienstiftungen und -vereinen in Zeitabständen von 30 Jahren.

Ein **Vermögenserwerb von Todes wegen** liegt insbesondere bei folgenden Übergängen vor, § 3 ErbStG:

- Erwerb durch Erbanfall (§ 1922 BGB);
- Erwerb durch Vermächtnis (§§ 2147 ff. BGB);
- Erwerb aufgrund eines geltend gemachten Pflichtteilanspruchs (§§ 2303 ff. BGB);
- Erwerb durch Schenkung auf den Todesfall (§ 2301 BGB);
- mittelbarem Erwerb von Todes wegen (z.B. Abfindung für den Verzicht auf den Pflichtteil, Vermögensübergang auf eine Stiftung).

Einen steuerpflichtigen Erwerb von Todes wegen stellt auch der Anteilsübergang am Gesamtgut einer ehelichen Gütergemeinschaft oder einer Lebenspartnerschaft dar. Treten im Todesfall die Nachkömmlinge in die Gesamthandsgemeinschaft ein, so wird der Anteilsübergang steuerpflichtig, § 4 Abs. 1 ErbStG.

b) Der Grundtatbestand einer **Schenkung unter Lebenden** ist die **freigebige Zuwendung**, soweit der Bedachte hierdurch **bereichert** wird, § 7 Abs. 1 Nr. 1 ErbStG. Er geht weiter als der übliche Schenkungsbegriff, da es auf kein beiderseitiges Einverständnis, sondern allein auf den Bereicherungswillen des Zuwendenden ankommt.

Die Steuerpflichtigkeit einer Schenkung ist nicht dadurch ausgeschlossen, dass diese zur Belohnung oder unter einer Auflage gemacht oder in die Form eines lästigen Vertrags gekleidet wird, § 7 Abs. 4 ErbStG. Aus Gründen der Steuerumgehung werden auch bestimmte gesellschaftsvertragliche Vorgänge bei Personen- und Kapitalgesellschaften als Schenkungen gewertet:

- Sind Schenkungen von Anteilen an Personengesellschaften mit einer Buchwertklausel verknüpft (die Rückzahlung des Kapitalanteils erfolgt nur zum Nennbetrag), so umfasst die Bereicherung dennoch den tatsächlichen Wert des Anteils (einschließlich der anteiligen stillen Reserven), § 7 Abs. 5 ErbStG.
- Ist der Anteil an einer Personengesellschaft mit einer überhöhten Gewinnbeteiligung versehen, so gilt der unangemessene Teil der Gewinnbeteiligung als selbständige Schenkung, § 7 Abs. 6 ErbStG.

– Scheidet ein Gesellschafter einer Personen- oder Kapitalgesellschaft zu Lebzeiten aus der Gesellschaft aus, so liegt bei den übrigen Gesellschaftern oder der Gesellschaft eine Bereicherung vor, wenn der erbschaftsteuerliche Wert des Anteils den Abfindungsanspruch übersteigt, § 7 Abs. 7 ErbStG.

c) **Zweckzuwendungen** (§ 8 ErbStG) können von Todes wegen oder freigebig unter Lebenden auftreten. Sie sind immer mit einer **Auflage** verbunden, zugunsten eines bestimmten Zwecks (nicht zugunsten einer Person) verwendet zu werden (z.B. Geldzuwendung zur Förderung des Heimatmuseums einer Stadt).

4. Wertermittlung

a) Die Erbschaftsteuer auf den steuerpflichtigen Erwerb bemisst sich nach dem **Wert der Bereicherung des Erwerbers**, soweit sie nicht steuerfrei ist, § 10 Abs. 1 S. 1 ErbStG.

aa) Bei Erwerbsvorgängen von Todes wegen ist vom Wert des gesamten Vermögensanfalls der **Wert der Nachlassverbindlichkeiten abzuziehen** (z.B. private Schulden, geltend gemachte Pflichtteilansprüche, Kosten der Bestattung des Erblassers), § 10 Abs. 5 ErbStG.

bb) **Nicht abziehbar** ist demgegenüber die vom Erwerber zu entrichtende **eigene Erbschaftsteuer**, § 10 Abs. 8 ErbStG. Des Weiteren dürfen Schulden und Lasten, soweit sie im wirtschaftlichen Zusammenhang mit Vermögensgegenständen stehen, die nicht der Erbschaftsteuer unterlagen, nicht abgezogen werden, § 10 Abs. 6 ErbStG.

cc) Bei **Zweckzuwendungen** besteht der steuerpflichtige Erwerb in der vom Erblasser (Schenker) dem Beschwerten **auferlegten Verpflichtung**. Sie bemisst sich nach dem Vermögenswert, der zur Erfüllung des angestrebten Zweckes bereitsteht, § 10 Abs. 1 S. 5 ErbStG.

b) Der **Wert der Bereicherung** bzw. der auferlegten Verpflichtung bestimmt sich grundsätzlich nach den **allgemeinen Bewertungsregeln des Bewertungsgesetzes**, § 12 Abs. 1 ErbStG.

aa) Für den **Grundbesitz** ist der Grundbesitzwert (§ 157 BewG) gemäß §§ 176–198, 99 BewG zu ermitteln. Dies ist gemäß § 177 BewG der gemeine Wert, welcher nach den §§ 178 ff. BewG für die einzelnen Grundstücksarten konkretisiert wird.

– **Unbebaute Grundstücke (§ 178 BewG)**:
Unbebaute Grundstücke werden gem. § 177 BewG mit dem gemeinen Wert (§ 9 BewG) bewertet, der sich anhand der Fläche und des Bodenrichtwertes ermittelt (§ 179 BewG, § 196 BauGB). Der Bodenwert beschreibt den durchschnittlichen Lagewert des Grund und Bodens pro Quadratmeter der Grundstücksfläche in einem Gebiet mit wesentlich gleichen Lage- und Nutzverhältnissen und ist der Kaufpreissammlung (§ 195 BewG) zu entnehmen.

– **Bebaute Grundstücke (§ 180 BewG):**

Die Wertermittlung ist bei bebauten Grundstücken (Vergleichswertverfahren, Ertragswertverfahren oder Sachwertverfahren) gem. § 182 Abs. 1 BewG abhängig von der Art der Bebauung oder wirtschaftlicher Nutzung.

Während nach dem Vergleichswertverfahren (§§ 182 Abs. 2, 183 BewG) der Wert eines Grundstücks durch den durchschnittlichen Lagewert von anderen Grundstücken abgeleitet wird, die in Lage, Nutzung, Bodenbeschaffenheit, Zuschnitt und sonstiger Beschaffenheit hinreichend mit dem zu vergleichenden Grundstück übereinstimmen, werden nach dem Sachwertverfahren (§§ 182 Abs. 4, 189–191 BewG) Grundstücksmarktberichte der Gutachterausschüsse herangezogen und die am regionalen Markt erzielbaren Verkaufspreise verglichen. Bei Anwendung des Ertragswertverfahrens (§§ 182 Abs. 3 BewG, 184–188 BewG) ist der Wert der Gebäude (Gebäudeertragswert) getrennt von dem Bodenwert auf der Grundlage des Ertrags nach § 185 zu ermitteln. Der Bodenwert wird in der Regel über das Vergleichswertverfahren ermittelt. Das Ertragswertverfahren kommt insbesondere dann in Betracht, wenn bei Objekten der nachhaltig erzielbare Ertrag für die Werteinschätzung am Markt im Vordergrund steht, wie etwa bei Wohn- und Gewerbeobjekten.

– **Land- und forstwirtschaftliche Betriebe (§ 160 BewG)**

Die Bewertung erfolgt gemäß § 162 Abs. 1 S. 1 BewG mit dem gemeinen Wert durch das vereinfachte Reinertragswertverfahren nach § 163 BewG, welches an eine nachhaltige, objektive Ertragsfähigkeit des Betriebes anknüpft.

bb) Die Bewertung des **Betriebsvermögens** (§§ 95–97 BewG) erfolgt gemäß § 109 BewG mit gemeinem Wert. Die Ermittlung des Wertes ergibt sich nach § 11 Abs. 2 BewG, d.h. vorrangig aus Verkäufen unter fremden Dritten (sog. Vergleichswertverfahren), ansonsten wird gemäß § 11 Abs. 2 S. 4 BewG das vereinfachte Ertragswertverfahren (§§ 199–203 BewG) angewendet.

cc) Nach § 12 BewG wird das **sonstige Vermögen** (Geldvermögen, Wertpapiere, Kapitalforderungen, Schulden u.ä.) zum Bewertungsstichtag nach den allgemeinen Bewertungsvorschriften für Zwecke der Erbschaft- und Schenkungsteuer mit dem gemeinen Wert i.S.d. § 9 BewG bewertet. Der gemeine Wert entspricht beispielsweise bei Geld, Kapitalforderungen und Schulden dem Nennwert gemäß § 12 Abs. 1 BewG, für börsennotierte Wertpapiere der Kurswert gemäß § 11 Abs. 1 BewG, und bei wiederkehrenden Leistungen und Nutzungen (u.a. Rentenforderungen) der Kapitalwert, §§ 13–16 BewG.

dd) **Bewertungsstichtag** ist grundsätzlich der Zeitpunkt, in dem die Erbschaftsteuer entsteht, § 11 ErbStG.

c) Die Steuerpflicht kann aus **sachlichen Gründen** (§§ 13a–c ErbStG) entfallen. Die allgemeinen Steuerbefreiungen sind in einem umfangreichen Katalog aufgeführt, § 13 ErbStG, so gilt etwa eine Freistellung des Erwerbs des sog. Familienheims seit dem Erbschaftsteuerreformgesetz nicht nur bei der Schenkung unter Lebenden an den Ehegatten oder Lebenspartner, sondern auch bei dem Erwerb von Todes wegen durch den Ehegatten oder Lebenspartner (§ 13 Abs. 1 Nr. 4b ErbStG) oder durch die Kinder (§ 13 Abs. 1 Nr. 4c ErbStG). Die Befreiung des Vermögensanfalls von der Steuerpflicht kann in vollem Umfang, teilweise oder auch betragsmäßig erfolgen. Sie ist des Weiteren auch davon abhängig, in welche Steuerklasse der Erwerb fällt.

Die steuerlichen Begünstigungen für Betriebsvermögen, für land- und forstwirtschaftliches Vermögen und für Anteile an Kapitalgesellschaften wurden in den §§ 13a, 13b ErbStG durch das Erbschaftsteuerreformgesetz neu geregelt. Dieses Vermögen wird regelmäßig zu 85% (§§ 13a Abs. 1–5, 13b Abs. 4 ErbStG) oder auch zu 100% (§ 13a Abs. 8 i.V.m. Abs. 1–7, § 13b ErbStG) von der Steuer befreit, wenn der Betrag des Verwaltungsvermögens i.S.d. § 13b Abs. 2 S. 2, 3 ErbStG bestimmte Grenzen nicht überschreitet. Das Verwaltungsvermögen umfasst die Arten von Vermögensgegenständen, welche Gegenstand vermögensverwaltender Tätigkeiten sind. § 13b Abs. 1 ErbStG bestimmt, welches Vermögen überhaupt nach §§ 13a, 13b ErbStG begünstigt werden kann.

Bei der Regelverschonung beträgt der Anteil des begünstigten Betriebsvermögens 85% des Gesamtbetriebsvermögens (§ 13b Abs. 4 ErbStG). Folglich wird damit angenommen, dass pauschal 15% des angefallenen Betriebsvermögens als Verwaltungsvermögen zu versteuern sind. Das begünstigte Vermögen bleibt aufgrund des **Verschonungsabschlags** (§ 13a Abs. 1 ErbStG) insgesamt außer Ansatz und wird von der Erbschaft- und Schenkungsteuer freigestellt. Diese Begünstigung fällt jedoch in den Fällen des § 13b Abs. 1 S. 1 ErbStG komplett weg, wenn das Verwaltungsvermögen über 50% ansteigt (Alles-oder-Nichts-Prinzip). § 13a Abs. 2 ErbStG sieht weiterhin einen sog. **Abzugsbetrag** von bis zu 150.000 Euro vor, welcher die übrigen 15% Betriebsvermögen teilweise steuerfrei stellt. § 13 Abs. 3–5 ErbStG regeln die Voraussetzungen für die Gewährung des Verschonungsabschlages und des Abzugsbetrages. So muss der neue Eigentümer den Betrieb in eigener Verantwortung fortführen (etwa keine Übertragung auf Dritte oder Miterben). Des Weiteren darf nach der Lohnsummenklausel die jährliche Lohnsumme des Betriebs i.S.d. § 13a Abs. 4 ErbStG innerhalb von fünf Jahren nach dem Erwerb 400% der Ausgangslohnsumme nicht unterschreiten (Lenkungszweck: Erhalt von Arbeitsplätzen). Schließlich regelt § 13a Abs. 5 ErbStG für die Fortführung des Betriebs als Eigentümer eine Behaltensfrist von fünf Jahren.

Gemäß § 13a Abs. 8 ErbStG kann anstelle der Regelverschonung eine Begünstigung des gesamten Vermögens beantragt werden. Voraussetzung ist, dass der Anteil des Verwaltungsvermögens am Gesamtbetriebsvermögen im Zeitpunkt des Erwerbs nicht mehr als 10% beträgt. Dabei gilt jedoch eine siebenjährige Lohnsummenfrist und eine Lohnsumme von 700%, § 13a Abs. 8 Nr. 1 ErbStG. Die Behaltensfrist beträgt sieben Jahre, § 13a Abs. 8 Nr. 2 ErbStG.

§ 13c ErbStG sieht eine Steuerbefreiung (Bewertungsabschlag i.H.v. 10% des festgestellten gemeinen Wertes) für zu Wohnzwecken vermietete Grundstücke vor.

d) **Persönliche Steuerbefreiungen** werden in der Form allgemeiner Freibeträge, § 16 ErbStG, und als besondere Versorgungsfreibeträge, § 17 ErbStG, gewährt.

aa) Die allgemeinen Freibeträge betragen:

	Euro
– für Ehegatten und Lebenspartner:	500.000
– für Kinder, Stiefkinder und Kinder der verstorbenen Kinder:	400.000
– für die Enkel:	200.000
– für die übrigen Personen der Steuerklasse I:	100.000
– für die Personen der Steuerklasse II und III:	20.000

bb) Dem überlebenden Ehegatten oder Lebenspartner wird ein besonderer Versorgungsfreibetrag von nochmals 256.000 Euro zugestanden, § 17 Abs. 1 ErbStG. Dieser Betrag ist allerdings um den Kapitalwert solcher Versorgungsbezüge zu kürzen, die aus Anlass des Todes zustehen und nicht der Erbschaftsteuer unterliegen. Für Kinder ist je nach Altersstufe ein besonderer Versorgungsfreibetrag von bis zu 52.000 Euro vorgesehen, § 17 Abs. 2 ErbStG.

5. Tarif und Besteuerungsverfahren

a) Der **Erbschaftsteuertarif** gemäß § 19 ErbStG steht in Abhängigkeit von der **Steuerklasse** und dem **Wert des steuerpflichtigen Erwerbes** und beträgt zwischen 7% und 50%.

aa) Im Vergleich zum Einkommensteuertarif (Marginalsteuersätze) geht der Erbschaftsteuertarif von Effektivsteuersätzen aus; d.h., dass der Steuersatz der erreichten Wertstufe für den gesamten steuerpflichtigen Erwerb gilt und nicht nur für den die vorhergehende Wertstufe übersteigenden Teil.

bb) Ein **mehrfacher Erwerb ein und desselben Vermögens** von Todes wegen wird in besonderer Weise begünstigt, wenn, § 27 Abs. 1 ErbStG:

– die Vermögensanfälle jeweils in derselben Klasse einzuordnen sind, und
– die Vermögensanfälle nicht weiter als zehn Jahre auseinanderliegen.

Je nach Zeitabstand zwischen den steuerpflichtigen Vermögensanfällen wird eine Ermäßigung des Steuersatzes zwischen 10% und 50% gewährt.

cc) Aufgrund der Vielzahl der im Erbschaftsteuerrecht gewährten Freibeträge könnten Steuerpflichtige dazu verleitet sein, ihr Vermögen in Teileinheiten zu übertragen. Durch geschickte Gestaltungen könnte gar eine Erbschaftsteuerbelastung ganz umgangen werden. Um dem entgegenzuwirken, müssen alle innerhalb eines Zeitraumes von zehn Jahren von derselben Person anfallenden Vermögensvorteile zusammengerechnet werden, § 14 ErbStG. Die Freibeträge gelten letztlich ein **einziges Mal für den zusammengerechneten Vermögensvorteil** und nicht mehrmals.

b) Jeder steuerpflichtige Erwerb ist binnen einer Frist von drei Monaten dem Finanzamt anzuzeigen, § 30 Abs. 1 ErbStG.

c) Neben der allgemeinen Stundungsregelung kennt das Erbschaftsteuergesetz noch die in § 28 ErbStG aufgeführten besonderen Stundungsregelungen. So kann nach § 28 Abs. 1 ErbStG die Erbschaftsteuer, die auf den Erwerb von Betriebsvermögen oder land- und forstwirtschaftlichem Vermögen entfällt, bis zu zehn Jahren gestundet werden, wenn dies zur Aufrechterhaltung des Betriebes erforderlich ist. § 28 Abs. 3 ErbStG sieht schließlich eine ebenso lange Stundungsmöglichkeit für die Steuer vor, die auf zu eigenen Wohnzwecken genutzte Immobilien entfällt, soweit der Erwerber die Steuer sonst nur durch Veräußerung dieses Vermögens aufbringen könnte.

D. Kirchensteuer

I. Die Kirchensteuer ist eine **Personensteuer, die von Mitgliedern der Kirchen und anderen steuerberechtigten Religionsgemeinschaften** erhoben wird.

1. Die **Berechtigung**, eine Kirchensteuer zu erheben, steht nur solchen Religionsgemeinschaften zu, die als **Körperschaft des öffentlichen Rechts** anerkannt sind. Zwar stellen die muslimischen Religionsgemeinschaften mit mehr als vier Mio. Gläubigen in Deutschland die drittgrößte Kraft hinter der römisch-katholischen und der evangelischen Kirche dar, mangels hinreichend klaren Organisationsstrukturen erfüllen sie jedoch (noch) nicht die Voraussetzungen einer Körperschaft des öffentlichen Rechts und sind folglich auch nicht zur Erhebung einer Kirchensteuer berechtigt.

Die Regelungskompetenz steht ausschließlich den Ländern zu (Art. 140 GG i.V.m. Art. 137 Abs. 6 WRV sowie die einzelnen Länderverfassungen).

2. **Kirchensteuerpflichtig** sind die **natürlichen Personen**, die **Mitglied** einer steuerberechtigten Religionsgemeinschaft sind und in deren Bereich ihren Wohnsitz oder gewöhnlichen Aufenthalt haben. Bei sog. glaubensverschiedenen Ehen (nur ein Ehegatte ist Mitglied) darf nur der kirchensteuerpflichtige Ehegatte zur Steuer herangezogen werden. Hierbei sind allein die in seiner Person begründeten Besteuerungsmerkmale maßgebend (BVerfGE 19, 206).

II. Die **Bemessungsgrundlage** der Kirchensteuer kann je **nach Landesgesetz verschieden** ausgestaltet sein:

- als Zuschlag zur Einkommensteuer bzw. Lohnsteuer;
- als Zuschlag zum Messbetrag der Grundsteuer;
- als Zuschlag zum Einheitswert des Grundbesitzes;
- als Kirchgeld.

Einzelne Bundesländer sehen eine Mindestkirchensteuer vor.

In der Regel wird die Kirchensteuer als Zuschlag zur Einkommensteuer bzw. Lohnsteuer erhoben. Mit Ausnahme der Veranlagung zur Kircheneinkommensteuer in Bayern sowie dem Kirchgeld wird die Kirchensteuer von den Finanzämtern festgesetzt und eingezogen (= verwaltet).

III. Die **Kirchensteuersätze** sind gleichfalls **uneinheitlich**. Als **Zuschlag zur Einkommensteuer bzw. Lohnsteuer** betragen sie **8% oder 9%**, wobei Kinderfreibeträge zu berücksichtigen sind, § 51a EStG.

1. Eine Begrenzung der Höhe der Kirchensteuer bewirkt die sog. **Kappung**. Hiernach kann bei hohen Einkommen ein Zuschlag von 3% bis 4% auf das veranlagte Einkommen und nicht auf die Einkommensteuer vorgenommen werden **(Billigkeitsmaßnahme)**.

2. Die Kirchensteuer ist als **Sonderausgabe** bei der Einkommensteuer in vollem Umfang abzugsfähig, § 10 Abs. 1 Nr. 4 EStG. Die effektive Kirchensteuerbelastung sinkt damit umso stärker, je höher das Einkommen liegt.

Zweiter Abschnitt

Objektsteuern

A. Gewerbesteuer

I. Allgemeine Charakteristik

1. Die Gewerbesteuer ist eine der **fiskalpolitisch umstrittensten Steuern** des gesamten Steuersystems.

Auch ist sie wegen der einseitigen Belastung der Einkünfte von Gewerbetreibenden und der Ausklammerung der Land- und Forstwirte, der Freiberufler und anderen Selbständigen im Hinblick auf den allgemeinen Gleichheitssatz des Art. 3 Abs. 1 GG verfassungsrechtlichen Bedenken ausgesetzt. Das Bundesverfassungsgericht (vgl. zuletzt BVerfGE 120, 1) bejaht gleichwohl ihre Vereinbarkeit mit dem Grundgesetz.

Die Gewerbesteuer ist seit jeher eine Gemeindesteuer, § 1 GewStG, und trägt somit im Wesentlichen zur **Finanzierung der Gemeindeausgaben** bei. Während früher die Gewerbesteuereinnahmen in vollem Umfange der gemeindlichen Finanzautonomie unterlagen, gilt seit 1969 (Gemeindefinanzreformgesetz, BGBl. I 1969, 1587) das sog. **Umlageverfahren.** Hiernach müssen die Gemeinden einen bestimmten Anteil ihres Gewerbesteueraufkommens an Bund und Länder weiterleiten. Im Gegenzug erhalten sie dafür einen Anteil am Aufkommen der Einkommensteuer. Seit Abschaffung der Gewerbesteuer vom Kapital mit Wirkung zum 1.1.1998 erhalten die Gemeinden ferner auch einen Anteil am Aufkommen der Umsatzsteuer.

2. Die Gewerbesteuer **knüpft an das Objekt „Gewerbebetrieb" an** und ist damit eine **Sondersteuer** für gewerbliche Unternehmen. Selbständig Tätige und auch Land- und Forstwirte sind davon grundsätzlich nicht betroffen.

Die **Rechtfertigung** dieser Steuer besteht allein in der **fiskalpolitischen Notwendigkeit**, den **Gemeinden eine Einnahmequelle** zu erhalten. Gelegentlich wurde zu ihrer Begründung auf das **Äquivalenzprinzip** verwiesen. Als Gegenleistung für staatliche Infrastrukturmaßnahmen zugunsten der gewerblichen Betriebe kann sie jedoch schwerlich gekennzeichnet werden. Die Höhe ihres Aufkommens sowie die Überwälzung der Steuer selbst sprechen eindeutig gegen ein Leistungs-Gegenleistungs-Verhältnis.

Die Gewerbesteuer bezieht die Erträge eines Unternehmens in die **Bemessungsgrundlage** ein. Daraus ergibt sich eine **Mehrfachbelastung** des Ertrages mit Einkommen- bzw. Körperschaftsteuer und Gewerbesteuer.

Die **gravierenden Mängel der Gewerbesteuer** haben zu einer Vielzahl von **Reformvorschlägen** geführt. Die Lösung des Grundproblems: „Abschaffung der Gewerbesteuer bei gleichzeitiger Erhaltung der gemeindlichen Finanzautonomie" wird dabei zumeist in einer Beteiligung der Gemeinden an anderen Steuern gesucht, wie dies auch im Rahmen der Abschaffung der Gewerbesteuer vom Kapital im Hinblick auf die Umsatzsteuer der Fall war. Die Sonderbelastung wird seit 1999 im Einkommensteuerrecht durch die Tarifbegrenzung für gewerbliche Einkünfte (§ 32c EStG) immerhin abgemildert. Durch das Steuersenkungsgesetz wurde § 32c EStG abgeschafft und eine pauschalierte Anrechnung der Gewerbesteuer (§ 35 EStG) auf die Einkommensteuer eingeführt.

Zum 4.3.2010 wurde eine Kommission zur Reform der Gemeindefinanzen eingesetzt. In ihrem am 9.7.2010 vorgelegten Bericht werden drei Modelle zur Stabilisierung der Finanzlage der Kommunen diskutiert. Das „Prüfmodell" sieht vor, die Gewerbesteuer einschließlich der Gewerbesteuerumlage und der Anrechnungsmöglichkeit der Gewerbesteuer auf die Einkommensteuer abzuschaffen und den Gemeinden stattdessen einen mit Hebesatzrecht ausgestatteten Zuschlag zur Einkommensteuer und zur Körperschaftsteuer zu geben. Der Zuschlag soll dem aktuellen Gemeindeanteil an der Einkommensteuer entsprechen (15%). Die Einkommensteuer-Tarifeckwerte sollen im Gegenzug um 15% sinken. Durch den Zuschlag bei der Körperschaftsteuer würde der Steuersatz um 9,65 Prozentpunkte auf 24,65% ansteigen. Außerdem wird ein Modell der Bundesvereinigung der kommunalen Spitzenverbände diskutiert, welches eine Beibehaltung der Gewerbesteuer vorsieht, wobei der Kreis der Steuerpflichtigen um Freiberufler erweitert werden soll. Die Bemessungsgrundlage soll um die gezahlten Zinsen erweitert werden. Das dritte Modell stammt von der Stiftung Marktwirtschaft und sieht statt der Gewerbesteuer eine Beteiligung der Kommunen am Lohnsteueraufkommen vor sowie eine neue kommunale Unternehmensteuer mit Hebesatzrecht.

3. Aus dem **Objektcharakter** der Gewerbesteuer folgt, dass die **persönlichen Verhältnisse** des Objekt-Eigentümers **außer Acht** bleiben.

II. Steuerobjekt

1. Steuergegenstand ist der **stehende Gewerbebetrieb** mit seinen inländischen Betriebsstätten sowie der Reisegewerbebetrieb, §§ 2 Abs. 1, 35a GewStG.

a) Als Gewerbebetrieb gelten, § 2 Abs. 1–3 GewStG:

– Jedes gewerbliche Unternehmen i.S. des Einkommensteuergesetzes (§ 15 Abs. 2 und 3 EStG), § 2 Abs. 1 S. 2 GewStG = **Gewerbebetrieb kraft gewerblicher Betätigung**;

– Die Tätigkeit von Kapitalgesellschaften, Erwerbs- und Wirtschaftsgenossenschaften, Versicherungsvereinen auf Gegenseitigkeit, § 2 Abs. 2 GewStG = **Gewerbebetrieb kraft Rechtsform**;

– Die Tätigkeit der sonstigen juristischen Personen des privaten Rechts und der nichtrechtsfähigen Vereine, soweit sie einen wirtschaftlichen Geschäftsbetrieb (ausgenommen Land- und Forstwirtschaft) betreiben, § 2 Abs. 3 GewStG = **Gewerbebetrieb kraft wirtschaftlichen Geschäftsbetriebes**.

b) Die Tätigkeit eines Freiberuflers ist nur dann gewerbesteuerpflichtig, wenn sie in der Form eines Gewerbebetriebes kraft Rechtsform ausgeübt wird (z.B. Steuerberatungs-GmbH) oder gemäß § 2 Abs. 1 S. 2 GewStG i.V.m. § 15 Abs. 3 EStG das Betreiben eines Handelsgewerbes vermutet wird.

2. Ob **mehrere Betriebsstätten** eines Eigentümers einen gemeinsamen Gewerbebetrieb bilden, ist von der Rechtsform der Unternehmen abhängig.

a) Bei natürlichen Personen müssen die gleichartigen Betriebe eine wirtschaftliche Einheit bilden. Sie müssen wirtschaftlich, finanziell und organisatorisch innerlich zusammenhängen. Dies wird auch für verschiedene Betriebszweige angenommen, die als Teil eines Gewerbebetriebes anzusehen sind (z.B. Gastwirtschaft und Metzgerei).

b) Bei Personen- und Kapitalgesellschaften gelten sämtliche von ihnen betriebene Geschäftszweige als ein Gewerbebetrieb.

3. Nach der sog. Betriebsstättenfiktion des § 2 Abs. 2 S. 2 GewStG gilt eine Kapitalgesellschaft, die Organgesellschaft ist, für die Dauer der Organschaft als Betriebsstätte des Organträgers. Die Voraussetzungen für eine Organschaft ergeben sich aus den §§ 14, 17, 18 KStG. Danach bedarf es stets einer finanziellen Eingliederung sowie des Vorliegens eines zivilrechtlich wirksamen Gewinnabführungsvertrages (§ 291 Abs. 1 AktG). Rechtsfolge der gewerbesteuerlichen Organschaft ist, dass die Ergebnisse der Beteiligten zusammengerechnet und beim Organträger als Steuerschuldner versteuert werden.

III. Steuerpflicht

1. **Beginn und Ende** der Steuerpflicht sind von der **Rechtsform** des Gewerbebetriebes abhängig.

Bei **Einzelgewerbetreibenden** und **Mitunternehmerschaften** beginnt die Steuerpflicht, wenn die Voraussetzungen erfüllt sind, die zur Annahme eines Gewerbebetriebes erforderlich sind. Sie endet mit der tatsächlichen Einstellung des Betriebes, d.h. der Aufgabe jeder werbenden Tätigkeit.

Bei **Kapitalgesellschaften** und anderen **juristischen Personen** beginnt die Steuerpflicht regelmäßig mit der Eintragung in das Handelsregister bzw. der aufsichtsbehördlichen Erlaubnis. Wird die nach Außen in Erscheinung tretende geschäftliche Tätigkeit bereits vorher aufgenommen, so beginnt die Steuerpflicht bereits zu diesem Zeitpunkt. Die Steuerpflicht erlischt erst, wenn das Vermögen an die Gesellschafter verteilt worden ist.

2. Die **Befreiungstatbestände** erfassen – wie im Körperschaftsteuerrecht – Unternehmen, die aus den verschiedensten Gründen steuerlich begünstigt werden sollen (z.B. private Schulen, Krankenhäuser), § 3 GewStG.

3. **Steuerschuldner** ist der **Unternehmer, für dessen Rechnung das Gewerbe betrieben wird**. Bei Mitunternehmerschaften sind nicht die einzelnen Gesellschafter, sondern die Gesellschaft selbst Steuerschuldner, § 5 Abs. 1 GewStG.

IV. Bemessungsgrundlage

1. Die **Bemessungsgrundlage** der Gewerbesteuer ist der **Gewerbeertrag**, § 6 GewStG.

Die Bemessungsgrundlage Gewerbeertrag knüpft an **Ausgangsgrößen** an, die als Bemessungsgrundlagen von **Personensteuern** dienen. Wegen des **Objektcharakters** der Gewerbesteuer müssen die **Ausgangsgrößen** um solche Elemente **modifiziert** werden, die in den persönlichen Verhältnissen des Steuerpflichtigen begründet liegen. Des Weiteren wird das gewerbliche Betriebsvermögen soweit **objektiviert**, dass die **Herkunft des genutzten Kapitals unbeachtlich ist**. Demnach sind auch das Fremdkapital und die hieraus resultierenden Zinszahlungen zu berücksichtigen. Dies geschieht allerdings nicht in vollem Umfang.

2. Die **Ausgangsgröße für den Gewerbeertrag** ist der **Gewinn aus Gewerbebetrieb**, wie er sich nach dem Einkommen- bzw. Körperschaftsteuergesetz ergibt, § 7 GewStG. Er ist um verschiedene Hinzurechnungen und Kürzungen zu modifizieren, §§ 8, 9 GewStG.

a) Soweit sie bei der Ausgangsgröße „Gewinn" abgezogen worden sind, müssen u.a. folgende Beträge wieder **hinzugerechnet** werden, § 8 GewStG:

– ein Viertel der Summe aus bestimmten Entgelten für die Nutzung des dem Betrieb überlassenen Geld- und Sachkapitals, soweit die Summe den Freibetrag von 100.000 Euro übersteigt. Diese Summe setzt sich zusammen aus Entgelten für Schulden, Renten und dauernden Lasten, Gewinnanteilen des stillen Gesellschafters, einem Fünftel der Miet- und Pachtzinsen für bewegliche sowie der Hälfte der Miet- und Pachtzinsen für unbewegliche Wirtschaftsgüter des Anlagevermögens und schließlich aus einem Viertel der Aufwendungen für die zeitlich befristete Überlassung von Rechten wie Konzessionen und Lizenzen, § 8 Nr. 1 GewstG;

– die Gewinnanteile, die an persönlich haftende Gesellschafter einer KGaA als Sondervergütungen verteilt worden sind, § 8 Nr. 4 GewStG;

– bestimmte Dividenden, Bezüge und Leistungen aus Anteilen aus einer Körperschaft, Personenvereinigung oder Vermögensmasse, die nach § 3 Nr. 40 EStG oder § 8b Abs. 1 KStG steuerfrei sind, § 8 Nr. 5 GewStG;

– die Anteile am Verlust einer in- oder ausländischen Mitunternehmerschaft, § 8 Nr. 8 GewStG;

– Ausgaben i.S. des § 9 Abs. 1 Nr. 2 KStG (Spenden), § 8 Nr. 9 GewStG;

– bestimmte Gewinnminderungen, § 8 Nr. 10 GewStG;

– nach § 34c EStG abgezogene ausländische Steuer, § 8 Nr. 12 GewStG.

b) Die Summe des Gewinns und der Hinzurechnungen wird u.a. **gekürzt** um, § 9 GewStG:

- 1,2% des Einheitswerts des zum Betriebsvermögen gehörenden Grundbesitzes, § 9 Nr. 1 GewStG;
- die Gewinnanteile einer in- oder ausländischen Mitunternehmerschaft, § 9 Nr. 2 GewStG;
- die Gewinne aus Anteilen (mindestens 15%) an einer nicht steuerbefreiten inländischen Kapitalgesellschaft (gewerbesteuerliches Schachtelprivileg), § 9 Nr. 2a GewStG;
- die auf ausländische Betriebsstätten entfallenden Gewinnanteile, § 9 Nr. 3 GewStG;
- Spenden ähnlich der Berechnung des § 10b EStG, § 9 Nr. 5 GewStG.

3. Die aufgezeigten Hinzurechnungen und Kürzungen verdeutlichen, dass die **Gewerbesteuer** – entgegen ihrer Zielsetzung, die Ertragskraft des Unternehmens zu besteuern – zu einer **Substanzbesteuerung** führen kann. Werden keine Gewinne erzielt, so kann sich durch die Hinzurechnung von Dauerschuldzinsen ein positiver Gewerbeertrag ergeben.

V. Besteuerungsverfahren

1. **Die Berechnung** der Gewerbesteuer setzt sich aus zwei Faktoren zusammen: **Steuermessbetrag und Hebesatz**.

a) Für die Gewerbeertragsteuer ist zunächst der **Steuermessbetrag** zu ermitteln, § 11 GewStG. Er ergibt sich durch Anwendung der Steuermesszahl in Höhe von 3,5% auf den ermittelten Gewerbeertrag, § 11 Abs. 2 GewStG. Bei Hausgewerbetreibenden und ihnen gleichgestellten Personen ermäßigt sich die Steuermesszahl auf 56%, d.h. sie beträgt 1,96%.

Bei der Ermittlung des Gewerbeertrages ist der Freibetrag des § 11 Abs. 1 S. 3 GewStG zu beachten, der sich bei natürlichen Personen sowie bei Personengesellschaften auf 24.500 Euro beläuft. Der Steuermessbetrag wird gemäß § 14 GewStG durch das Finanzamt festgesetzt.

b) Die Höhe der Gewerbesteuer ist schließlich vom **Hebesatz der Gemeinde** abhängig, in deren Bereich der Betrieb belegen ist. Er wird als **Hundertsatz auf den einheitlichen Messbetrag** angewendet, § 16 Abs. 1 GewStG (Beispiel: Steuermessbetrag einer Kapitalgesellschaft: 2.000 Euro x Hebesatz 300% = Gewerbesteuer 6.000 Euro). Seit 2004 gilt gemäß § 16 Abs. 4 S. 2 GewStG ein Mindesthebesatz von 200%, der nach Ansicht des Gesetzgebers „gravierende regionale Verwerfungen" bei der Besteuerung vermeiden und „annähernd gleiche Lebensverhältnisse im Bundesgebiet" herstellen soll (BT-Drs. 15/1517 S. 19), der jedoch wegen des damit einhergehenden Eingriffs in die Finanzautonomie der Gemeinden erheblicher Kritik ausgesetzt ist.

2. Erstreckt sich eine Betriebsstätte über mehrere Gemeinden oder liegen mehrere Betriebsstätten in verschiedenen Gemeinden, so bedarf es einer **Zerlegung des Steuermessbetrages**, § 28 GewStG.

Als Zerlegungsmaßstab nennt das Gesetz in § 29 GewStG das Verhältnis der Summe der Arbeitslöhne zu den in den jeweiligen Gemeinden angefallenen Arbeitslöhnen. Führt dies jedoch zu einem offenbar unbilligen Ergebnis, ist nach einem Maßstab zu zerlegen, der die Verhältnisse besser berücksichtigt, § 33 GewStG.

B. Grundsteuer

I. Allgemeine Charakteristik

1. Die Grundsteuer ist neben der Gewerbesteuer die **zweite Säule des geltenden Realsteuersystems**.

Sie **dient** – ebenso wie die Gewerbesteuer – den **Gemeinden als weitere Einnahmequelle**, Art. 106 Abs. 6 S. 1 GG.

Die Bedeutung der Grundsteuer ist im Zusammenhang mit ihrem Besteuerungsobjekt, dem Grundbesitz, zu sehen. Bevor man eine Personenbesteuerung kannte, eignete sich der Grundbesitz als Anknüpfungspunkt der Besteuerung in besonderer Weise. Im geltenden System der Individualbesteuerung besteht deshalb ein **Begründungsdefizit**. Ähnlich der Gewerbesteuer bleibt **einzig das finanzpolitische Motiv der Gemeindefinanzierung**, um die Grundsteuer heute noch zu rechtfertigen.

2. Kennzeichnend für die Grundsteuer ist, dass sie zu einer **Mehrfachbelastung ein und desselben Besteuerungsgegenstandes** führt. Erträge aus Grundbesitz werden demnach durch die **Einkommensteuer** und durch die **Grundsteuer** erfasst. Geht Grundbesitz auf einen anderen Eigentümer über, so fällt hierbei Grunderwerbsteuer oder Erbschaft- bzw. Schenkungsteuer an.

II. Steuerobjekt

1. **Steuergegenstand** ist der **Grundbesitz i.S.d. Bewertungsgesetzes**, § 2 GrStG. Er erfasst die wirtschaftlichen Einheiten bzw. Untereinheiten:

- Betriebe der Land- und Forstwirtschaft;
- Privatgrundstücke;
- Betriebsgrundstücke.

Für die Grundsteuer werden die **Betriebsgrundstücke** nach der **Zuordnungsregel des § 99 BewG** entweder dem Betrieb der Land- und Forstwirtschaft oder den Privatgrundstücken zugeordnet.

2. Wegen des Objektsteuercharakters sind die persönlichen Verhältnisse des Steuerpflichtigen nur insoweit bedeutsam, als sie zu einer **Steuerbefreiung** führen können, § 3 GrStG.

a) Von der Grundsteuer **befreit** ist der Grundbesitz, welcher von **juristischen Personen des öffentlichen Rechts oder öffentlich-rechtlichen Religionsgemeinschaften** genutzt wird. Des Weiteren ist der gemeinnützigen und mildtätigen Zwecken dienende Grundbesitz befreit.

b) Die weiteren Befreiungstatbestände, §§ 4–8 GrStG, sind spezieller Natur und greifen nur **subsidiär**, falls nicht bereits eine Befreiung nach § 3 GrStG vorliegt.

3. **Schuldner** der Grundsteuer ist derjenige, **dem der Steuergegenstand bei der Feststellung des Einheitswerts zugerechnet wird**, § 10 Abs. 1 GrStG. Die Zurechnung eines Erbbaurechts, Wohnungserbbaurechts oder Teilerbbaurechts führt dazu, dass für das belastete Grundstück auch die Grundsteuer geschuldet wird, § 10 Abs. 2 GrStG.

4. Neben der Steuerschuldnerschaft kennt das Grundsteuergesetz zusätzlich eine **persönliche und dingliche Haftung**.

a) Bei Nießbrauchs- oder diesen ähnlichen Rechten haftet der Berechtigte neben dem Steuerschuldner, § 11 GrStG.

b) Das Grundstück haftet für die Grundsteuer selbst, d.h., es besteht eine dingliche Haftung. Sie richtet sich gegen den Eigentümer, der nicht Steuerschuldner sein muss, § 12 GrStG.

III. Bemessungsgrundlage und Besteuerungsverfahren

1. Die **Bemessungsgrundlage** der Grundsteuer ist der **Einheitswert (bzw. der steuerpflichtige Teil) des Steuergegenstandes i.S.d. Bewertungsgesetzes**, § 13 Abs. 1 GrStG. Maßgebend ist der Einheitswert zu Beginn des Kalenderjahres, für das die Grundsteuer festgesetzt wird, § 9 Abs. 1 GrStG.

Der Bewertung liegen die Wertverhältnisse zum 1.1.1964 zugrunde. Für die Grundsteuer ist die Wertanhebung der Einheitswerte per 1.1.1974 um das 1,4-fache nicht zu beachten (§ 121a BewG). Die in den §§ 138 ff. BewG für die Bewertung von Grundbesitz enthaltenen Regelungen finden bei der Grundsteuer keine Berücksichtigung.

2. Die **Berechnung der Grundsteuer** erfolgt – wie bei der Gewerbesteuer – nach dem **Messbetragsverfahren**, § 13 Abs. 1 GrStG.

a) Auf die Bemessungsgrundlage wird zunächst die Steuermesszahl angewendet, wodurch sich der Steuermessbetrag ergibt.

Je nach Steuerobjekt unterscheidet das Gesetz folgende Steuermesszahlen:

- Betriebe der Land- und Forstwirtschaft: 6 ‰ (§ 14 GrStG);
- Grundstücke, die nicht Ein- oder Zweifamilienhaus sind: 3,5 ‰ (§ 15 Abs. 1 GrStG);
- Einfamilienhäuser: für die ersten 38.346,89 Euro des Einheitswertes: 2,6 ‰, für den Rest: 3,5 ‰ (§ 15 Abs. 2 Nr. 1 GrStG);
- Zweifamilienhäuser: 3,1 ‰ (§ 15 Abs. 2 Nr. 2 GrStG).

b) Die **Feststellung der Steuermessbeträge** erfolgt von Amts wegen jeweils auf den **Hauptfeststellungszeitpunkt für die Einheitswerte**. Der hier festgesetzte Steuermessbetrag gilt grundsätzlich von dem Kalenderjahr an, das zwei Jahre nach dem Hauptveranlagungszeitpunkt beginnt, § 16 GrStG.

c) Wenn sich das Steuerobjekt über mehrere Gemeinden erstreckt, so muss eine **Zerlegung des Steuermessbetrages** erfolgen, § 22 GrStG. Grundsätzlich bestimmt sich der Zerlegungsmaßstab nach dem **Verhältnis der auf die einzelnen Gemeinden entfallenden Flächengrößen**.

d) Die endgültige **Grundsteuerbelastung** ergibt sich durch Anwendung des **Hebesatzes der Gemeinde auf den Steuermessbetrag**, § 25 Abs. 1 GrStG. Die Hebesätze in einer Gemeinde dürfen für Betriebe der Land- und Forstwirtschaft einerseits und Grundstücke andererseits unterschiedlich hoch sein. Innerhalb der beiden Gruppen müssen die Hebesätze jeweils einheitlich angewendet werden, § 25 Abs. 4 GrStG.

3. Im Gegensatz zur Gewerbesteuer kennt das Grundsteuergesetz **spezielle Erlassvorschriften** für den Fall einer wesentlichen Ertragsminderung des Steuergegenstandes. Damit also die Grundsteuer keine substanzgefährdende Wirkung entfaltet, kann bei einer Minderung des Rohertrages um mehr als 50% ein Erlass der Grundsteuer in Höhe von 25% und bei einer Minderung des Rohbetrages um 100% ein Erlass der Grundsteuer in Höhe von 50% beantragt werden, § 33 Abs. 1 GrStG.

Gleichfalls ganz oder teilweise zu erlassen ist die Grundsteuer für sog. Kulturgut und Grünanlagen, § 32 GrStG.

Dritter Abschnitt

Verkehrsteuern

A. Umsatzsteuer

I. Allgemeine Charakteristik

1. Die Umsatzsteuer ist die **bedeutendste Steuer auf die Verwendung von erzieltem Einkommen**. Neben der Lohn- und Einkommensteuer ist sie die ertragreichste Einnahmequelle des Fiskus. Ihr Aufkommen betrug (inklusive Einfuhrumsatzsteuer) im Jahr 2010 ca. 180 Mrd. Euro.

Die Anknüpfung einer Steuer am wirtschaftlichen Warenaustausch ist eine der ältesten Besteuerungsformen der Steuergeschichte. Eine erste dem heutigen Verständnis einer Umsatzbesteuerung entsprechende Steuer war die Warenumsatzstempelabgabe von 1916 (RGBl. 1916, 639). Sie war eine **Allphasen-Bruttoumsatzsteuer** und wurde wie die heutige Umsatzsteuer auf jeder Umsatzstufe des Warenwegs erhoben. Allerdings wurden die erwerbenden Unternehmer in den einzelnen Handelsstufen nicht von der ihnen in Rechnung gestellten Umsatzsteuer entlastet und mussten diese deshalb zwangsläufig in ihren Verkaufspreis einkalkulieren. Dies führte zu einer **Kumulationswirkung (Steuer auf Steuer)**. Diese wurde umso größer, je länger der Umsatzweg war. Die gewerbliche Wirtschaft begegnete ihr zunehmend mit Konzentrationstendenzen, die dann aber zu Wettbewerbsverzerrungen führten.

Verfassungsrechtliche Bedenken (BVerfGE 21, 12) sowie die EG-Harmonisierung der Umsatzbesteuerung führten 1968 zur **Allphasen-Nettoumsatzsteuer mit Vorsteuerabzug (Mehrwertsteuer)**.

2. Das **geltende Umsatzsteuersystem vermeidet die Kumulationswirkung**. Nach wie vor wird die Umsatzsteuer auf jeder Stufe des Warenwegs erhoben. Bemessungsgrundlage ist jeweils das dem Leistungsempfänger berechnete Nettoentgelt, d.h. ohne Umsatzsteuer. Von seiner Umsatzsteuerschuld darf jeder Unternehmer die ihm in der Vorphase in Rechnung gestellte Umsatzsteuer im Wege des sog. **Vorsteuerabzugs** abziehen (§ 15 UStG). Dies hat zur Folge, dass im Ergebnis nur die Differenz zwischen dem Nettoverkaufspreis und dem Nettoeinkaufspreis einer Ware oder Dienstleistung besteuert wird. Mit Umsatzsteuer belastet wird damit die **Mehrwertschöpfung** jeder Handelsstufe. Die Umsatzsteuer wird deshalb auch als **Mehrwertsteuer** bezeichnet. Durch den auf jeder Handelsstufe stattfindenden Vorsteuerabzug ist die Gesamtbelastung mit Umsatzsteuer unabhängig davon, wie viele Handelsstufen durchlaufen werden.

3. Das Vorsteuerabzugsverfahren hat zur Folge, dass die **Umsatzsteuer wirtschaftlich** betrachtet eine **Verbrauchsteuer** darstellt. Gelingt es dem Unternehmer, beim Verkauf die Umsatzsteuer kostenmäßig auf den Abnehmer zu überwälzen, so bleibt

der Unternehmer per saldo unbelastet. Einzig der Endverbraucher trägt die gesamte Steuerlast (Umsatzsteuer auf den Verkaufspreis der letzten Umsatzstufe), da er kein Vorsteuerabzugsrecht besitzt.

Die Umsatzsteuer ist insoweit auch eine **indirekte Steuer**, da der Steuerschuldner (Unternehmer) grundsätzlich nicht gleichzeitig auch Steuerträger (Endverbraucher) ist.

4. Da die Umsatzsteuer rechtstechnisch an einen Umsatzakt (wirtschaftlicher Verkehrsvorgang) anknüpft, gehört sie zum Kreis der **Verkehrsteuern**. Im Gegensatz zu besonderen Verkehrsteuern, wie z.B. Grunderwerbsteuer, Versicherungsteuer, trifft die Umsatzsteuer grundsätzlich alle Warenlieferungen und Dienstleistungen (= Umsätze), die ein Unternehmer im Rahmen seines Unternehmens tätigt. Der Umsatzvorgang als Besteuerungstatbestand sowie der Umstand, dass die persönlichen und wirtschaftlichen Verhältnisse keine Rolle spielen, verleihen der Umsatzsteuer den Charakter einer **Objektsteuer**.

II. Steuerobjekt

1. Steuerbarkeit von Umsätzen

Steuergegenstand der Umsatzsteuer ist der **steuerbare Umsatz**, § 1 UStG. Als steuerbar gelten die im Gesetz genannten Arten von Umsätzen, § 1 Abs. 1 UStG.

Ein Umsatzakt führt nur dann zu einer Steuerbarkeit, wenn er alle Tatbestandsmerkmale einer der folgenden Umsatzarten erfüllt:

- Lieferungen oder sonstige Leistungen, die ein Unternehmer im Inland gegen Entgelt im Rahmen seines Unternehmens ausführt, § 1 Abs. 1 Nr. 1 UStG;
- die Einfuhr von Gegenständen aus dem Drittlandsgebiet in das Inland, § 1 Abs. 1 Nr. 4 UStG;
- der innergemeinschaftliche Erwerb im Inland gegen Entgelt, § 1 Abs. 1 Nr. 5 UStG.

Fehlt es bei einem Umsatz an einem Tatbestandsmerkmal, so liegt ein **nicht steuerbarer Umsatz** vor (z.B. Lieferungen eines Nicht-Unternehmers). Andererseits ist nicht jeder steuerbare Umsatz auch **steuerpflichtig**. Besteht aufgrund gesetzlicher Vorschriften – insbesondere § 4 UStG – eine Befreiung von der Umsatzsteuerpflicht, so ist der steuerbare Umsatz **steuerfrei** (z.B. Ausfuhrlieferungen).

2. Das Tatbestandsmerkmal der Unternehmereigenschaft

a) Unternehmer ist, wer eine gewerbliche oder berufliche Tätigkeit selbständig ausübt, § 2 Abs. 1 S. 1 UStG.

aa) In der Regel ist der Unternehmer **Steuerschuldner**, § 13a Abs. 1 Nr. 1 UStG. Beim innergemeinschaftlichen Erwerb (§ 13a Abs. 1 Nr. 2 i.V.m. §§ 1 Abs. 1 Nr. 5, 1a UStG) und bei Einfuhren (§ 13a Abs. 2 i.V.m. § 21 Abs. 2 UStG) können auch Nicht-

Unternehmer Steuerschuldner sein. Des Weiteren werden Nicht-Unternehmer dann zu Steuerschuldnern, wenn sie unberechtigt Umsatzsteuer in Rechnung stellen, § 13a Abs. 1 Nr. 4 i.V.m. § 14 c Abs. 2 UStG.

Neben den natürlichen Personen können nichtrechtsfähige Personenvereinigungen (z.B. OHG), juristische Personen des Privatrechts (z.B. GmbH) sowie juristische Personen des öffentlichen Rechts eine umsatzsteuerpflichtige Tätigkeit ausüben. Letztere allerdings nur insoweit, als dies im Rahmen eines Betriebes gewerblicher Art oder eines land- und forstwirtschaftlichen Betriebes geschieht, § 2 Abs. 3 UStG.

bb) Für die Unternehmereigenschaft entscheidend ist allein die Art der selbständigen Tätigkeit.

Sie ist dann gewerblich oder beruflich, wenn sie **nachhaltig zur Erzielung von Einnahmen** betrieben wird. Die Absicht, Gewinne zu erzielen, braucht nicht vorzuliegen, § 2 Abs. 1 S. 3 UStG. Es ist demnach ausreichend, wenn die Einnahmen nur zur Kostendeckung dienen sollen. Eine Tätigkeit, die einkommensteuerrechtlich als Liebhaberei zu qualifizieren ist, führt umsatzsteuerlich gleichwohl zur Unternehmerschaft.

cc) Die gewerbliche oder berufliche Tätigkeit muss **selbständig** ausgeübt werden. Die Kriterien der Selbständigkeit entsprechen denen im Einkommensteuerrecht, eine Bindung an die getroffene ertragsteuerliche Beurteilung besteht jedoch nicht.

Da Arbeitnehmer nichtselbständig tätig sind, können sie im Rahmen eines Beschäftigungsverhältnisses nicht Unternehmer i.S.d. Umsatzsteuergesetzes sein, § 2 Abs. 2 Nr. 1 UStG. Im Rahmen einer sonstigen Tätigkeit ist dies aber möglich, z.B. durch die Vermietung einer Wohnung.

Im Falle einer Organschaft ist die **Organgesellschaft** immer **unselbständig tätig**, § 2 Abs. 2 Nr. 2 UStG. Ihre Umsätze mit Dritten werden dem Organträger zugerechnet.

Inländische Umsätze mit dem Organträger gelten als Innenumsätze, die (wegen fehlender Selbständigkeit) nicht steuerbar sind.

b) Umsatzsteuerlich kann ein Unternehmer **nur ein Unternehmen** haben. Es umfasst zwangsläufig die gesamte gewerbliche oder berufliche Tätigkeit, die in mehreren Betrieben, Firmen oder Betriebsstätten ausgeübt werden kann **(Unternehmenseinheit)**, § 2 Abs. 1 S. 2 UStG. Ohne Bedeutung ist es, ob es sich bei den Betrieben um unterschiedliche Geschäftszweige handelt (z.B. Gaststätte und Friseurgeschäft).

3. Der Tatbestand der Leistung

a) Eine steuerbare Leistung kann in der Form einer **Lieferung oder sonstigen Leistung** vollzogen werden, § 1 Abs. 1 Nr. 1 UStG.

aa) Die Unterscheidung zwischen Lieferung und sonstiger Leistung ist wegen der jeweils unterschiedlichen Beurteilung des Leistungsortes und der Befreiungstatbestände bedeutsam. Als **Leistung gilt jedes Verhalten einem anderen gegenüber, das Gegenstand des Rechtsverkehrs sein kann**.

bb) Eine **Lieferung** liegt dann vor, wenn der Unternehmer einem Dritten die **Verfügungsmacht an einem Gegenstand** verschafft, § 3 Abs. 1 UStG. Anknüpfungspunkt ist demnach das Erfüllungsgeschäft.

Gegenstand eines **Liefergeschäftes** ist meist ein körperlicher Gegenstand. Aber auch Elektrizität, Gas, Dampfkraft, Wärme und ein Firmenwert (BFH, BStBl. II 1989, 430) werden im umsatzsteuerrechtlichen Sinne geliefert. Mit Ausnahme des letzteren werden immaterielle Wirtschaftsgüter aber regelmäßig als sonstige Leistungen übertragen.

Ein Lieferer kann nur dann die Verfügungsmacht an einem Gegenstand verschaffen, wenn er in eigenem Namen auftritt. Deshalb bewirken Makler und Agenten, die in fremdem Namen handeln, keine Lieferung, sondern lediglich eine Vermittlungsleistung (sonstige Leistung). Der Lieferer kann dem Abnehmer die Verfügungsmacht auf verschiedene Arten verschaffen, § 3 Abs. 1 UStG:

- unmittelbar an diesen selbst;
- in seinem Auftrag durch einen Dritten;
- unmittelbar im Auftrag des Abnehmers an einen Dritten.

Bei **Kommissionsgeschäften** liegt zwischen dem Kommittenten und dem Kommissionär eine Lieferung vor, § 3 Abs. 3 UStG.

Wird die Lieferung eines Gegenstandes rückgängig gemacht, so ist umsatzsteuerlich zu unterscheiden:

- Lieferung und Rücklieferung sind zwei Lieferungstatbestände;
- Rückgabe: Stornierung der ursprünglichen Lieferung;
- (Rück-)Tausch: drei Lieferungstatbestände;
- Umtausch: ein (neuer) Lieferungstatbestand bei Stornierung des ursprünglichen.

cc) Alle **Leistungen, die keine Lieferungen** sind, gelten als **sonstige Leistungen**. Sie können sowohl in einem aktiven Handeln als auch in einem Unterlassen oder Dulden bestehen, § 3 Abs. 9 UStG.

Hauptanwendungsfälle sind Vermietungsleistungen, Darlehensgewährungen, Beförderungsleistungen, Dienstleistungen allgemeiner Art, Werkleistungen sowie Übertragungen immaterieller Wirtschaftsgüter. Die Besorgung einer sonstigen Leistung für Rechnung eines anderen in eigenem Namen ist nach den Vorschriften zu behandeln, wie sie für die besorgte Leistung selbst gelten, § 3 Abs. 11 UStG.

dd) **Werkverträge** beinhalten in der Regel sowohl Elemente der Lieferung als auch der sonstigen Leistung. Das Umsatzgeschäft ist als Lieferung zu qualifizieren, wenn der Unternehmer die Herstellung des Werkes mit eigenen (wesentlichen) Stoffen durchführt, § 3 Abs. 4 UStG. Werden die wesentlichen Stoffe für die Herstellung des Werkes indes vom Auftraggeber zur Verfügung gestellt, so handelt es sich um eine sonstige Leistung in Form einer Werkleistung.

ee) Für die Behandlung von Leistungen mit gemischtem Charakter gilt der Grundsatz: Die **Nebenleistung teilt das Schicksal der Hauptleistung** (BFH, BStBl. II 2003, 445). Welcher Teil der Gesamtleistung dabei als Hauptleistung zu qualifizieren ist, bestimmt sich nach dem wirtschaftlichen Verhältnis der Teilleistungen. Hiernach stellt die **Gesamtleistung** entweder eine Lieferung oder eine sonstige Leistung dar.

b) Da auch der **Unternehmer Endverbraucher** sein kann, muss aus Gründen der Gleichbehandlung auch sein privater Verbrauch der Umsatzsteuer unterliegen. Durch die Regelungen in § 3 Abs. 1b S. 1 Nr. 1 und 9a UStG wird der Unternehmer so gestellt, als würde er an sich selbst als Endverbraucher einen steuerpflichtigen Umsatz ausführen. So stellt § 3 Abs. 1b S. 1 Nr. 1 UStG die Entnahme eines Gegenstandes für Zwecke, die außerhalb des Unternehmens liegen, einer Lieferung gegen Entgelt gleich, während nach § 3 Abs. 9a UStG private Verwendungen von zum Vorsteuerabzug berechtigenden Gegenständen des Unternehmens und sonstige unentgeltliche Leistungen in den außerunternehmerischen Bereich einer sonstigen Leistung gleichgestellt werden.

c) Die **Einfuhr von Gegenständen aus Drittländern** unterliegt der **Einfuhrumsatzsteuer**, § 1 Abs. 1 Nr. 4 UStG. Einfuhrumsatzsteuerpflichtig können auch Nicht-Unternehmer sein.

aa) **Ziel** der Einfuhrumsatzsteuer ist es, Importwaren mit der inländischen Umsatzsteuer nachzubelasten. Aus Wettbewerbsgründen sollen **Importwaren und inländische Waren** mit der **gleich hohen inländischen Umsatzsteuer belastet** sein.

bb) Die Einfuhrumsatzsteuer ist Bestandteil des sog. **Bestimmungslandprinzips**, das für den grenzüberschreitenden Waren- und Dienstleistungsverkehr maßgeblich ist. Hiernach wird eine Leistung, die exportiert werden soll, von der Umsatzsteuer des Exportlandes befreit. Das Importland kann nunmehr seine eigene – wettbewerbsgerechte – (Einfuhr-)Umsatzsteuer erheben.

d) **Besteuerung des innergemeinschaftlichen Erwerbs**, §§ 1 Abs. 1 Nr. 5, 1a, 1b UStG. Da die EU-Mitgliedstaaten die Grenzkontrollen zum 31.12.1992 beseitigen mussten, war eine Besteuerung bei der Einfuhr und eine Steuerentlastung bei der Ausfuhr nicht mehr möglich. An die Stelle des Tatbestands des Einfuhrumsatzes trat bei Lieferungen innerhalb des Gemeinschaftsgebiets der Tatbestand des innergemeinschaftlichen Erwerbs. Es bleibt jedoch bei der Geltung des **Bestimmungslandprinzips** für den **kommerziellen Warenverkehr**, da für den Import aus einem EU-Mitgliedstaat Umsatzsteuer gemäß § 1 Abs. 1 Nr. 5 UStG anfällt, während der Export in einen anderen EU-Mitgliedstaat eine steuerfreie innergemeinschaftliche Lieferung nach § 4 Nr. 1 lit. b i.V.m. § 6a UStG darstellt.

4. Weitere Tatbestandsmerkmale

a) Lieferungen und sonstige Leistungen müssen **gegen Entgelt** erfolgen, § 1 Abs. 1 Nr. 1 S. 1 UStG. Zwischen dem Unternehmer und dem Leistungsempfänger muss sich ein **Leistungsaustausch** vollziehen.

aa) Voraussetzung eines Leistungsaustausches ist eine **innere Verknüpfung in Form eines wirtschaftlichen Zusammenhangs** zwischen Leistung und Gegenleistung. Auf die Angemessenheit des Entgeltes (Gegenleistung) kommt es nicht an. Die Leistung muss vielmehr zweckgerichtet um der Gegenleistung willen erfolgen (BFH, BStBl. II 1981, 495).

bb) **Keine** umsatzsteuerpflichtigen Leistungen sind insofern **Erbschaften, Schenkungen oder Schadensersatzleistungen**. Bei Mitgliedsbeiträgen ist zu unterscheiden, ob es sich um **echte** oder **unechte** Beiträge handelt. Echten Beiträgen, wie z.B. Vereinsbeiträgen, stehen grundsätzlich keine konkreten Gegenleistungen gegenüber, wodurch es umsatzsteuerlich an einer Gegenleistung fehlt. Handelt es sich bei den Gegenleistungen allerdings nicht um solche, die der Allgemeinheit der Vereinsmitglieder zugutekommen (sog. unechte Beiträge), kann ein Leistungsaustausch vorliegen. So z.B. bei Lohnsteuerhilfevereinen, die gegen einen Mitgliedsbeitrag eine individuelle Beratungsleistung erteilen (BFH, BStBl. II 1974, 530).

cc) Bei Arbeitnehmern ist im Rahmen des Beschäftigungsverhältnisses zu beachten, dass auch unentgeltliche Lieferungen und Leistungen seitens des Unternehmers steuerpflichtig sein können. Diese Rechtsfolge wird aus dem Umstand fingiert, dass der Unternehmerleistung (z.B. verbilligte Werkswohnung) die Arbeitsleistung des empfangenden Arbeitnehmers als Entgelt gegenüberstehe. Ausgenommen von dieser Fiktion sind allerdings Aufmerksamkeiten (z.B. Jubiläumsgeschenke), § 3 Abs. 1b S. 1 Nr. 2 UStG.

b) Leistungen des Unternehmers sind nur steuerbar, wenn sie im **Rahmen seines Unternehmens** getätigt werden. Zum Unternehmensbereich gehören nicht nur die der jeweiligen Betätigung entsprechenden Grundgeschäfte, sondern auch Hilfs- und Nebengeschäfte (z.B. Verkauf von anfallendem Altpapier).

c) Die steuerbaren Umsätze müssen im **Inland** ausgeführt werden. Als Inland gilt das Gebiet der Bundesrepublik Deutschland ohne die sog. Zollausschluss- und Zollfreigebiete, § 1 Abs. 2 UStG. Der Ort der Lieferung wird bestimmt durch § 3 Abs. 5a i.V.m. Abs. 6 bis 8 sowie §§ 3c, 3e, 3g UStG. Lieferungen sind Leistungen, durch die der Unternehmer oder in seinem Auftrag ein Dritter den Abnehmer oder in dessen Auftrag einen Dritten befähigt, im eigenen Namen über einen Gegenstand zu verfügen, § 3 Abs. 1 UStG. Der Ort der sonstigen Leistung ist in §§ 3a, 3b UStG geregelt. Sonstige Leistungen sind Leistungen, die keine Lieferungen sind (§ 3 Abs. 9 S. 1 und 2 UStG), u.a. Dienstleistungen, Werkleistungen und Beförderungen.

- **Zollausschlussgebiete** sind zwar deutsches Hoheitsgebiet, aber einem ausländischen Zollgebiet angeschlossen (einzig die Gemeinde Büsingen dem schweizerischen Zollgebiet).

- **Zollfreigebiete** sind gleichfalls deutsches Hoheitsgebiet, aber weder dem deutschen noch einem anderen Zollgebiet angeschlossen. Hierzu rechnen vor allem:
  - die Freihäfen;
  - die Insel Helgoland;
  - deutsche Schiffe und Luftfahrzeuge in zollfreien Gebieten.
- Zum **Gemeinschaftsgebiet** zählen gemäß § 1 Abs. 2a UStG das Inland sowie die Gebiete der übrigen Mitgliedstaaten der Europäischen Union. Das **Drittlandsgebiet** ist folglich das Gebiet, das nicht Gemeinschaftsgebiet ist.

III. Steuerbefreiungen

1. Wann steuerbare Umsätze **steuerfrei** sind, ist im **Gesetz detailliert aufgeführt**, §§ 4, 4b, 5, 25 Abs. 2, 26 Abs. 5 UStG.

a) Nach dem Bestimmungslandprinzip ist es erforderlich, jede **Exportleistung** beim Grenzübertritt von der Umsatzsteuer des Exportlandes zu befreien. Maßgeblich soll allein die im Bestimmungsland (Importland) gültige Umsatzsteuer sein. Zu diesem Zweck sind Ausfuhrlieferungen i.S.d. § 6 UStG sowie Lohnveredelungen an Gegenständen der Ausfuhr i.S.d. § 7 UStG umsatzsteuerfrei, § 4 Nr. 1a UStG. Gemeinsame Voraussetzung jeder Art von Ausfuhrlieferungen (das Gesetz unterscheidet drei Fälle, § 6 Abs. 1 Nrn. 1–3 UStG) ist, dass der Gegenstand der Lieferung in das Ausland befördert oder versendet wird. Besondere Bedeutung für die Steuerbefreiung kommt der Nachweisführung zu, dass die Voraussetzungen einer Ausfuhrlieferung erfüllt sind, § 6 Abs. 4 UStG.

Gleichfalls steuerfrei sind:

- die innergemeinschaftlichen Lieferungen, § 4 Nr. 1b i.V.m. § 6a UStG;
- Umsätze für die Seeschifffahrt und die Luftfahrt, § 4 Nr. 2 UStG;
- grenzüberschreitende Beförderungen von Gegenständen und die Beförderungen im internationalen Eisenbahnfrachtverkehr, § 4 Nr. 3a UStG;
- die Vermittlung der vorstehenden Exportleistungen, § 4 Nr. 5a UStG.

b) Umsatzsteuerfrei sind des Weiteren eine Vielzahl von **Umsätzen im Geld- und Kapitalverkehr**, § 4 Nr. 8 UStG. Die Befreiung trifft vor allem (aber nicht nur) Kreditinstitute. Zu den wichtigsten Umsätzen gehören:

- Kreditgewährung und -vermittlung, § 4 Nr. 8 lit. a UStG;
- Zahlungsmittelumsätze bzw. deren Vermittlung, § 4 Nr. 8b UStG;
- Umsätze typischer Bankleistungen (z.B. Überweisungsverkehr), § 4 Nr. 8d UStG;
- Umsätze von Anteilen an Gesellschaften und anderen Vereinigungen bzw. deren Vermittlung, § 4 Nr. 8f UStG.

c) Um eine Mehrfachbelastung zu verhindern, sind auch solche Umsätze **befreit**, die bereits einer **speziellen Verkehrsteuer** unterliegen.

Hierbei kommen vor allem die Umsätze in Betracht, die mit Grunderwerbsteuer (§ 4 Nr. 9a UStG), Versicherungsteuer (§ 4 Nr. 10 UStG) oder Rennwett- und Lotteriesteuer (§ 4 Nr. 9b UStG) belastet sind.

d) Eine weitere Befreiung besteht für Vermietungs- und Verpachtungsumsätze von Grundstücken (z.B. Wohnungen) bzw. grundstücksgleichen Rechten, § 4 Nr. 12 UStG. Ob eine steuerfreie Leistung in diesen Fällen vorliegt, ist grundsätzlich nach den zivilrechtlichen Vertragsgestaltungen zu entscheiden.

e) Befreit sind schließlich auch die **Leistungsumsätze von Ärzten und anderen Heilberufen**, § 4 Nr. 14 UStG. Unter die Befreiung fallen jedoch nicht schriftstellerische bzw. Vortrags- oder Lehrtätigkeiten, da sie keine berufstypischen Leistungen darstellen.

f) Aus sozialpolitischen Gründen sind auch folgende Umsätze befreit:
- die der Sozialversicherungsträger, § 4 Nr. 15 UStG;
- die der Krankenhäuser sowie anderer Sozialeinrichtungen (z.B. Altenheime), § 4 Nr. 16 UStG;
- die der Blinden und Blindenwerkstätten, § 4 Nr. 19 UStG.

g) Sind bestimmte Leistungen steuerfrei, so muss wegen des Bestimmungslandprinzips auch die Steuerfreiheit entsprechender Importleistungen gewährleistet sein. Konsequenterweise werden verschiedene durch § 4 UStG befreite Gegenstände für den Fall ihrer Einfuhr von der (Einfuhr-)Umsatzsteuer befreit, § 5 UStG.

2. Die Befreiung von der Umsatzsteuer ist immer im **Zusammenhang mit dem Vorsteuerabzugsrecht** zu betrachten. Unter diesem Aspekt ergeben sich nach § 15 Abs. 2 Nr. 1 i.V.m. Abs. 3 Nr. 1 UStG verschiedene Gruppen:
- Befreiung mit Vorsteuerabzugsrecht, z.B. § 4 Nr. 1 UStG;
- Befreiung mit bedingtem Vorsteuerabzugsrecht, z.B. § 4 Nr. 8a UStG;
- Befreiung ohne Vorsteuerabzugsrecht, z.B. § 4 Nr. 14 UStG;
- Befreiung mit Option auf Besteuerung und damit verbundenem Vorsteuerabzugsrecht, z.B. § 4 Nr. 9a UStG.

a) Dem **Endverbraucher** kommt eine Umsatzsteuerbefreiung nur dann in vollem Umfange zugute, wenn der leistende Unternehmer ein Vorsteuerabzugsrecht besitzt. Besitzt er ein solches nicht, so wird der Unternehmer die nicht abziehbare Vorsteuer als Kostenbestandteil in den Verkaufspreis einrechnen und somit abwälzen.

b) Die Möglichkeit, trotz eines Befreiungstatbestandes für die Regelbesteuerung zu optieren (§ 9 UStG), ist für Befreiungen innerhalb der Unternehmerkette vorgesehen. Besteht hier kein Vorsteuerabzugsrecht, so ergibt sich beim nachfolgenden (nicht mehr befreiten) Unternehmer eine Nachholwirkung. Sie ergibt sich aus einem höheren Einstandspreis, der die nicht abzugsfähigen Vorsteuern des umsatzsteuerbefreiten

Vorunternehmers enthält. Zusätzlich entsteht dann noch eine Kumulationswirkung, da nunmehr Steuer auf die Vorsteuer zu entrichten ist. Um diesen Nachteil zu vermeiden, kann ein Unternehmer für bestimmte Umsätze auf die Steuerfreiheit verzichten und für die Umsatzsteuerpflicht optieren. Vermietet z.B. ein Unternehmer eine Lagerhalle an einen anderen Unternehmer, so ist diese Leistung steuerfrei, § 4 Nr. 12 UStG. Um die genannten Nachteile zu vermeiden, kann der vermietende Unternehmer aber auf die Steuerfreiheit verzichten und zur Regelbesteuerung optieren, § 9 UStG.

IV. Bemessungsgrundlagen

1. Für **steuerpflichtige Umsätze** bedarf es der Ermittlung der Bemessungsgrundlage, auf die der Steuersatz anzuwenden ist. Das Umsatzsteuerrecht geht von – je nach Umsatzart – verschiedenen Bemessungsgrundlagen aus. **Gemeinsames Merkmal** aller ist jedoch, dass die **Umsatzsteuer selbst nicht zur Bemessungsgrundlage** gehört, § 10 Abs. 1 S. 2 UStG.

2. Für **Lieferungen und Leistungen sowie den innergemeinschaftlichen Erwerb** ist der Umsatz grundsätzlich nach dem **vereinbarten Entgelt** zu bemessen, § 10 Abs. 1 S. 1 UStG. Zum Entgelt ist alles zu zählen, was der Leistungsempfänger aufwendet, um die Leistung zu erhalten, § 10 Abs. 1 S. 2 UStG. Die Höhe des Gesamtentgelts wird auch durch Nebenkosten (z.B. Beförderungskosten) oder Zahlungsvergünstigungen (z.B. Rabatte) verändert. Beim innergemeinschaftlichen Erwerb sind Verbrauchsteuern, die vom Erwerber geschuldet oder entrichtet werden, in die Bemessungsgrundlage einzubeziehen, § 10 Abs. 1 S. 4 UStG.

Durchlaufende Posten (Beträge, die im Namen und für Rechnung eines Fremden vereinnahmt und verausgabt werden) sind nicht Teil des Entgelts, § 10 Abs. 1 S. 6 UStG.

3. Für **Tausch- oder tauschähnliche Umsätze** ist der **gemeine Wert der jeweiligen Gegenleistung** die Bemessungsgrundlage, § 10 Abs. 2 S. 2 UStG.

4. Bei unentgeltlichen Wertabgaben müssen – mangels Entgelt – Ersatzwerte herangezogen werden, § 10 Abs. 4 UStG. Danach richtet sich die Bemessungsgrundlage grundsätzlich nach dem Einkaufspreis zuzüglich der Nebenkosten für den Gegenstand. Auch hier gehört die Umsatzsteuer nicht zur Bemessungsgrundlage.

5. Bei Leistungen an Arbeitnehmer im Rahmen des Beschäftigungsverhältnisses (§ 3 Abs. 1b S. 1 Nr. 2 UStG) gilt Abs. 4 entsprechend, § 10 Abs. 5 UStG.

6. Ändern sich die Bemessungsgrundlagen nachträglich, so findet nach § 17 UStG beim leistenden Unternehmer eine Berichtigung der Umsatzsteuer und beim empfangenden Unternehmer eine Berichtigung des Vorsteuerabzugs statt.

7. Für **Einfuhren** ist der **Wert des eingeführten Gegenstandes nach dem Zollwert** zu bemessen. Ist ein solcher nicht vorhanden, ist das Entgelt maßgebend. Fehlt es aber an einem Entgelt, so ist ein Zollwert festzustellen, § 11 UStG.

V. Steuersatz

1. Das Gesetz geht von einem Regelsteuersatz aus (19%), der in **Ausnahmefällen ermäßigt** ist (regelmäßig 7%), § 12 Abs. 1 und 2 UStG.

a) Die Ausnahmefälle ergeben sich aus einer dem Gesetz beigefügten Anlage sowie einem weiteren Katalog in § 12 Abs. 2 Nr. 1–11 UStG. Die der Anlage zu entnehmenden Umsätze lassen sich wie folgt einteilen:

- land- und forstwirtschaftliche Erzeugnisse;
- Futter- und Düngemittel;
- Lebensmittel sowie bestimmte Getränke;
- Bücher und andere Verlagserzeugnisse;
- Krankenfahrstühle, Körperersatzstücke;
- Kunstgegenstände und Sammlungsstücke.

b) Zu den in § 12 Abs. 2 UStG genannten Ausnahmen gehören insbesondere:

- die Lieferungen, die Einfuhr und der innergemeinschaftliche Erwerb der in der Anlage 2 bezeichneten Gegenstände;
- die Vermietung der in der Anlage bezeichneten Gegenstände, § 12 Abs. 2 Nr. 2 UStG;
- Viehhaltung und -aufzucht, § 12 Abs. 2 Nr. 3 UStG;
- Leistungen kultureller Einrichtungen, § 12 Abs. 2 Nr. 7 UStG;
- Leistungen gemeinnütziger, mildtätiger und kirchlicher Körperschaften, § 12 Abs. 2 Nr. 8 UStG;
- die Vermietung von Wohn- und Schlafräumen, die ein Unternehmer zur kurzfristigen Beherbergung von Fremden bereithält, sowie die kurzfristige Vermietung von Campingflächen, § 12 Abs. 2 Nr. 11 UStG.

Übernachtungsleistungen sind gemäß § 12 Abs. Nr. 11 UStG seit dem 1.1.2010 durch das Wirtschaftswachstumsgesetz vom 22.12.2009 (BGBl. I 3950) nur noch mit 7% statt 19% Umsatzsteuer belegt. Umstritten ist die Neuregelung nicht nur aus politischen Gründen (Vorwurf der „Klientelpolitik"), sondern auch im Hinblick auf die daraus resultierenden Steuerausfälle der Länder.

2. Für land- und forstwirtschaftliche Betriebe gelten besondere ermäßigte Steuersätze, § 24 UStG.

VI. Vorsteuerabzug

1. Der **Vorsteuerabzug** ist das **Kernstück** des geltenden Umsatzsteuersystems. Er gewährleistet die vom Gesetzgeber allein gewollte Belastung des Endverbrauchs, ohne dass es zu einer Kumulation der Steuer kommt.

a) Die von einem Unternehmer an das Finanzamt zu entrichtende **Umsatzsteuer-Zahllast** ergibt sich, indem die für steuerpflichtige Umsätze geschuldeten Umsatzsteuerbeträge mit den abziehbaren Vorsteuerbeträgen verrechnet werden (§ 16 Abs. 2 S. 1 UStG).

b) Subjektiv **abzugsberechtigt** ist jeder **in- und ausländische Unternehmer**, ohne dass bereits Umsätze getätigt sein müssen.

c) Als **abziehbare Vorsteuern** kommen vornehmlich die dem Unternehmer von einem anderen Unternehmer gesondert in Rechnung gestellten Umsatzsteuern für Lieferungen und sonstige Leistungen in Betracht. Dabei müssen folgende Voraussetzungen erfüllt sein, § 15 Abs. 1 Nr. 1 UStG:

– Rechnung i.S.d. § 14 UStG;
– Lieferung oder sonstige Leistung;
– eines anderen Unternehmers;
– für das Unternehmen;
– gesonderter Ausweis der Vorsteuer auf der Rechnung.

In Rechnungen über Kleinbeträge bis 150 Euro sowie auf Fahrausweisen braucht die Umsatzsteuer nicht gesondert ausgewiesen zu werden, §§ 33, 34 UStDV. Hier müssen die Vorsteuerbeträge aus den Rechnungsbeträgen herausgerechnet werden.

Wird ein erworbener Gegenstand zu weniger als 10% für das Unternehmen genutzt, so darf keine Vorsteuer abgezogen werden (§ 15 Abs. 1 S. 2 UStG).

d) Weiterhin **abziehbar** ist die **entrichtete Einfuhrumsatzsteuer**, § 15 Abs. 1 Nr. 2 UStG. Die mit Einfuhrumsatzsteuer belasteten Gegenstände müssen für das Unternehmen des Empfängers in das Inland eingeführt worden sein.

e) Nach § 15 Abs. 1 Nr. 3 UStG kann auch die Steuer für den innergemeinschaftlichen Erwerb von Gegenständen für sein Unternehmen vom Unternehmer abgezogen werden.

f) Für die in § 15 Abs. 1a UStG genannten Aufwendungen ist der Vorsteuerabzug auch dann ausgeschlossen, wenn diese durch das Unternehmen veranlasst sind. Dabei handelt es sich um Aufwendungen, die einen privaten Einschlag vorweisen. Nach § 15 Abs. 1b UStG unterliegen die wesentlichen Bestandteile, nicht aber Gegenstände, die umsatzsteuerrechtlich keine Bestandteile der Grundstücks oder des Gebäudes sind, dem Vorsteuerausschluss. Dieser gilt entsprechend für Berechtigungen, für die die Vorschriften des bürgerlichen Rechts über Grundstücke gelten, und für Gebäude auf fremden Grund und Boden, weil diese Grundstücke gleich zu stellen sind.

Bei Gegenständen, die sowohl für unternehmerische als auch private Zwecke genutzt werden sollen (gemischt genutzte Gegenstände) wird dem Unternehmer ein Zuordnungsrecht gewährt; er kann den Gegenstand dem unternehmerischen oder dem privaten Bereich zuordnen oder eine Aufteilung im Verhältnis zur tatsächlichen Verwendung vornehmen (EUGH, C-291/92, Slg. 1995, I 2775). Diese Ausübung erfolgt meist konkludent und zwar dadurch, dass der Unternehmer ein Vorsteuerabzugsrecht geltend macht. Nutzt der Unternehmer einen Gegenstand jedoch weniger als 10% für sein Unternehmen, so gilt nach § 15 Abs. 1 S. 2 UStG die Leistung als nicht für das Unternehmen ausgeführt.

2. Die Systematik des Vorsteuerabzugsverfahrens führt dazu, dass bei einem nicht steuerpflichtigen Warenumsatz die hierauf lastende (und abziehbare) Vorsteuer zu einem Steuerausfall des Fiskus führen würde.

a) Aus diesem Grund ist der **Vorsteuerabzug** für bestimmte Umsätze ausgeschlossen, § 15 Abs. 2 UStG:

– steuerfreie Umsätze;
– (steuerbare) Umsätze im Ausland, die steuerfrei wären, wenn sie im Inland ausgeführt würden.

b) Zu dieser grundsätzlichen Regelung bestehen allerdings wiederum zahlreiche **Ausnahmen**, § 15 Abs. 3 UStG, so vor allem für Ausfuhrlieferungen. Wären diese Lieferungen nicht mit einem Vorsteuerabzugsrecht ausgestattet, so würden die Vorsteuern den Warenpreis erhöhen.

c) Verwendet der Unternehmer einen für sein Unternehmen erworbenen Gegenstand oder eine in Anspruch genommene Leistung nur zum Teil zur Ausführung von Umsätzen, die zum Vorsteuerabzug berechtigen, so hat nach § 15 Abs. 4 UStG eine Aufteilung der in Rechnung gestellten Vorsteuer stattzufinden.

3. Der Vorsteuerabzug richtet sich immer nach den Nutzungsverhältnissen im Kalenderjahr der erstmaligen Verwendung, und zwar auch dann, wenn das vorsteuerbehaftete Wirtschaftsgut über mehrere Jahre hinweg im Unternehmen verwendet wird. Ändern sich bei einem Wirtschaftsgut die für den Vorsteuerabzug maßgebenden Verhältnisse gegenüber den Verhältnissen im ersten Kalenderjahr der Verwendung, so ist gemäß § 15a UStG der Vorsteuerabzug nachträglich zu berichtigen.

VII. Besteuerungsverfahren

1. Gemäß § 13 UStG findet grundsätzlich eine Sollbesteuerung statt, d.h., die Unternehmer versteuern nach vereinbarten Entgelten, nicht nach vereinnahmten, wie es bei der Istbesteuerung der Fall ist. Die Istbesteuerung des § 20 UStG ist jedoch nur die Ausnahme und kleineren Unternehmern und Freiberuflern vorbehalten.

a) Bei der **Sollbesteuerung** entsteht die Umsatzsteuer mit Ablauf des Voranmeldungszeitraums, in dem die Leistungen ausgeführt worden sind, § 13 Abs. 1 Nr. 1 lit. a S. 1 UStG.

b) Bei der **Istbesteuerung** entsteht die Steuer mit Ablauf des Voranmeldungszeitraums, in dem die Entgelte vereinnahmt worden sind, § 13 Abs. 1 Nr. 1 lit. b UStG.

2. Besteuerungszeitraum ist gemäß § 16 Abs. 1 UStG das Kalenderjahr. Die Umsatzsteuer ist eine **Veranlagungssteuer**. Der Unternehmer hat die Steuer jedoch selbst zu berechnen, § 18 Abs. 3 UStG.

Da der Unternehmer die Umsatzsteuer selbst zu berechnen hat, handelt es sich bei der Umsatzsteuererklärung um eine **Steueranmeldung**, § 150 Abs. 1 S. 3 AO, die gemäß § 168 S. 1 AO einer Steuerfestsetzung unter dem Vorbehalt der Nachprüfung gleichsteht. Einer besonderen Festsetzung durch das Finanzamt (Steuerbescheid) bedarf es deshalb nur, wenn das Finanzamt die Umsatzsteuer abweichend von der Steuererklärung festsetzt, § 167 Abs. 1 S. 1 AO.

Bereits vor Ablauf des Kalenderjahres hat der Unternehmer nach § 18 Abs. 1, 2 S. 1 UStG grundsätzlich vierteljährliche Voranmeldungen abzugeben und entsprechende Vorauszahlungen zu leisten. Bei den meisten Unternehmern verkürzt sich der Voranmeldungszeitraum gemäß § 18 Abs. 2 S. 2 UStG auf den Kalendermonat, nämlich dann, wenn die Steuer für das vorangegangene Jahr mehr als 7.500 Euro beträgt. Nimmt der Unternehmer seine berufliche oder gewerbliche Tätigkeit auf, ist im laufenden und folgenden Kalenderjahr der Voranmeldungszeitraum der Kalendermonat, § 18 Abs. 2 S. 4 UStG.

Bei der Voranmeldung handelt es sich um eine Steueranmeldung, d.h. um eine Steuerfestsetzung unter dem Vorbehalt der Nachprüfung. Von den entstandenen Steuern (§ 13 Abs. 1 UStG) sind die im Voranmeldungszeitraum angefallenen Vorsteuern abzuziehen, so dass eine Zahllast oder bei überwiegender Vorsteuer ein Vergütungsanspruch verbleibt.

3. § 13b UStG enthält schließlich eine Sonderregelung, nach welcher abweichend von der Grundregel des § 13a UStG der Leistungsempfänger Steuerschuldner ist. So schuldet beispielsweise nach § 13b Abs. 2 Nr. 1, 5 S. 1 UStG bei Werklieferungen eines im Ausland ansässigen Unternehmers der Leistungsempfänger die Steuer, wenn er Unternehmer ist. Gleiches gilt auch für Umsätze, die unter das Grunderwerbsteuergesetz fallen (vgl. § 13b Abs. 2 Nr. 3, 5 S. 1 UStG).

Ein besonderes (vereinfachtes) Abzugsverfahren ist in § 25b UStG für sogenannte innergemeinschaftliche Dreiecksgeschäfte enthalten, bei denen es um drei Unternehmer aus drei verschiedenen Mitgliedstaaten geht, die jeweils dort ansässig oder mindestens durch Registrierung für Umsatzsteuerzwecke erfasst sind.

4. Für im Ausland ansässige Unternehmer gilt auch dann der Vorsteuerabzug, wenn sie im Inland keinerlei steuerbare Umsätze ausführen. Sie können ihre Vorsteuern im sogenannten **Vorsteuervergütungsverfahren** geltend machen, § 18 Abs. 9 UStG i.V.m. §§ 59–61 UStDV.

5. Wesentliches Kennzeichen des Verfahrens zur Erhebung der Umsatzsteuer ist die strenge **Aufzeichnungspflicht** des Steuerpflichtigen, § 22 UStG. Diese Verpflichtung obliegt auch Nichtunternehmern, beispielsweise infolge des unberechtigten Steuerausweises einer Privatperson über ein nichtsteuerbares Privatgeschäft (§ 22 Abs. 1 S. 2 i.V.m. § 14c Abs. 2 UStG). Zielsetzung der Aufzeichnungspflichten ist einmal die Feststellung der einzelnen Besteuerungsgrundlagen, aus denen der Steuerpflichtige selbst die Steuer zu errechnen hat. Zum anderen dienen sie als Beleg im Rahmen der finanzamtlichen Betriebsprüfung.

6. Für sogenannte **Kleinunternehmer** gilt eine Sonderregelung. Die für Umsätze i.S.d. § 1 Abs. 1 Nr. 1 UStG geschuldete Umsatzsteuer wird nicht erhoben, wenn der in § 19 Abs. 1 S. 2 UStG bezeichnete Umsatz zuzüglich der darauf entfallenden Steuer im vorangegangenen Kalenderjahr 17.500 Euro nicht überstiegen hat und im laufenden Kalenderjahr 50.000 Euro voraussichtlich nicht übersteigen wird.

Der Kleinunternehmer i.S.d. § 19 UStG hat keine Umsatzsteuer zu entrichten. Dafür steht ihm kein Vorsteuerabzug zu und er ist nicht zum gesonderten Umsatzsteuerausweis in einer Rechnung berechtigt. Er kann aber gemäß § 19 Abs. 2 S. 1 UStG zur Normalbesteuerung optieren, was er dann tun wird, wenn er hohe Vorsteuerbeträge hat oder erwartet. An die Option ist der Unternehmer fünf Jahre lang gebunden, § 19 Abs. 2 S. 2 UStG.

B. Grunderwerbsteuer

I. Allgemeine Charakteristik

1. Die Grunderwerbsteuer ist eine **spezielle Verkehrsteuer** und erfasst die **Umsätze aus Grundstücksübertragungen**.

Die geltende Rechtslage basiert auf dem 1983 neu gefassten Grunderwerbsteuergesetz. Bis dahin bestanden in erster Linie landesrechtliche Regelungen der einzelnen Bundesländer, die zu einer Vielzahl – häufig voneinander abweichender – Besteuerungstatbestände und -befreiungen führten.

Das nunmehr geltende **bundeseinheitliche Gesetz** vereinheitlicht zum einen die stark divergierenden Landesgesetze. Gleichzeitig beseitigt es aber einen Misstand, der für die damalige Rechtslage charakteristisch war. Er bestand darin, dass die Relation zwischen Besteuerungs- und Befreiungstatbeständen so verschoben war, dass sich kaum noch steuerpflichtige Verkehrsvorgänge ergaben. Im neuen Gesetz gibt es nur noch wenige Befreiungen, wobei als Ausgleich hierfür der Steuersatz erheblich gesenkt wurde.

2. Die Eigenart der Grunderwerbsteuer liegt darin, dass sie weniger an wirtschaftlichen als an zivilrechtlich wirksamen Rechtsvorgängen anknüpft (z.B. Kaufvertrag, Abtretung).

II. Steuerobjekt

1. Steuergegenstand sind die **rechtlichen und wirtschaftlichen Übertragungsvorgänge von inländischen Grundstücken**. Das Gesetz regelt zunächst verschiedene Haupttatbestände und anschließend einige Ergänzungstatbestände, die der Steuerumgehung entgegenwirken.

2. Der **grundlegende Tatbestand** ist das **Verpflichtungsgeschäft über ein inländisches Grundstück**. Dieses kann in der Form eines Kaufvertrages oder eines anderen Rechtsgeschäftes konkretisiert sein, welches einen Anspruch auf Übereignung begründet, § 1 Abs. 1 Nr. 1 GrEStG.

Dem Erfüllungsgeschäft (bei Grundstücken Auflassung und Eintragung ins Grundbuch) kommt keine Bedeutung zu. Dieses ist vielmehr von der Besteuerung des Verpflichtungsgeschäftes abhängig. Denn eine Eintragung ins Grundbuch darf erst dann erfolgen, wenn eine steuerliche Unbedenklichkeitsbescheinigung vorliegt, § 22 GrEStG.

3. Findet eine Grundstücksübertragung statt, ohne dass ein (obligatorisches) Verpflichtungsgeschäft gegeben ist, (z.B. Übereignungsanspruch kraft Gesetz), so wird die **Auflassung** (§ 1 Abs. 1 Nr. 2 GrEStG) bzw. der **Übergang des Eigentums** (§ 1 Abs. 1 Nr. 3 GrEStG) besteuert. Bei Zwangsversteigerungen wird das **Meistgebot** zum Steuergegenstand erhoben.

Durch sog. Zwischengeschäfte kann die Grunderwerbsteuer nicht umgangen werden, § 1 Abs. 1 Nr. 5–7 GrEStG. Wird z.B. ein bestehender Übereignungsanspruch abgetreten, so entsteht in der Abtretung selbst ein steuerpflichtiger Tatbestand.

4. **Bei den Ergänzungstatbeständen** handelt es sich um Rechtsvorgänge, die sich **wirtschaftlich als Grundstücksübertragung** darstellen. So führt die Übertragung der rechtlichen oder wirtschaftlichen Verfügungsmacht eines Grundstücks ohne Begründung eines Anspruchs auf Übereignung zur Grunderwerbsteuerpflicht. Hierzu ist erforderlich, dass der Erwerber die Möglichkeit besitzt, das Grundstück auf eigene Rechnung zu verwerten, § 1 Abs. 2 GrEStG.

Findet ein wirtschaftlicher Wechsel im Gesellschafterbestand einer Kapital- oder Personengesellschaft, die über Grundbesitz verfügt, statt, fingiert das Gesetz eine Steuerpflicht, § 1 Abs. 2a und Abs. 3 GrEStG. Ein wirtschaftlicher Wechsel liegt insbesondere vor, wenn durch eine Übertragung unmittelbar oder mittelbar mindestens 95% der Anteile der Gesellschaft in der Hand des Erwerbers oder in der Hand von herrschenden und abhängigen Unternehmen vereinigt werden. Obgleich in diesem Fall das rechtliche Eigentum nicht übergegangen ist, kann nämlich der Erwerber bzw. das herrschende und abhängige Unternehmen wirtschaftlich über das Grundstück wie Eigentümer verfügen.

III. Steuersubjekt und Steuerbefreiungen

1. Die **Steuerschuldnerschaft** ist bei der Grunderwerbsteuer als **Gesamtschuldnerschaft** geregelt, § 13 GrEStG.

So sind für den Regelfall eines Grundstückerwerbes sowohl der Veräußerer als auch der Erwerber Steuersubjekt.

2. Die **Befreiungstatbestände** sind gegenüber der alten Rechtslage erheblich eingeschränkt. Zu den wichtigsten noch geltenden gehören, §§ 3–7 GrEStG:

- der Erwerb bis 2.500 Euro, § 3 Nr. 1 GrEStG;
- der bereits der Erbschaft- und Schenkungsteuer unterliegende Erwerb, § 3 Nr. 2 GrEStG;
- der Erwerb zwischen Ehegatten und zwischen Lebenspartnern, § 3 Nr. 4 GrEStG;
- der Erwerb im Zusammenhang mit einer Ehescheidung, § 3 Nr. 5 GrEStG;
- der Grundstückserwerb durch den früheren Lebenspartner des Veräußerers im Rahmen der Vermögensauseinandersetzung nach der Aufhebung der Lebenspartnerschaft, § 3 Nr. 5a GrEStG;
- der Erwerb zwischen Personen, die in gerader Linie miteinander verwandt sind, § 3 Nr. 6 GrEStG;
- der Erwerb eines zum Gesamtgut gehörigen Grundstücks durch Teilnehmer an einer fortgesetzten Gütergemeinschaft zur Teilung des Gesamtguts. Den Teilnehmern an der fortgesetzten Gütergemeinschaft stehen ihre Ehegatten oder ihre Lebenspartner gleich, § 3 Nr. 7 GrEStG;
- der Rückerwerb eines Grundstücks durch den Treugeber bei Auflösung des Treuhandverhältnisses, § 3 Nr. 8 GrEStG;
- der Erwerb zwischen einer Gesamthand und den an der Gesamthand beteiligten Personen sowie von einer Gesamthand auf eine andere Gesamthand, §§ 5, 6 GrEStG.

IV. Bemessungsgrundlage und Steuersatz

1. Als **Bemessungsgrundlage** gilt der **Wert der Gegenleistung**, § 8 Abs. 1 GrEStG. Ersatzweise wird der **Wert des Grundstücks** herangezogen, § 8 Abs. 2 GrEStG. Dieser wird seit dem 1.1.1997 nach den §§ 138 Abs. 2 und 3 BewG ermittelt.

Der Wert der Gegenleistung besteht nicht allein im entrichteten Kaufpreis. Vielmehr erhöht er sich um:

- etwaige Zusatzleistungen des Erwerbers, § 9 Abs. 2 Nr. 1 GrEStG;
- die den Erwerber treffenden übergehenden Grundstückslasten (nicht jedoch dauernde Lasten), § 9 Abs. 2 Nr. 2 GrEStG;
- Leistungen an Dritte, für deren Verzicht auf den Erwerb, § 9 Abs. 2 Nr. 3 GrEStG;
- Leistungen an Dritte für die Grundstücksüberlassung, § 9 Abs. 2 Nr. 4 GrEStG.

2. Der **Steuersatz** beträgt einheitlich für alle Erwerbsvorgänge **3,5%**, § 11 Abs. 1 GrEStG.

C. Sonstige Verkehrsteuern

I. Versicherungsteuer

1. **Steuergegenstand** ist das aufgrund eines Versicherungsverhältnisses gezahlte **Versicherungsentgelt**, § 1 Abs. 1 VersStG. Dabei muss das Versicherungsverhältnis mit einem inländischen Versicherungsnehmer bestehen oder sich auf einen – zu Vertragsbeginn – im Inland befindlichen Gegenstand beziehen.

Als **Versicherungsentgelte** sind z.B. Prämien, Beiträge, Vorschüsse, Umlagen anerkannt, § 3 Abs. 1 VersStG.

2. Die Steuerbarkeit der Entgeltzahlungen ist durch einen **umfangreichen Befreiungskatalog** erheblich eingeschränkt, § 4 VersStG. Er umfasst insbesondere:

- Rückversicherungen, § 4 Nr. 1 VersStG;
- bestimmte Unfallversicherungen, § 4 Nr. 3 VersStG;
- Sozialversicherungen, § 4 Nr. 4 und 5 VersStG.

3. **Steuerbemessungsgrundlage** ist grundsätzlich das **Versicherungsentgelt**, § 5 Abs. 1 VersStG.

Hierauf wird ein **Steuersatz von regelmäßig 19%** erhoben, § 6 VersStG.

Als **Steuerschuldner** gilt der **Versicherungsnehmer**, § 7 Abs. 1 VersStG, wobei die Entrichtung – für Rechnung des Versicherungsnehmers – seitens des Versicherers vorgeschrieben ist. Insoweit haftet der Versicherer für die Steuer.

II. Rennwett- und Lotteriesteuer

1. **Steuergegenstand der Rennwettsteuer** ist der **Wettabschluss** bei öffentlichen Pferderennen und Leistungsprüfungen für Pferde, der an einem Totalisator oder bei einem Buchmacher getätigt wird, §§ 10, 11 RennwLottG.

Steuersubjekt ist der **Unternehmer des Totalisators oder der Buchmacher**, § 13 RennwLottG. Die Steuerpflicht entsteht auch, wenn das Totalisatorunternehmen oder der Buchmacher keine Zulassung besitzen, § 12 RennwLottG.

Der Steuersatz beträgt **16 ⅔% auf den Wetteinsatz**, §§ 10, 11 RennwLottG.

2. **Steuergegenstand der Lotteriesteuer** sind die **im Inland veranstalteten öffentlichen Lotterien, Ausspielungen** und **Oddset-Wetten**, § 17 RennwLottG.

Steuersubjekt ist der **Veranstalter der Lotterie oder Ausspielung**, wobei die Steuer zu entrichten ist, bevor mit dem Losabsatz **begonnen** wird, § 19 RennwLottG.

Der Steuersatz liegt bei **20% des Nettowerts sämtlicher Lose**. Da die Steuer selbst von dem Nettowert abzuziehen ist, beträgt der **effektive Steuersatz nur 16 ⅔%**, § 17 RennwLottG.

Stichwortverzeichnis

Abgaben 1 f.
Abgeltungsbesteuerung 82
Absetzung für Abnutzung 87 f.
Abzugsverfahren 139
Äquivalenzprinzip 2
Allphasen-Bruttoumsatzsteuer 126
Allphasen-Nettoumsatzsteuer mit
 Vorsteuerabzug 126
Analogie 25
Analogieverbot 25
Annehmlichkeit 80
Anrechnungsverfahren 95
Anschaffungskosten 87
Anstiftung 69
Anzeigepflicht 53
Arbeitslohn 80
Assekuranztheorie 4
Aufrechnung 39
Aufwendungen 85
Aufzeichnungspflicht 4 f., 139
Ausfuhrabgaben 5
Auskunft
– verbindliche 59
Auskunftspflicht 49, 51 f.
Auskunftsverweigerungsrecht 49, 51
Auslegungsregeln 22
Ausschüttungsbelastung 95
Außenprüfung 57 ff.
außergewöhnliche Belastungen 91
Aussetzung der Vollziehung 39, 65

Beihilfe 69
Beistandspflicht 52
Beiträge 2
Benutzungsgebühren 2
Bereicherung 111 f.
Berufsfreiheit 19 f.
Beschwer 64
Besitzsteuer 13
Besteuerungsgrundlagen 54
Besteuerungshoheit
– derivative 4
Besteuerungsverfahrens 53 ff.
Bestimmungslandprinzip 130
Betrieb der Land- und Forstwirtschaft 76 f.
Betriebsaufspaltung 79
Betriebsausgaben 85, 88
Betriebseinnahmen 88
Betriebsgrundstücke 103, 123

Betriebsvermögen
– BewG 108, 113
– notwendiges, gewillkürtes 86
Betriebsvermögensvergleich 84 ff.
betriebswirtschaftliche Steuerlehre 11
Bevollmächtigter 37
Bewertung 85 ff., 101 ff.
Bewertungsgesetz 101
Bewertungsmethoden 103
Bilanz 85 f.
Bilanzierung 85 f.
Buchführungspflicht 48
Bundesfinanzbehörden 28
Bundesfinanzhof 34 f.
Bundesministerium für Finanzen 28

Datenzugriff 49
dinglicher Arrest 68
direkte Steuern 12, 33
Doppelbelastung 95
Doppelbesteuerungsabkommen 31 f.
Durchschnittsätze (Gewinnermittlung) 88

Eigenkapital 85
Eigentumsbegriff 24, 102
Eigentumsgarantie 19 f.
Einfuhrumsatzsteuer 130
Einheitsbewertung 103 f.
Einheitswert 101, 103 ff.
Einkommen
– zu versteuerndes 75, 92
Einkommensteuer 73 ff.
Einkünfte
– Ermittlung 84 ff.
– Summe, Gesamtbetrag 75
Einkunftsarten 75 ff.
Einlagen 85
Einnahmeerzielung 4
Einnahmequellen 1
Einspruch 64 f.
Einzelveranlagung 92 f.
Entnahmen 85
Erbersatzsteuer 109
Erbschaftsteuer 109 ff.
Erhebungsverfahren 94
Erlass 39 f., 125
Ermächtigungsgrundlage 1, 17
Ermittlungsverfahren 46 ff.

Ersatzvornahme 68
Erstattungsanspruch 39 f.
Erträge 81 f.
Ertragsanteil 18, 83
Ertragskompetenz 29 f.
Ertragswert 106
Ertragswertverfahren 107 f.
Europäische
– Richtlinien 14
– Verordnungen 14
Exterritorialität 33

Familiengesellschaften 78
Familienstiftungen 109
Festsetzungsfrist 40
– Vorbehalt der Nachprüfung 62
Festsetzungsverfahren 55 ff.
Feststellung (einheitliche und gesonderte)
– 54 f.
Feststellungslast (objektive) 54
Finanzamt 29, 36
Finanzausgleich 30
Finanzgericht 33 f.
Finanzgerichtsordnung 33 f.
Finanzpsychologie 11
Finanzwissenschaft 11
Formfehler 60
Fortschreibung 104 f.
Freistellungsbescheid 45

Gebühren 2
Geldleistung 3
gemeiner Wert 102, 107, 112 f., 134
Gemeinnützigkeit 44 ff.
Gemeinschaftsrecht 32 ff.
Gemeinschaftssteuern 29
Gesamtschuldner 42
Geschäftsleitung 36, 96, 109
Geschäftsvorfälle
– erfolgsneutral 85
– erfolgswirksam 85
Gesetzesbestimmtheit 20
Gesetzgebung
– ausschließliche 27 f.
– konkurrierende 27 f.
Gesetzgebungskompetenz 27 f.
Gesetzmäßigkeit der Besteuerung 17, 46
Gewerbebetrieb 77, 119 f.
Gewerbeertrag 121
Gewerbekapitalsteuer 9
Gewerbesteuer 118 ff.
gewerbliche Einkünfte 78

Gewinnausschüttung
– verdeckte 81, 98
Gewinneinkunftsarten 75 f.
Gewinnermittlung 84 ff.
Gewinnerzielungsabsicht 77
Gewohnheitsrecht 14
Gleichheitsgrundsatz 18 f.
Gleichmäßigkeit der Besteuerung 46
GmbH & Co. KG 79
Gnadensplitting 92
Großer Senat (BFH) 35
Grundbesitz 103 ff., 106, 112 f., 123
Grunderwerbsteuer 139 ff.
Grundrechtsbindung 17 ff.
Grundsätze ordnungsmäßiger Buchführung 86
Grundsteuer 123 ff.
Grundvermögen 101, 106 ff.

Haftung
– AO 42 ff.
– GrSt 124
Haftungsbescheid 55
Halbeinkünfteverfahren 10 f., 95 f.
Handelsbilanz 85 f.
Haupteinkunftsarten 76
Hauptfeststellung 103 f.
Hauptzollämter 28
Hebesatz 55, 122, 125
Herstellungskosten 87
höchstrichterliche Rechtsprechung 15

Imparitätsprinzip 85
indirekte Steuern 12, 33
Inland 74, 131
innergemeinschaftlicher Erwerb 130
Istbesteuerung 138

Jahresabschnittsprinzip 75

Kapitalertragsteuer 82, 94
Kapitalvermögen, Einkünfte aus 81 f.
Karlsruher Entwurf 10
KGaA 78
Kinderfreibetrag 91 f.
Kirchensteuer 116 ff.
Kleinunternehmer 139
Körperschaftsteuer 95 ff.
Kommissionsgeschäfte 129
Kontrollmitteilung 58

Kostendeckungsprinzip 2
Künstlersozialversicherungsabgabe 2

Landesfinanzbehörden 28 f.
Landesministerium der Finanzen 28
land- und forstwirtschaftliches Vermögen 105 f.
Legalitätsprinzip
– verfahrensrechtliches 17
Leistungsaustausch 131
Liebhaberei 76
Lieferung 129
Lohnsteuer 81, 94
Lohnsteuerabzugsverfahren 94
Lotteriesteuer 143

Maßgeblichkeit 85 f.
Mehrwertsteuer 126
Meistbegünstigungsklausel 32
Meldepflicht 49
Mindestbesteuerung 91
Mitunternehmer
– EStG 78
– GewSt 120
Mitwirkungspflicht 46, 48 ff.
Monopole
– Bundesmonopolverwaltung 28
– BVerfG 22
– Finanzmonopole 27

Nachfeststellung 104
Nachhaltigkeit 77
Nachlassverbindlichkeiten 112
Nebeneinkunftsarten 76
Nebenleistungen (steuerliche) 41 f.
Nebenzweck 4 f.
Nettoeinkünfte 76
Nichtigkeit 24, 60
nichtselbständige Arbeit, Einkünfte aus 80 f.
Nichtveranlagungsbescheinigung 94
Nichtzulassungsbeschwerde 35
Niederschlagung 40
Normenkontrolle 22
Nutzungswert 77

Oberfinanzdirektion 28 f.
Objektsteuern 118 ff.
offenbare Unrichtigkeit 60

Organschaft
– GewSt 120
– Haftung 43
– KSt 99
– USt 128

Pendlerpauschale 18
Pensionen 18, 83
Personensteuern 13, 73 ff.
Pfändung 67
Privatvermögen (notwendiges) 86
Progression 92 ff.
Progressionsvorbehalt 93

Quellenabzug 94
Quellentheorie 73

Realisationsprinzip 85
Realsteuern 13
rechtliches Gehör 46 f.
Rechtsbehelf (außergerichtlicher) 64 f.
Rechtsfehler 63 f.
Rechtsquellen 14 ff.
rechtsstaatliche Prinzipien 20 ff.
Rechtsverordnungen 15
Reformen 9 f.
Reichssteuerrecht 7 f.
Reinvermögen 85
Reinvermögenszugangstheorie 74
Religionsgemeinschaften 116, 124
Rennwettsteuer 143
Renten 18, 83, 90
Revision 35
Richtlinien 15 f.
Rückwirkungsverbot 20 ff.

Sachbezüge 80
Sachsteuer 13
Sachwertverfahren 108
Satzungen 14, 15
Säumniszuschlag 38, 41
Schätzung 54
Scheingeschäfte 24
Scheinhandlungen 24
Schenkung 111 f.
Schlussbesprechung 59
selbständige Arbeit, Einkünfte aus 79 f.
Selbstanzeige 58, 70 f.
Sicherungsübereignung 24
Sollbesteuerung 138

Sonderabgaben 2 f.
Sonderausgaben 90
Sondervergütungen 78
sonstige Leistung 129
Sparerpauschbetrag 76, 82
Spekulationsgeschäfte 83
Spenden 44
Splitting-Verfahren 19, 92
Steuer
– Begriff 3 ff.
– Geschichte 5 ff.
Steueranmeldung 138
Steueranspruch 38 ff.
– Erlöschen 39 f.
– Fälligkeit 38
Steuerbefreiungen
– ErbSt 113 ff.
– GrESt 141
– GrSt 124
– KSt 97
– USt 132 f.
Steuerbescheid 54 f.
Steuerbilanz 85 f.
Steuererklärung 41, 49 f., 53, 92
Steuerfestsetzung 55 f.
– widerstreitende 63
Steuergefährdung 71
Steuergeheimnis 47
Steuergerechtigkeit 18
Steuerhinterziehung 69 f.
Steuerhoheit 27 ff.
Steuerklassen
– ErbSt 110
– ESt 92
Steuermessbescheid 55
Steuermessbetrag 122, 124 f.
Steuerordnungswidrigkeit 71 f.
Steuerpflicht
– beschränkt 74, 97, 110
– unbeschränkt 74, 96, 109
Steuerpflichtiger 36 f.
Steuerrecht 11 f.
Steuerschuldner 36 f.
Steuerstraftaten 69 ff.
Steuertabellen 94
Steuertarif 92 f., 115
Steuervereinbarung 17
Steuerverkürzung 69
– leichtfertige 71
Steuerverwaltungsakt
– Aufhebung und Änderung 59 ff.
– Nichtigkeit 60
– Rechtswidrigkeit 60
– Umdeutung 60

Steuervoranmeldung 138
Stichtagsprinzip 103
stille Beteiligung 78
Stundung 38
Subsidiarität 76, 81, 83
Substanzbesteuerung 122
supranationales Recht 14

Tarifbegrenzung 119
tatsächliche Verständigung 17
Teileinkünfteverfahren 96
Teilwert 87
Trennsystem 28
Trennungsprinzip 98

Überschuss (Betriebseinnahmen über Betriebsausgaben) 88
Überschusseinkunftsarten 75 f.
Umlageverfahren 118
Umsatzsteuer 126 ff.
Umsatz (steuerbarer) 127
Unternehmenseinheit 128
Unternehmer 127 f.
Untersuchungsgrundsatz 46

Veranlagung 92
Veräußerungsgewinne 21, 78 f., 80, 81, 84
Verbrauchsteuern 13
Verbundsystem 29
Verfassungsbeschwerde 22
Verfügungen 55, 64, 67
vergleichende Verfahren 106
Verjährung
– Festsetzungs- 40
– Zahlungs- 40 f.
Verkehrsteuern 13, 126 ff.
Verkehrswert 108
Verlustausgleich 89
Verlustrücktrag 91
Verlustvortrag 91
Verlustzuweisungsgesellschaften 79
Vermietung und Verpachtung, Einkünfte aus 82 f.
Vermögensanfall 111
Vermögenseinkünfte 81
Vermögenserwerb von Todes wegen 111
Vermögensverwaltung 43, 78 f.
Versicherungsteuer 142
Verspätungszuschlag 50
Verwaltungsanordnungen 16
Verwaltungserlasse 16

Verwaltungsgebühren 2
Verwaltungskompetenz 28 f.
Völkervertragsrecht 14
Vollstreckung 66 ff.
Vorbehalt der Nachprüfung 56
vorläufige Festsetzung 56 f.
Vorsorgepauschale 90 f.
Vorsteuerabzug 136 f.
Vorsteuervergütungsverfahren 139

Welteinkommensprinzip 74
Werbungskosten 89
Wertfeststellung 101
Wertfortschreibung 105
Wettbewerbsneutralität 17 f.
Wiedereinsetzung in den vorigen Stand 64
Willkürverbot 18
wirtschaftliche Betrachtungsweise 23 ff.

wirtschaftliche Einheit 102
wirtschaftliche Leistungsfähigkeit 18, 73
Wirtschaftsgüter
– geringwertige 86 f.
Wohnsitz 32, 36, 74

Zerlegung
– GewSt 123
– GrSt 125
Zinsen 41 f.
Zölle 13
Zurechnungsfortschreibung 105
Zusage 59
Zusammenveranlagung 92 f.
Zwangsanleihe 5
Zwangsgeld 41, 68
Zwangsvollstreckung 66 ff.
Zweckzuwendungen 112